"建设强国之道"系列丛书

新时代
建设文化强国之道

傅婉娟　胡宇萱　王宝磊　毕俊菲 ◎著

中共中央党校出版社

图书在版编目（CIP）数据

新时代建设文化强国之道 / 傅婉娟等著 . -- 北京：中共中央党校出版社 , 2025. 3. -- ISBN 978-7-5035-7640-9

Ⅰ. G12

中国国家版本馆 CIP 数据核字第 202507PK50 号

新时代建设文化强国之道

策划统筹	任丽娜
责任编辑	马琳婷　桑月月
责任印制	陈梦楠
责任校对	魏学静
出版发行	中共中央党校出版社
地　　址	北京市海淀区长春桥路 6 号
电　　话	（010）68922815（总编室）　（010）68922233（发行部）
传　　真	（010）68922814
经　　销	全国新华书店
印　　刷	中煤（北京）印务有限公司
开　　本	710 毫米 ×1000 毫米　1/16
字　　数	223 千字
印　　张	16.75
版　　次	2025 年 3 月第 1 版　2025 年 3 月第 1 次印刷
定　　价	56.00 元

微 信 ID：中共中央党校出版社　　邮　箱：zydxcbs2018@163.com

版权所有・侵权必究
如有印装质量问题，请与本社发行部联系调换

前　言

"求木之长者，必固其根本；欲流之远者，必浚其泉源。"文化是一个国家、一个民族的灵魂。文以载道，文以化人。在长达五千多年文明史、一万多年文化史、百万年人类史的历程中，中华民族的精神之基、价值之本、力量之源在长期的文化传承发展、文明进步赓续中逐渐确立、不断夯实。绵延不绝、血脉相传的中华文化，辉光日新、自强不息的华夏文明，不仅深刻塑造了中华民族的精神世界，也深刻影响着人类文化文明的发展进程。

党的十八大以来，以习近平同志为核心的党中央在领导党和人民推进强国建设的实践中，把文化建设提升到前所未有的高度，锚定2035年建成文化强国的战略目标，不断深化对文化建设的规律性认识，提出了一系列新思想新观点新论断，推动文化建设大发展大繁荣。"忽如一夜春风来，千树万树梨花开。"文化兴则国运兴，文化生产力空前释放，文化建设活力充分迸发，新时代的中国迎来了文化创新发展的春天。习近平总书记指出："在新的起点上继续推动文化繁荣、建设文化强国、建设中华民族现代文明，是我们在新时代新的文化使命。"[①]担负起新的文化使命、建设文化强国，是习近平总书记站在赓续中华文明的高度，着眼党和国家事业发展战略全局所作出的庄严宣告，彰显了当代中国共产党人深沉的历史责任感、坚定的使命感和厚重的人民情怀。

---

① 习近平：《在文化传承发展座谈会上的讲话》，人民出版社2023年版，第10页。

建设文化强国是中国共产党孜孜以求的奋斗目标。中国共产党历来高度注重文化建设，围绕不同时期党和国家的中心任务，广泛开展中国特色社会主义文化建设实践。早在1940年，在《新民主主义论》这一鸿篇著作中，毛泽东充满豪情地勾画了新中国的建设蓝图，他指出："要把一个被旧文化统治因而愚昧落后的中国，变为一个被新文化统治因而文明先进的中国。"① 改革开放以后，党的十二大上，我们党把"努力建设高度的社会主义精神文明"确定为中国社会主义现代化建设的战略方针之一。党的十五大第一次将"有中国特色社会主义的文化建设"作为专章进行论述。2011年，《中共中央关于深化文化体制改革、推动社会主义文化大发展大繁荣若干重大问题的决定》在党的十七届六中全会通过，第一次明确提出了"建设社会主义文化强国"的目标。中国特色社会主义新时代，以习近平同志为核心的党中央把文化建设提升到新的历史高度，把道路自信、理论自信、制度自信、文化自信并列为中国特色社会主义的"四个自信"，明确提出要坚持中国特色社会主义文化发展道路，激发全民族文化创新创造活力，建设社会主义文化强国。这一系列重要论述，标志着我们党对中国特色社会主义文化建设规律的认识和实践达到了新高度。

建设文化强国是实现中华民族伟大复兴的精神支撑。民族复兴需要坚实物质力量，也需要精神力量。没有先进文化的积极引领，没有精神力量的极大丰富，没有文化产业的不断增强，一个国家、一个民族不可能屹立于世界民族之林。当前，中国正处于实现伟大复兴的关键时刻，船到中流浪更急，人到半山路更陡，相比以往任何时候，我们都更加需要全民族意志统一、信念坚定，更加需要精神的支撑、文化的导引。站在中国特色社会主义新时代这一新的历

---

① 《毛泽东选集》第2卷，人民出版社1991年版，第663页。

史起点上，全面推进中国特色社会主义文化强国建设，需要准确把握中华民族伟大复兴战略全局，坚定文化自信、增强文化自觉，弘扬中华优秀传统文化，继承革命文化，发展社会主义先进文化，不断铸就中华文化新辉煌，建设好中华民族共有精神家园，增强全民族的凝聚力、向心力、创造力。

建设文化强国是全面建成社会主义现代化强国的内在要求。当今时代，文化在综合国力竞争中的地位和作用更加凸显，文化建设在强国复兴建设中的战略地位更加凸显。缺少了文化现代化，中国式现代化就是不完整、不全面的。习近平总书记在党的二十大报告中强调，"中国式现代化是物质文明和精神文明相协调的现代化"[①]，并把建成文化强国作为2035年基本实现社会主义现代化的总体目标之一，把"人民精神文化生活更加丰富，中华民族凝聚力和中华文化影响力不断增强"[②]列为全面建设社会主义现代化国家要完成的主要目标任务。统筹推进"五位一体"总体布局、协调推进"四个全面"战略布局，文化是重要组成部分；推动高质量发展，文化是重要支撑；满足人民日益增长的美好生活需要，文化是重要需求；战胜复兴路上各种风险挑战，文化是重要智慧源泉。全面建成社会主义现代化强国，文化的地位不可替代，文化的作用更加凸显。

建设文化强国是推动构建人类命运共同体的必然要求。文化是历史的积淀、智慧的结晶，引领人类社会的前进方向和时代潮流。当今世界正处于百年未有之大变局，面临新的动荡变革期，前方既充满希望，也面临挑战，尤其当全球范围内的单边主义、保护主义、孤立主义等逆全球化思潮抬头蔓延，文明冲突论、文明优越论等论调沉渣泛起。人类被迫再次回答一个永恒的问题：人类从哪里来、到哪里去？唯一的答案就是要加强文化交流、文明互鉴。只有推动

---

① 《中国共产党第二十次全国代表大会文件汇编》，人民出版社2022年版，第19页。
② 《中国共产党第二十次全国代表大会文件汇编》，人民出版社2022年版，第31页。

不同文明之间的交流互鉴，开启不同文明之间的相通相融，在求同存异中互相理解和尊重，才能解决人类共同的问题。中华文化既蕴含着天下大同、协和万邦的丰富思想，又具有开放包容、兼收并蓄的悠久传统。建设文化强国，强调以我为主，反对自我封闭、唯我独尊，倡导立足中国面向世界，推进中华文化和世界各国文化相互取长补短、实现融通发展，为构建世界各国休戚与共、命运与共的美好世界提供深厚精神动力。

"潮平两岸阔，风正一帆悬。"建设社会主义文化强国，前景无比广阔，使命无比艰巨。自觉地担负起新时代文化使命，奋力将文化强国的美好蓝图变为现实，是每一位中华儿女的庄严使命。中国式现代化不仅是物质财富的积累、制度模式的创新，更是中华文化的弘扬、世界价值体系的重塑；不仅会书写举世瞩目的"中国故事"，更将铸造打动人心的"中国精神"。

目　录

第一章　把握中国特色社会主义文化建设的正确方向
一、坚持党的文化领导权　/ 002
二、坚持以人民为中心的工作导向　/ 007
三、增强文化自觉，坚定文化自信　/ 015

第二章　建设具有强大凝聚力和引领力的社会主义意识形态
一、意识形态工作是党的一项极端重要的工作　/ 030
二、坚持马克思主义在意识形态领域指导地位的根本制度　/ 036
三、把意识形态工作牢牢掌握在手中　/ 045

第三章　培育和践行社会主义核心价值观
一、社会主义核心价值观集中体现了全体人民的价值追求　/ 060
二、社会主义核心价值观是当代中国的基本观念　/ 071
三、以社会主义核心价值观引领文化建设　/ 082

第四章 推动中华优秀传统文化创造性转化和创新性发展

一、中华优秀传统文化是中华民族发展的源泉和动力　/100

二、中华优秀传统文化是当代中国最深厚的文化软实力　/111

三、在传承创新中建设中华民族现代文明　/118

第五章 繁荣发展社会主义文化事业和文化产业

一、展示中国文艺新气象　/126

二、构建现代公共文化服务体系　/150

三、加快文化产业高质量发展　/167

第六章 加强全媒体传播体系建设

一、加强全媒体传播体系建设是时代命题　/184

二、新时代全媒体传播体系建设的三重维度　/199

三、推动媒体融合向纵深发展　/208

第七章 促进文明交流互鉴

一、践行全球文明倡议　/224

二、全面提升中国国际话语权　/231

三、推动中华文化走向世界　/241

后　记　/257

第一章

把握中国特色社会主义
文化建设的正确方向

旗帜决定方向，方向决定命运。中国共产党自诞生以来，始终坚持高举马克思主义这面大旗，并始终将以人民为中心作为文化建设的根本立场，从而明确了中国特色社会主义文化建设的前进方向。

一、坚持党的文化领导权

纵观党的百余年奋斗历程，我们发现，在革命、建设和改革的各个阶段，宣传思想文化工作都能取得长足发展、发挥重大作用，关键在于始终坚持党的全面领导。党的宣传工作是党的建设的重要环节，确保党的全面领导贯穿宣传思想文化工作的全过程，是保持党的先进性和纯洁性的关键所在。新时代新征程，中国特色社会主义文化建设正面对新的任务和使命，要有新气象新作为。唯有坚持党的文化领导权，才能为担负起新的文化使命提供坚强政治保障。

（一）我们党领导宣传思想实践经验的科学总结

自中国共产党诞生之日起，我们党就极为重视宣传思想工作。毛泽东曾明确指出："掌握思想领导是掌握一切领导的第一位。"[①] 早在党的一大通过的《中国共产党第一个决议》中，就单独设立"宣传"章节，强调"一切书籍、日报、标语和传单的出版工作，均应受中央执行委员会或临时中央执行委员会的监督"[②]。1941年5月，中央书记处对宣传工作专门发出指示要求：一切对外宣传均应服从党的政策与中央决定，一切对外宣传的领导应统一于宣传部。革命战争年代，我们

---

① 《毛泽东文集》第2卷，人民出版社1993年版，第435页。
② 《建党以来重要文献选编（1921—1949）》第1册，中央文献出版社2011年版，第4页。

党既抓"枪杆子"也抓"笔杆子","左手拿宣传单,右手拿枪弹"①,赢得了一个又一个胜利。新中国成立之后,我们党专门组织召开全国宣传工作会议,对强化党组织在意识形态领域的领导作用等关键事宜进行了具体安排。伴随着社会主义事业的发展和改革开放的深入推进,我们党对宣传思想文化工作的领导更加重视,提出坚持"双百"方针和"二为"方向,采取更加有效的措施加强和改进宣传思想文化工作。一路走来,宣传思想文化工作始终在党的领导下不断加强、健康发展,在围绕中心、服务大局方面发挥了重要作用。改革开放后,党对宣传思想工作的理念定位、内容体系、表达方式和运行机制等都进行了改革调整。

党的十八大以来,以习近平同志为核心的党中央从全局和战略高度,对宣传思想文化领域进行了系统谋划和战略部署。2013年和2018年先后召开了宣传思想工作的重要会议,对文艺创作、党的新闻舆论引导、网络信息安全与信息化建设、哲学社会科学研究、高等教育思想政治教学以及文化遗产的传承与发展等重大议题进行了专题讨论和部署,旗帜鲜明提出"党管宣传、党管意识形态、党管媒体""党管互联网"以及守住"中国共产党的文化领导权"等,针对一系列基础性问题,明确提出了原则性观点,澄清了理论上的模糊认识,调整了工作方向,我国的意识形态领域发生了深刻且根本性的变化。全党全军全国各族人民的文化自信心显著提高,精神风貌更加积极向上,社会的凝聚力和向心力得到了显著增强,这为新时代开启党和国家事业的新征程提供了坚实的思想基础和强大的精神动力。在2023年的宣传思想文化工作会议上,提出"做好宣传思想工作必须全党动手""加强党对宣传思想文化工作的全面领导""着力加强党对宣传思想文化工作的领导"等重大论断,推动新时代宣传思想文化事业取得历史性成就,

---

① 《建党以来重要文献选编(1921—1949)》第5册,中央文献出版社2011年版,第637页。

意识形态领域形势发生全局位、根本性转变。

一个政治体制的崩溃多数始自意识形态的蜕变，政权的不稳定和替换或许会在瞬间发生，然而观念的演变却是一条漫长的道路。思想舆论阵地一旦被突破，其他的防护线也将难以维持。面对改革发展稳定的繁重任务、社会思想意识的多元多样、媒体格局的深刻变化，面对世界范围内思想文化激荡交锋，面对意识形态领域斗争尖锐激烈的态势，宣传思想文化工作面临许多新形势新任务。形势越是严峻复杂，越是要坚持和加强党对宣传思想文化工作的全面领导，把宣传思想文化工作的领导权、管理权、话语权牢牢掌握在手中。

（二）事关宣传思想文化工作性质、方向和全局的根本方针

马克思主义是我们立党立国的根本指导思想，是我们党的灵魂和旗帜。在文化传承发展座谈会上，习近平总书记深刻指出："守正，守的是马克思主义在意识形态领域指导地位的根本制度，守的是'两个结合'的根本要求，守的是中国共产党的文化领导权和中华民族的文化主体性。"[①]铿锵有力的论断，体现了对党的历史智慧的深入挖掘、对时代进步潮流的精准把握。习近平文化思想强调了党在意识形态领域领导作用的至关重要性。通过深入领会和学习习近平文化思想，我们深知把握党在文化领域的领导地位，对于国家的未来和民族的命运具有决定性的意义。

始终把握党在文化建设中的核心领导地位，是推动文化繁荣、建设文化强国、铸就中华民族现代文明的根本政治保障。新时代以来，在以习近平同志为核心的党中央坚强领导下，在习近平新时代中国特色社会主义思想特别是习近平文化思想的指引下，我们专注于破解意识形态工作中党的领导弱化问题，推进了新时代宣传思想文化领域

---

① 习近平：《在文化传承发展座谈会上的讲话》，人民出版社2023年版，第11页。

的划时代进展，实现了意识形态领域的深刻变革和根本好转。中华民族传统文化的独特魅力、革命文化的坚定气魄以及社会主义先进文化的蓬勃发展，在新时代的实践中焕发出新的活力，共同构筑了我们坚定文化自信的强大底气。在新时代新征程上，做好宣传思想文化工作，肩负起文化的全新使命，习近平文化思想不仅是强大的思想武器，也是科学的行动指南。全面加强党对宣传思想文化工作的领导，以习近平文化思想为指导，精确把握新时代的形势与任务，我们定将不断开创宣传思想文化工作新局面。

党的二十大报告明确提出，"中国式现代化，是中国共产党领导的社会主义现代化"①。这是对中国式现代化定性的重要论述，它具有全局性、根本性的指导意义。在进行宣传思想文化工作的过程中，也必须遵循这一原则。在新的历史征程中，我们面临的是改革发展稳定的艰巨任务，社会思想意识多元纷呈，媒体环境发生深刻变革，同时在全球思想文化交流碰撞的大背景下，我们要确保党对宣传思想文化工作的领导权、管理权、话语权始终牢固，切实担负起政治责任，大胆创新改革，加强法治支撑，建设高素质的干部和人才队伍，更好担负起新的文化使命。

"没有先进文化的积极引领，没有人民精神世界的极大丰富，没有民族精神力量的不断增强，一个国家、一个民族不可能屹立于世界民族之林。"②秉持深厚文化自信的中国共产党，既是中国先进文化的倡导者与行动者，亦是中华民族璀璨文化的传承者和弘扬者。前进道路上，把党的领导落实到宣传思想文化工作方方面面，踔厉奋发、砥砺前行，我们就一定能建设社会主义文化强国、建设中华民族现代文明，为中国式现代化注入更为强大的精神力量。

---

① 《习近平著作选读》第1卷，人民出版社2023年版，第18页。
② 《深入学习贯彻习近平总书记在文化传承发展座谈会上的重要讲话精神》，人民出版社2023年版，第50页。

（三）着力加强党对宣传思想文化工作的领导是一个系统工程

全面深化党的宣传思想文化工作领导力，是一项系统工程。我们必须在政治建设、思想建设、作风建设、队伍建设等多个层面综合施策，从而为担负起新的文化使命提供坚强保障。

以政治建设为统领，确保宣传思想文化工作正确方向。宣传思想文化工作就是政治工作，大事小事都要讲政治。我们要提高政治站位，深刻领悟"两个确立"的决定性意义，增强"四个意识"、坚定"四个自信"、做到"两个维护"，不断提高政治判断力、政治领悟力、政治执行力。提升政治敏锐性，持续与中央的指令和要求进行校准，确保中央倡导的我们积极跟进、中央决策的我们严格执行、中央禁止的我们坚决杜绝，毫不含糊地将中央的决策指令执行到底，始终与中央在政治立场、方向、原则、路径上维持最紧密的一致性。加大政治担当，领导干部要率先引领方向、掌控导向、管理思想阵地、强化团队建设，保证任务落实不敷衍、阵地管控不松懈、责任追究无宽容，将政治责任铭记于心、握于手中、体现于具体行动。

以思想建设为引领，持之以恒地深化党的创新理论武装，凝聚共识、坚定信念。思想指引方向，思想凝聚力量。作为新时代党领导文化建设实践经验在理论层面的总结，习近平文化思想极大地丰富和发展了马克思主义文化理论，同时也是习近平新时代中国特色社会主义思想里不可或缺的文化篇章。我们要坚定地以习近平文化思想为新时代宣传思想文化工作的根本遵循，切实落实好习近平文化思想的学习、研究和阐释任务，深刻领会其中蕴含的精髓要义与丰富内涵。以学促用、学用相长，不断提高在宣传思想文化领域应对重大挑战、抵御重大风险、克服重大阻力、化解重大矛盾、解决重大问题的能力，把党的创新理论内化于心、外化于行，转化为坚定理想、锤炼党性和指导实践、推动工作的强大力量。

以作风建设为抓手，打造促进事业发展的优良氛围。党的形象建设至关重要，它影响到发展信念及事业的成就。秉持以民为本的宗旨，采取贴近群众、生动活泼、喜闻乐见的宣传手法，方能使党的先进理念深入人心，有效传达民众的期待与诉求，触动他们的内心。敢于突破创新，精准掌握宣传思想文化领域在环境、受众、范围、方法等方面的演变，擅长在内容、观念、策略、机制等方面进行创新，才能使该项工作更具活力和效力。同时，还需弘扬斗争精神，提升斗争能力，强调务实避虚，坚决摒弃形式主义和官僚主义等不良风气，积极践行"走转改"行动，深入基层，以锲而不舍的态度确保各项任务落到实处，做到细致入微。

以队伍建设为保障，筑牢宣传思想文化工作人才基础。"绳短不能汲深井，浅水难以负大舟。"实现党对宣传思想文化工作的深度领导，必须建设一支具备坚定政治立场、卓越业务能力、勇于实践创新、善于攻坚克难的党员干部队伍。将忠诚担当作为选拔的首要条件，选拔更多党性坚定、勇于担当、业务精湛的干部进入宣传思想文化领域的领导岗位，保障这项工作的领导权落在对党、对人民、对马克思主义忠诚可靠的同志手中。对宣传思想文化工作团队进行系统的教育培训和实战演练，助力广大工作者紧跟时代步伐，持续更新知识体系、掌握新兴领域、拓宽视野范围，提升把握正确方向的能力、应对复杂局面的能力、壮大主流思想文化的实力、巩固意识形态阵地的管理水平，同时增强网络舆论引导和斗争技巧。

二、坚持以人民为中心的工作导向

1942年5月，延安文艺工作者齐聚一堂，召开了具有划时代意义的文艺座谈会。毛泽东指出："为什么人的问题，是一个根本的问题，原则的问题。"① 2014年10月，文艺工作座谈会在北京召开。习近平总书记强调："社会主义文艺，从本质上讲，就是人民的文艺。"② 历经72载，两场会议讨论的核心，始终围绕着"为人民服务"这一不变宗旨。

党的二十大报告指出："人民性是马克思主义的本质属性，党的理论是来自人民、为了人民、造福人民的理论。"③ 习近平文化思想深刻回答了建设中国特色社会主义文化"为了谁""依靠谁""由谁评判"等问题，蕴含坚定的人民立场。坚持以人民为中心的工作导向，成为当代共产党引领和促进文化进步的显著方针，这深刻反映了马克思主义的历史唯物主义观点，显现出对民众在历史进程中的地位与作用的透彻理解，以及对人类社会进步法则的精准掌握。

（一）以人民为中心是文化发展的价值指向

人民是历史发展的创造者和见证者，当之无愧成为历史的书写者和主角，更是构建文化强国进程中的中坚力量。中国特色社会主义文化源自民众，且致力于回馈民众，其价值取向始终秉持以民为本的坚定立场。在1956年4月28日的中央政治局扩大会议上，毛泽东在总结发言中提出，"艺术问题上的百花齐放，学术问题上的百家争鸣，我看应该成为我们的方针"。④ 在1979年举行的中国文学艺术工作者第四次代表大会上，邓小平发表祝词，明确指出文艺领域的重要性和文艺工作者的责任。他讲道，文艺的天地无比宽广，它在满足人民精神文化需求、培养社会主义新人、提升全社会的思想道德水平方面承担着不可或缺的使命。随着文化拨乱反正的推进，文艺创作迅速恢复活力。邓小平强调，在艺术创作上提倡不同形式和文格的自由发展，在艺术

---

① 《毛泽东选集》第3卷，人民出版社1991年版，第857页。
② 《习近平谈治国理政》第2卷，外文出版社2017年版，第314页。
③ 《中国共产党第二十次全国代表大会文件汇编》，人民出版社2022年版，第19页。
④ 《毛泽东文集》第7卷，人民出版社1999年版，第54页。

理论上提倡不同观点和学派的自由讨论，确立了以文艺为人民服务、为社会主义服务的新方向。这一方向，与"双百"方针一同，成为党在社会主义新时期领导文艺工作的基本遵循。1980年7月26日，《人民日报》发表了题为《文艺为人民服务、为社会主义服务》的社论，标志着我国文艺事业在新时期的发展方向正式确立为"为人民服务、为社会主义服务"。"二为"方向不仅是文艺领域的根本宗旨，同样也是社会主义文化繁荣发展的基本准则。坚守"二为"方向，执行"双百"方针，意味着我们要不懈努力，满足人民不断丰富多样的精神文化生活需要，将人民置于文艺创作的核心地位，把人民视为文艺审美之尺度和评审之主体，激发文化创新的活力并保持其源源不断涌现，全面发挥文化在引领风尚、教育群众、服务社会、促进发展上的功能，为推进社会主义现代化建设提供坚实的思想基础和强大的精神支撑。

不断满足人民日益增长的多元化精神文化需求，是新时代文化工作的出发点和落脚点。习近平总书记指出："文艺要反映好人民心声，就要坚持为人民服务、为社会主义服务这个根本方向。这是党对文艺战线提出的一项基本要求，也是决定我国文艺事业前途命运的关键。"[①] 因此，要恪守以民为本的创作原则，打造更多能振奋民族精神的杰出作品；坚守以民为本的研究方针，怀抱为人民求知的志向，致力于产出能够接受实践、民众、历史检验的研究硕果。

坚持以民为本的文化发展道路，旨在持续充实人民群众的精神文化生活，将群众视为创作的源泉与服务的核心，依托民众力量推动文化进步，确保文化成果普惠于众，让民众成为文化成就的享用者和评审者。满足人民群众在精神文化层面的多元需求，这一过程涉及国内与国际两个不同的层面。在国内层面，人民对精神文化的需求日益增长，这要求有高质量的作品来丰富人们的精神文化生活，促使其达到

---

① 《习近平关于社会主义精神文明建设论述摘编》，中央文献出版社2022年版，第243页。

新的高度。在国际层面，则需以杰出的文化产品作为桥梁，向世界各国人民展示中国、中华文化以及中国人的风貌。实现这一目标，既是推动文化事业和文化产业发展的根本追求，也明确了文化产品与服务的发展路径。以人民为中心的创作和服务理念，强调人民不仅是丰富多彩精神文化成果的创造者，其日常生产生活更是文化创作源源不断的灵感与素材宝库。依托人民推进文化繁荣，认同了人民群众在文化建设中的核心地位，他们既是文化进步的促进者，也是文化繁荣的动力源泉。让文化成果为人民共享，这是社会主义文化建设的本质要求，能够有效号召人民更积极地投身文化建设事业之中。至于人民作为"评判者"和"鉴赏者"，这并非我们的新观点，马克思早已指出，人民是评判作家资质的唯一判断者。

以人民为中心作为价值取向，表明中国特色社会主义文化的发展路径是正确的选择，它遵循文化发展的内在逻辑，汲取了中华优秀传统文化的精华，同时也是在新时代社会主要矛盾变化背景下文化进步的切实需求。面对民众对精神文化生活需求的不断增长，文化建设必须毫不动摇地秉持以人民为中心的宗旨，坚守中国特色社会主义文化的发展方向。

（二）充分尊重人民群众主体地位和首创精神

民众对文化的需求不可或缺，而文化的发展更是离不开民众的支持。唯有让民众在文化建设的进程中充当主角，挖掘并发扬广大民众内心的文化创造潜力，方能持续夯实全党全国各族人民团结进取的思想基石，不断提高我国的文化软实力以及中华文化的全球影响力，从而为全面建设社会主义现代化国家、实现中华民族伟大复兴的中国梦提供坚实的思想支持、充沛的精神动力和优越的文化环境。

坚持人民的主体地位，持续强化全民共同奋斗的思想基石，打造中华民族的精神家园。中华民族当代文明秉持以民为本的发展理念，在保障民众物质与精神需求的基础上，逐步营造中华民族的精神家园，其中蕴含的中华民族精神特质，主要体现在中华传统文化的创造性变迁和革命性进步上。中华民族当代文明促进了中华文明的生机焕发和现代化转变，促成了中华文明由传统模式向现代模式的转换，为中华民族的伟大复兴注入了坚韧的历史信念和文化自信。

尊重人民的首创精神，充分点燃全国上下文化创新的活力，文化进步便会获得巨大的支持力量、展现出源源不断的生机活力。信仰何种理念、依托哪些力量、服务哪些对象，是否坚定不移地站在广大人民群众一方，这构成了判别唯物主义与唯心主义立场的关键标准。习近平总书记指出："任何一项伟大事业要成功，都必须从人民中找到根基，从人民中集聚力量，由人民共同来完成。违背人民意愿，脱离人民支持，任何事业都会成为无源之水、无本之木，都是不能成功的。"[①]梳理我们党成长壮大的历程，有一条核心经验不容忽视：始终将人民视为智慧与力量的根基，确保文化建设的出发点和归宿都以人为本，将政治智慧的提升、执政能力的加强深深植根于人民的创造性活动中。只有当文化贴近人民的愿望、体现人民的期待时，它才能焕发出生机。正确回应新时代中国特色社会主义文化建设的宗旨、依靠力量、成果共享对象和成效评价主体等关键问题，坚守服务于人民、服务于社会主义的根本宗旨，方能在推进中国式现代化道路中汇聚强大动力。在新的历史征程中，我们要着眼于满足人民日益增长的多维度、多层次、多样化的精神文化生活需求，把人民的创造性实践视为文化发展的源泉，虚心向人民和生活学习，从人民的壮丽实践和五彩斑斓的生活中汲取养分，及时挖掘、提炼、升华人民的新鲜创造，将之提炼为理论指导和政策指引，引导人民展开新的实践，秉承"双百"方针，推动学术和艺术民主，营造一个健康、宽松、和谐的文化环境，不断提升人民的文化获得感和幸福感。

---

① 习近平：《在纪念孙中山先生诞辰150周年大会上的讲话》，人民出版社2016年版，第6页。

民众是文化成果的评审主体,要将民众的满意程度视为评判文化创作优劣的终极准则。选择何种准则、借助何种尺度进行评判,归根结底反映的是对谁负责、取悦于谁的问题。习近平总书记指出:"时代是出卷人,我们是答卷人,人民是阅卷人。"[①] 民意如明镜,能最精准地反映我们工作的得失高低。显然,坚守民众的评判标准,交由大众评审,不可流于形式,务必要有实际的约束力。在文化政策的制定、文化规范的推出以及评审活动中,务必重视民众的声音,提升民众的参与度和评审权,绝不能闭门造车,仅作自我欣赏和肯定。因此,文艺创作者需遵循习近平文化思想的指导,不断调整航向,自我反省,审视自己是否将人民利益和文化需求置于至高无上的地位,是否在艺术创作中坚定地站在人民的立场上。只要文艺创作者深深植根于人民与生活之中,以现实主义的精髓和浪漫主义的情感观照现实,便能够不断提升文艺的创新力;只要我们坚守文化发展最新成果的共建共享原则,不断提升公共文化服务的水平和文化产业的品质,便能让人民的文化获得感和幸福感不断加强;只要文艺创作者始终怀揣对人民的纯真之心,便能创作出更多符合人民期待的优质作品。

(三)人民的创造性实践是文化发展的不竭源泉

习近平文化思想构成了一套持续发展、充满活力的理论体系。这一体系不仅揭示了社会主义文化进步的根本法则,而且在新的历史起点上,为肩负起文化建设新任务提供了切实可行的行动指南。习近平文化思想强调尊重人民群众的首创精神和主体地位,为建设中华民族现代文明提供不竭动力。在推进社会主义文化建设进程中,要和人民想在一起、干在一起,充分调动人民群众的积极性、主动性和创造性,鼓励人民群众大胆探索、勇于创新,搭建更为广阔的文化交流平台,

---

① 《习近平谈治国理政》第3卷,外文出版社2020年版,第70页。

致力于维护民众的文化权利，推动人民文化需求与精神力量的和谐融合，努力提升群众的文化获得感和幸福感。

步入新时代，中国共产党在辉煌的振兴篇章里描绘了文化自信的斑斓图景，刻画出中华民族精神领域的新境界。现如今，文化自信在众多文化领域中展现出崭新风貌，其显著表现可以大致归纳为以下四点。

1. 促进文化遗产保护与文化传承

文化与国运紧密相连，文脉与国脉密不可分。历史遗产见证了时光的变迁，它蕴含着一个民族的精髓与生命力，能够跨越时空的界限，作为沟通历史、当代与未来的精神桥梁。近年来，一系列文化类节目如《典籍里的中国》《经典咏流传》《中国诗词大会》《国家宝藏》等风靡于世，国风舞蹈如《唐宫夜宴》《霓裳羽衣舞》《锦鲤》等不断出圈。舞蹈《梦回江南》融合了书画、诗词、表演、音乐、舞蹈、朗诵及现代科技，让《富春山居图》从静止的画卷变成了跃动的艺术，使观众得以亲眼看到中国传统文化的意境之美……这些独具匠心的创新文化元素，成功唤醒了那些"沉睡"状态的文物，赋予了它们新生。观众透过千年时光的窗口，领略到了传统文化的深远与浑厚。文化遗产所蕴含的深厚情感、丰富价值观以及鲜明时代风貌，深深地触动着人心，引发了社会各界的极大关注，点燃了无数人对传统文化的敬畏与热爱，传统文化已然成为展现我国文化自信的重要标志。

2. 推动中华优秀传统文化创造性转化、创新性发展

习近平总书记强调，"要讲清楚中华优秀传统文化的历史渊源、发展脉络、基本走向，讲清楚中华文化的独特创造、价值理念、鲜明特色，增强文化自信和价值观自信"[①]；"要挖掘中华优秀传统文化的思想观念、人文精神、道德规范"，"把中华美学精神和当代审美追求结合

---

① 《习近平谈治国理政》，外文出版社2014年版，第164页。

起来，激活中华文化生命力"①。近年来，学术界和文化领域紧跟时代脉搏，对中华优秀传统文化进行了深入的学术探讨，努力揭示其内在的思想精髓、文化内核、道德准则，以及其在培育社会主义核心价值观方面的积极作用；致力于探索如何将传统文化元素融入现代社会，服务于国家发展大局，从而为传统文化的创新传承和创新发展奠定了坚实的理论基础。习近平总书记的重要讲话有着丰厚的历史文化底蕴，跨越时空界限，激发人们的思想共鸣，彰显坚定的文化自信。习近平外交思想也吸收了中华优秀传统文化的精华，并赋予了其新的时代特征和人文意义。例如，人类命运共同体的理念体现了"天下一家"的理想追求；在构建全球伙伴关系时，秉承了"求同存异"和"己欲立而立人"的和平共处原则；而"一带一路"倡议则是对古代丝绸之路精神的创造性继承，使之成为推动国际合作和共同发展的新平台。

3. 文化产业新业态不断发展

当前，文化与科技创新的交汇正成为促进我国文化产业繁荣的核心力量，持续地转变着文化产品的制作、分发及消费模式，它是激发文化产业新业态诞生的关键要素。肩负着打造中国特色社会主义模范区重任的深圳，勇于开拓以文化产业促进文化强国构建的新途径。近些年，深圳在文化和科技的整合上步伐加快，文化产业对经济扩展的溢出效应、辐射能力以及引领作用变得更加显著，成为城市新兴产业发展的重要基石和动力源泉。2021年，在"七一"来临之际，深圳以一场壮观的光影盛宴向党的百年华诞献礼，震撼了全国观众：5200架无人机编队在夜幕中绽放光彩，生动演绎了中国共产党百年历程中的重要篇章，利用高科技手段将党徽图案映射苍穹。这场融合了科技与文化的视听盛宴，彰显了文化产业新业态的快速成长及

---

① 《习近平重要讲话单行本（2021年合订本）》，人民出版社2021年版，第192页。

其雄厚实力。

4. 深入开展文化交流与文化传播

"国之交在于民相亲,民相亲在于心相通。"当前,我国与世界各国之间的互动愈发频繁。包括中外文化年、旅游年、艺术节、影视节及研讨会等在内的各类人文交流活动的品质与成效正逐步提高。在跨国文化传播的舞台上,我国运用独具特色的文化传播战略,通过文字和声音传递价值,以文化感染人心,向全球推广蕴含中国特质、反映中国精神、集合中国智慧的中华优秀传统文化。例如,2022年北京冬奥会与2024年杭州第19届亚运会不仅展示了运动员们的卓越技巧,赛场内外的中国元素同样吸引了全球目光,彰显了中华文化的独特魅力,赢得了世界的喝彩。汉学的全球热潮体现了中华文化影响力的持续增长。我们欣喜地发现,中华文化的吸引力、中国形象的友善度以及中国话语的公信力都在增强,一个真实、多维、立体的中国形象正在向全世界人民展现。

三、增强文化自觉,坚定文化自信

《易·象传》曰:"刚柔交错,天文也;文明以止,人文也。观乎天文,以察时变;观乎人文,以化成天下。"文明,作为一种既内化于实体又超脱于实体的存在,承载着特定国家或族群在历史长河中积淀下来的记忆,涉及地域特色、民俗风情、习俗传统、日常生计、文艺创作、行为准则、思考模式、价值理念及宗教信仰等诸多方面。它作为人类交流互动中共同认可的、可以代代相传的思想形态,代表了人们对客观世界感知的理性总结与提炼。从广义角度来看,文明是人类创造性行为的整体展现,涵盖了物质文明、制度文明和精神文明;而从狭义视角来看,文明则专指广义文明中的精神领域或精神文明。

（一）文化自觉是对文化的自我觉醒和自我反思

2021年12月，习近平总书记在中国文学艺术界联合会第十一次全国代表大会、中国作家协会第十次全国代表大会上的重要讲话中强调，"中国共产党是具有高度文化自觉的党，党的百年奋斗凝结着我国文化奋进的历史"，"广大文艺工作者要增强文化自觉、坚定文化自信，以强烈的历史主动精神，积极投身社会主义文化强国建设"。① 这为"增强文化自觉、坚定文化自信"确立了行动指南，奠定了理论基础。

自远古时期起，中华民族便展现出浓厚的文化自信，对自身的生存状态与未来命运的深思促使这个民族深刻认识到保存历史记忆的必要性，同时也使其明确肩负着传递民族文化的根本任务。正是因为中华民族在漫长的五千年岁月里保持着这份文化上的自我意识，才使得中华文明得以延续不断，展现出其独有的连续性特征。习近平总书记指出，"中华文明具有突出的连续性。从根本上决定了中华民族必然走自己的路。如果不从源远流长的历史连续性来认识中国，就不可能理解古代中国，也不可能理解现代中国，更不可能理解未来中国"②。中华文明在悠久的历史进程中孕育了丰富的传统文化，这些文化精髓构成了中华民族现代文明的基础，融合了民族传统与现代文明的特质。鉴于此，运用科学的理念与策略来继承和发展传统文化，创新性地打造新时代文明，是推进中华民族现代文明建设的核心任务。

1. 文化自觉的深刻内涵

"文化自我意识"这一概念最初在1986年由许苏民提出，而邹广军于1995年亦提出了与之相近的观点。直至1997年，在北京大学举办的社会文化人类学高级研讨班中，费孝通对"文化自觉"这一概念进行了权威性的阐释和界定："文化自觉只是指生活在一定文化中的人对

---

① 《习近平重要讲话单行本（2021年合订本）》，人民出版社2022年版，第192页。
② 习近平：《在文化传承发展座谈会上的讲话》，人民出版社2023年版，第2—3页。

其文化的'自知之明',明白它的来历、形成过程,在生活各方面所起的作用,也就是它的意义和所受其他文化的影响及发展的方向,不带有任何'文化回归'的意思,不是要'复旧',但同时也不主张'西化'或'全面他化'。自知之明是为了加强对文化发展的自主能力,取得决定适应新环境对文化选择的自主地位。"[1] 目标在于借助"文化自觉",把握文化演变的主动权,重塑民族文化的自信,强化国家与民族的凝聚力,打造一个"兼容并蓄"的理想社会,以更加从容的姿态迎接"全球化"的考验,促成中华民族的伟大复兴。

文化自觉涉及对文化本质的觉醒、内省以及理智的评估。这种意识的承担者既可以是单独的个体,也可以是集体单位,比如民族、国家、政党或者其他社会团体。在讨论文化自我意识时,我们通常指的是国家和民族层面的觉醒。对中华优秀传统文化的深刻反思和批判性思考,正体现了中华文化的自我意识。中华文化源远流长,我国人民对文化自我认识的追求始终未曾停歇。尤其是在近现代,我国人民对本土文化的思考、回顾与探究变得前所未有的广泛与深入,引发了一轮又一轮热潮,孕育了如严复、鲁迅、章太炎、梁启超等众多文化巨匠。尽管他们的观点各不相同,但他们都对中华文化的自我认识有着不可磨灭的贡献。他们从多角度、多层面审视中华传统文化,提出了许多独到的见解,为我国的文化自我认识提供了深刻的启示。然而,真正意义上的中国文化自我认识,是在马克思主义的指引下,在中国共产党的领导下,对中华文化的各个组成部分及其整体架构,对中华文化的历史轨迹、现状及未来展望进行全面、理性的剖析与理解,是对中华优秀传统文化的积极面与消极面进行辩证的解析和科学的评价。

文化自觉是一个复杂的认识过程和艰苦的探索过程。观察我国近代文化自我觉醒的曲折认知与探求轨迹,我们可以较为明确地洞察这

---

[1] 费孝通:《反思·对话·文化自觉》,《北京大学学报(哲学社会科学版)》1997年第3期。

一现象。自近代起，我国封闭的政策在西方文化的冲击之下缓缓裂解，众多热血之士开始对中华民族的传统文化进行深思与自省。在这一历史阶段，涌现出多种关于中华传统文化与西方文化如何交融与处理的见解和学说，"中体西用""西体中用""全盘西化""儒学复兴""综合创新"等观点和学说，对中国社会的发展都产生了一定影响。在众多理论当中，张岱年提出的"综合创新"观念占据了举足轻重的地位，堪称我国近现代文化自我觉醒的楷模。张岱年主张，当一种民族文化遭遇另一种异质文化时，应当主动汲取其有益成分，博采众长，以丰富和强化本民族文化；中国文化的发展道路唯有融合中西文化的优点，打造全新文化。张岱年的"综合创新"观念，不但为我们指明了文化自觉的途径，还为我们确立了文化自觉的立场、观点及方法，让我们在错综复杂的文化争议中找到了方向，确立了中华文化发展的根本路径。

　　在全球化经济浪潮与文化大交融的时代背景下，中华文化正经历着一场既充满挑战又满载机遇的变革。在这样的时代语境中，增强民族文化自觉，肩负起文化发展的重任显得尤为迫切。我们需秉持交流互鉴、兼容并蓄的原则，以我国文化为核心，汲取外来文化之长，避免盲目引进或排斥一切外来因素。通过汲取世界各国的文化精华，我们应主动加入国际文化对话，深化文化交流，进一步充实和提升中华文化的内涵。在推进文化自觉的征途中，创造性转化和创新性发展是我们必须坚守的方针。我们应遵循辩证唯物主义与历史唯物主义的原则，保持客观和科学的态度，尊重传统，继承中有创新，扬弃中求转化。我们要不断提炼文化精髓，摒弃糟粕，为中华文化注入新的时代意义和现代诠释，进而丰富其内涵，拓宽其外延，提升其品质，确保中华民族的根本文化基因能够与时俱进，与现代社会和谐共鸣。

2. 文化自觉与先进文化

文化自觉涵盖了启迪、洞察、深思与内省的层面，亦牵涉对文化价值的评估与抉择。全球纷繁复杂的文化形态，从历史维度审视，宛如川流不息的江河，持续演变；从平面角度观察，则是异彩纷呈的文化集群。对于文化的优劣评判，必须依托于一定的价值尺度。缺乏正确的评价准则，我们便难以辨析文化的先进与滞后。评判一种文化是否先进，应着眼于其对社会及人类发展的促进作用，即是推动进步还是导致衰败。那些促进社会与人自身发展的文化，可视为先进文化；反之，那些阻碍进步的文化，则属于落后和衰败的文化。文化的价值判断自然引出价值的选择，即基于人民福祉，淘汰衰退的文化元素，继承并吸纳富有生机与活力的文化精华。我们应秉持以民为本的价值理念，致力于为民服务、依靠民力、共建共享，重视文化的涵养与实践的养成，将真、善、美的价值观内化为民众的精神追求与行为规范，不断提升民众的文化参与度、满足度和归属感，营造积极向上、正能量充沛的社会氛围。

中国当代的先进文化展现出一种全新的姿态，它既现代化又全球化，更着眼于未来，是融合了民族特色、科学精神和大众需求的社会主义新型文化。这一文化以马克思列宁主义为理论指导，汲取了历史与现实中国内外的文化精华。其核心理念在于满足人民群众日益增长的精神文化需求，提高个体的思想水平，推动人的全面自由发展，塑造独立个性，增进家庭福祉与社会和谐，加强民族凝聚力，助力国家繁荣昌盛。我们必须在深刻的文化自觉中，坚定不移地引领社会主义先进文化的发展方向，坚守中国特色社会主义文化的发展路径，巩固全民族共同的思想基础，传播社会主义核心价值观，培养民族的和时代的精气神，解决时代面临的挑战，推动社会的全面进步。

3. 文化自觉与文化自信

文化自信体现了个体对于本土文化的认可、推崇及执着。文化自省构成了文化自尊的基石，而文化自尊则根植于文化自省的深厚土壤。缺乏深入的文化自省，便难以形成稳固的文化自尊。中华民族的文化自尊是在不断的文化自省中逐步塑造而成，它代表了对中华文明的深度认可与积极肯定。

中华民族的文化遗产跨越五千余年，是世界上持续至今的古老文明之一。这种文明的持续传承与繁荣，得益于中华文化深邃且悠久的历史底蕴、辉煌的文化成就、博大的内涵以及其兼容并蓄的特性，这些都赋予了它旺盛的生命力。中华民族的文化不仅凝聚了民族最深层次的精神追求，也彰显了其独有的精神特质，它是世界文化园地里的一朵奇葩，对推动人类文明进步产生了深远影响。诸如"自我努力不懈""顺应自然和谐""求同存异""德行厚重""向善看齐"等中华传统理念与情怀，至今仍具有极高的现实意义。在中国共产党的引领下，中国人民在革命、建设、改革的历程中，积极承担起传承和发扬中华优秀传统文化的使命，形成了具有革命性和先进性的社会主义文化，为建设社会主义文化强国、提升国家文化影响力作出了杰出贡献。中国特色社会主义文化，是在汲取中华优秀传统文化的精髓、以马克思主义为指导思想、融合古今中外文化精华的基础上，在改革开放的伟大实践中孕育而成的。正是这种深刻的文化自觉，让我们拥有了坚定的道路自信、理论自信、制度自信和文化自信。

习近平总书记指出："没有高度的文化自信，没有文化的繁荣兴盛，就没有中华民族伟大复兴。"[①] 从文化自觉到文化自信，既加深了我们对习近平新时代中国特色社会主义思想的理解，又增强了我们的信心和决心，也是中华文明发展的主要途径。

[①] 《习近平著作选读》第2卷，人民出版社2023年版，第33页。

（二）文化自信是更基础、更广泛、更深厚的自信

一个国家要振兴，不仅要有坚强的物质基础，还要有坚强的精神基础。没有对文化的高度自信，就不可能实现文化的繁荣和发展。

文化自信对包括中华优秀传统文化、革命文化和社会主义先进文化在内的中国特色社会主义文化这一有机整体的自信。在探索中国特色社会主义的伟大历史进程中，中华优秀传统文化的风骨神韵，革命文化的刚健激越，先进文化的蓬勃发展，为我们增强文化自信奠定了坚实的基础。

1. 文化自信是更基础的自信

文化自信根植于一个民族的历史、传统和精神。相较于经济、科技等外在实力的自信，文化自信更为深远和持久。一个民族的文化自信，是其内在精神力量的体现，是推动民族进步的强大动力。

文化自信是一个民族生存与发展的精神支柱。一个民族的文化，承载着其历史记忆、价值观念和民族精神。当民族成员对自身文化充满信心时，他们会对国家、民族和自身的发展充满信心，从而激发出强大的凝聚力和创造力。正如我国古代儒家文化强调的"自强不息"，表明文化自信是民族自强的基础。文化自信有助于民族在全球化竞争中保持独特性。在全球化的浪潮中，各种文化相互交融、碰撞。一个民族只有坚定文化自信，才能在保持自身特色的同时，吸收其他文化的优秀成果，实现文化的创新发展。我国传统文化中的"和而不同"理念，正是文化自信的体现。文化自信有助于提升国家软实力。一个国家若能展现出强大的文化自信，将有助于提升其在国际舞台上的影响力，为国家的长远发展奠定坚实基础。文化自信有助于民族精神的传承与弘扬。一个民族的文化，是其精神家园。文化自信使得民族成员更加珍视和传承本民族的文化传统，从而在新的历史条件下，不断丰富和发展民族精神。

2. 文化自信是更广泛的自信

文化自信不仅仅是民族文化的自豪感，更是对自身价值观、生活方式和思想体系的坚定信念。这种自信源于对历史传统的深刻理解，对文化底蕴的深厚积淀，以及对未来发展的无限憧憬。

文化自信是对民族文化的认同与自豪。每个民族都有其独特的文化传统，这些传统是民族历史的见证，是民族精神的源泉。当我们深入挖掘和传承这些文化瑰宝时，我们不仅能够增强民族凝聚力，还能够提升民族自豪感。这种自豪感是文化自信的基础，它让我们在国际交流中更加自信地展示自己的文化特色。文化自信是对价值观的坚定信仰。一个国家的文化自信，必然伴随着对自身价值观的坚守。这些价值观包括道德观念、伦理观念、审美观念等，它们构成了社会的精神支柱。在全球化时代，各种文化相互交融，但文化自信要求我们在面对多元文化时，保持清醒的头脑，坚守自己的价值底线，不被外来文化冲击所动摇。文化自信是对生活方式的自信。每个民族都有其独特的生活方式，这些生活方式反映了民族的传统习俗和审美情趣。文化自信要求我们尊重并传承这些生活方式，同时也要在创新中发展，使传统文化与现代社会相结合，创造出新的生活美学。文化自信是对未来发展的信心。一种自信的文化，必然能够激发民族的创造力，推动社会的进步。在新时代，我们要以文化自信为动力，推动文化创新，培育新的文化形态，为民族复兴提供强大的精神支撑。

3. 文化自信是更深厚的自信

文化自信是一种源于民族文化的深厚底蕴和独特魅力的自信。相较于经济、科技等领域的自信，文化自信更具深远的意义。它不仅关乎一个国家、一个民族的认同感和凝聚力，更关乎其未来发展的高度和方向。

文化自信是民族精神的重要体现。一个民族的文化，是其历史、传统、价值观的集中体现。一个有文化自信的民族，必然拥有坚定的民族精神。这种精神，使民族在面对困难和挑战时，始终保持昂扬向上的斗志，勇往直前。正如我国抗日战争时期，全国各族人民团结一心，共赴国难，最终取得了胜利。这种精神，正是源于我们深厚的文化自信。文化自信是国家软实力的重要支撑。一个国家的软实力，包括文化、价值观念、社会制度等方面。其中，文化是软实力的核心。一个有文化自信的国家，能够在国际舞台上展示其独特的文化魅力，赢得国际社会的尊重和认可。反之，一个缺乏文化自信的国家，在国际竞争中将处于不利地位。近年来，我国通过"一带一路"倡议、国际文化交流等方式，不断提升国家文化软实力，彰显了我国的文化自信。文化自信是民族复兴的重要动力。一个民族要实现伟大复兴，必须要有强大的文化自信。这种自信，使民族在追求发展的过程中，始终保持对传统文化的尊重和传承，同时勇于创新，推动文化繁荣发展。在我国改革开放和社会主义现代化建设的进程中，文化自信成为推动民族复兴的重要动力。

（三）从文化自觉、文化自信到文化自强

习近平总书记在庆祝中国共产党成立100周年大会上明确指出："我们坚持和发展中国特色社会主义，推动物质文明、政治文明、精神文明、社会文明、生态文明协调发展，创造了中国式现代化新道路，创造了人类文明新形态。"[①] 中国共产党在100余年的历史长河中，在中国人民的共同努力下，走出了中国式现代化新道路，创造了人类文明新形态。

1. 穿越百年的文化自觉

文化自觉基于对"根"的探寻和传承，对"真"的批判和发展，对发展趋势的规律性把握和不断引导，深刻理解文化的位置和作用，

---

① 《习近平重要讲话单行本（2021年合订本）》，人民出版社2022年版，第106页。

准确把握文化发展的规律，承担起文化的历史使命。

近代中国的文化自觉正是在中国本土文化和欧洲外来文化相互接触、相互冲突的过程中觉醒的。在由传统到现代的过程中，中国面临着"怎样拯救中国""中国何去何从"等重大问题，产生了一系列的社会和文化思想，也产生了诸多不同的观点。鸦片战争之后，从魏源提出"师夷长技以制夷"的先进思想，到戊戌变法中维新派求"变"的政治选择，以及辛亥革命"博采众家之长，益而新立"的精神再造，中国文化始终在寻找出路，以求走出困境，顺应时代潮流。革命、建设和改革的历程，也是认识和行动、个人和集体、经验和观念的交融。1936年，埃德加·斯诺深入延安采访。他在《红星照耀中国》中写道："那种精神，那种力量，那种欲望，那种热情……是人类历史本身的丰富而灿烂的精华。"许多外国记者来到"红色圣地"延安时也这样描述自己看到的这群人："他们的存在，是世界的一个奇迹，他们的精神，是世界文明的一份财富。"[①]1943年5月26日，《中共中央关于共产国际执委主席团提议解散共产国际的决定》提出，"中国共产党人是我们民族一切文化、思想、道德的最优秀传统的继承者，把这一切优秀传统看成和自己血肉相连的东西，而且将继续加以发扬光大"[②]。这一史实充分体现了中国共产党是中华优秀传统文化的坚定传承和弘扬者，是一个马克思主义的政党，自成立之日起，就十分关注文化的发展，并逐渐发展出自己特有的文化思想、文化气质和文化品格。中国共产党在中国革命、建设和改革过程中，一直保持着一种高度的人文意识。

新民主主义革命时期，五四运动的先锋们冲破了意识形态的束缚，以救国为本，孕育了以爱国、进步、民主、科学为主要内容的伟大五四精神。全中国及全民族的伟大觉醒，使我们的文化意识更加合理地发展起来。中国共产党于1921年诞生，以马克思主义为"救亡济民"

---

① 〔美〕埃德加·斯诺著，董乐山译：《西行漫记》，东方出版社2010年版，第22页。
② 《建党以来重要文献选编（1921—1949）》第20册，中央文献出版社2011年版，第318页。

的思想武器，以其倡导者、宣传者、组织者的身份，在"改造中国革命面貌"的过程中起到了重要的作用。由此，中国文明以马克思主义为指引，沿着中国现代化的历史实践进程，开始了一条现代化改造和重建的道路。

社会主义革命和建设时期，在"百花齐放、百家争鸣"方针指引下的文化建设，为巩固新中国的统治，为社会主义事业的发展注入了新鲜活力。随着文学的兴盛，在探讨的过程中，人们开始构建起了一种全新的文化管理制度。同时，我们也在不断打破着西方的各种障碍。我国的公共文化工作取得了长足的进步，人们的文化生活更加充实。

在改革开放和社会主义现代化建设新时期，我国进入了一个新的发展阶段，在这个新的历史时期里，我们的经济建设获得了巨大的成功，我们的综合国力得到了很大的提高。这也为中华文化的国际化和文化软实力的提高提供了更大的空间。我们党在对中国特色社会主义文化发展规律的新认识中，逐渐形成了一系列关于文化发展的新思想，并发表了一系列重要讲话、作出了重要部署。我们在解放思想的指导下，在改革开放的推动下，以宽广的视野、宽阔的胸怀，探索出了一条中国特色社会主义文化建设之路，展现出一片欣欣向荣生机勃勃的景象。

党的十八大以来，中国特色社会主义进入新时代。以习近平同志为核心的党中央把文化建设提升到新的历史高度，将文化自信与道路自信、理论自信、制度自信并列成为中国特色社会主义的"四个自信"，彰显了中国特色社会主义的文化底蕴和文化理念，也彰显了中国特色社会主义更为清晰和更为开放的文化结构。

回顾我们党百余年的历史，我们可以看到，中国共产党始终坚持以马克思主义为指导，以中华五千年的文明发展史为基础，以党和人民在不同的历史阶段中所创造出来的伟大精神为核心，在中国特色社会主义的伟大实践中，为中国的发展提供了肥沃的土壤，使我们在这一过程中始终保持着一种文化的自觉,从而为祖国的发展提供源源不断的精神力量。

2. 日益明晰的文化自信

自信不是自大,自信基于自觉。中国共产党在一百多年的革命、建设和改革中,对文化位置与作用的理解、认识与重视等,在理论层次、实践层次和历史层次上,都达到了一个全新的高度。文化自信是一种基于自身文化意识的发展而形成的一种自信。这一自信来自由传统价值观念塑造的一种文化背景,同时也包含着当代社会发展所产生的新时代特征。这不仅是对信念的肯定,也是对知行统一的抉择。从文化自觉到文化自信,一字之差体现了质的飞跃。

2014年3月全国两会期间,习近平总书记在参加贵州代表团审议时指出,坚持道路自信、理论自信、制度自信,最根本的还有一个文化自信。[①]这从新时代坚持和发展中国特色社会主义、实现中华民族伟大复兴战略全局的高度,创造性地提出文化自信的时代命题。2016年7月,在庆祝中国共产党成立95周年大会上的讲话中,习近平总书记提出"文化自信,是更基础、更广泛、更深厚的自信"[②],正式将文化自信同道路自信、理论自信和制度自信并列,并以更加庄重的语境、更加清晰的立场和更加坚定的姿态出现。从这一意义上说,文化自信已经由一种文化观念上升到了我们党对文化建设的指导方针。2017年10月,党的十九大报告将"坚定文化自信,推动社会主义文化繁荣兴盛"作为一个主要篇章进行专题阐述,强调"文化是一个国家、一个民族的灵魂。文化兴国运兴,文化强民族强"[③]。2020年10月,习近平总书记

---

① 参见《"改革的集结号已经吹响" 习近平总书记同人大代表、政协委员共商国是纪实》,《人民日报》2014年3月13日。
② 《习近平谈治国理政》第2卷,外文出版社2017年版,第36页。
③ 习近平:《决胜全面建成小康社会 夺取新时代中国特色社会主义伟大胜利——在中国共产党第十九次全国代表大会上的报告》,人民出版社2017年版,第40—41页。

在党的十九届五中全会报告中明确提出："坚定文化自信，坚持以社会主义核心价值观引领文化建设，加强社会主义精神文明建设，围绕举旗帜、聚民心、育新人、兴文化、展形象的使命任务，促进满足人民文化需求和增强人民精神力量相统一，推进社会主义文化强国建设。"[①] 习近平总书记为建设社会主义文化强国描绘了时间表和路线图，进一步显示出我们对建设中华文明新的伟大成就的强烈信心与历史责任感。

习近平总书记主持起草的《中共中央关于党的百年奋斗重大成就和历史经验的决议》提出，我们党准确把握世界范围内思想文化相互激荡、我国社会思想观念深刻变化的趋势，始终着力为国家立心、为民族立魂。这一贯穿历史、现实与未来的光辉文献再次强调"文化自信是更基础、更广泛、更深厚的自信，是一个国家、一个民族发展中最基本、最深沉、最持久的力量，没有高度文化自信、没有文化繁荣兴盛，就没有中华民族伟大复兴"，同时指出，"党的十八大以来，我国意识形态领域形势发生全局性、根本性转变，全党全国各族人民文化自信明显增强，全社会凝聚力和向心力极大提升，为新时代开创党和国家事业新局面提供了坚强思想保证和强大精神力量"。[②]

从这些重要论述中可以看出，中国共产党对于为什么要坚定文化自信，要坚定什么样的文化自信，要怎样坚定文化自信进行了深入的思考研究，并将其上升为一个重要的理论和重要的思想来引导发展。

3. 引领未来的文明创新

在新时代的浪潮中，引领未来的文明创新成为各国发展的关键所在。文明创新，不仅是对传统文化的传承与发扬，更是对现代科技的融合与应用。

科技创新是推动文明进步的不竭动力。在当前全球科技竞争日益

---

① 《中国共产党第十九届中央委员会第五次全体会议公报》，人民出版社2020年版，第15—16页。

② 《中共中央关于党的百年奋斗重大成就和历史经验的决议》，人民出版社2021年版，第46页。

激烈的背景下，要加强基础研究，提升原始创新能力。政府和企业应加大对基础研究的投入，鼓励科研人员开展前沿性、颠覆性研究，为科技创新提供源源不断的动力。要深化产学研合作，促进科技成果转化。推动企业与高校、科研院所的合作，建立产学研一体化创新体系，加快科技成果向现实生产力转化。要完善知识产权保护制度，激发创新活力。加强知识产权保护，严厉打击侵权行为，营造良好的创新环境。

文化创新是文明传承的重要途径。在继承和发扬中华优秀传统文化的基础上，增强民族自豪感。要加强对传统文化的挖掘、整理、保护和传承，让更多人了解和热爱中华文明。要创新文化表达形式，提升文化影响力。运用现代科技手段，如互联网、新媒体等，创新文化表达方式，扩大中华文明的国际影响力。要促进文化交流互鉴，推动文明交融。积极参与国际文化交流活动，借鉴世界各国的优秀文化成果，促进文明交融。

制度创新是文明发展的保障。要不断推进政治体制改革，保障人民当家作主。深化政治体制改革，完善民主制度，保障人民依法享有广泛权利和自由。要完善经济体制，激发市场活力。深化经济体制改革，充分激发市场活力，推动经济发展与文明创新相互促进。要优化社会管理制度，提升社会治理水平。加强和创新社会治理，提高政府治理能力和治理水平，为文明创新提供稳定的社会环境。

第二章

建设具有强大凝聚力和引领力的社会主义意识形态

意识形态决定文化前进方向和发展道路。在当前全球化和信息化深入发展的背景下，社会主义意识形态的重要性愈发凸显。它不仅是国家统一、社会稳定的重要保障，也是引领社会思潮、推动文化繁荣的重要力量。构建具有强大凝聚力与引领力的社会主义意识形态，对于促进中国特色社会主义文化的繁荣发展、实现中华民族的伟大复兴具有至关重要的意义。

一、意识形态工作是党的一项极端重要的工作

意识形态工作是党的一项极端重要的工作。它是为国家立心、为民族立魂的工作，关乎党的执政地位，关乎国家的长治久安，关乎民族的团结统一。党的十八大以来，以习近平同志为核心的党中央对意识形态领域的工作给予了高度重视。习近平总书记亲自规划、组织并推进相关工作，发表了一系列重要讲话，提出了一系列关键性的指导思想，从而正本清源、守正创新，引领我国意识形态领域形势发生全局性、根本性转变。在迈向新征程、建功新时代的进程中，我们必须深入学习和领会习近平总书记关于意识形态工作的重要论述，全面执行党中央关于意识形态工作的各项决策和要求，以"时时放心不下"的责任感，坚决做好新时代意识形态领域各项工作。

（一）意识形态工作是为国家立心、为民族立魂的工作

意识形态工作，其核心内容是通过多种方式和手段，如宣传、教育、引导等，对社会成员的思维方式、价值取向、道德观念等深层次心理结构进行塑造和引导。这一工作的目的在于通过强化正确的思想意识，塑造积极的价值观念，培育良好的道德风尚，以此促进社会的

和谐稳定，推动社会的进步发展。意识形态工作对于培养公民的社会责任感，增强社会凝聚力，形成社会共识，以及引导社会舆论等都具有重要作用，是维护国家政治安全、社会稳定的重要保障；是引领社会思潮、推动文化繁荣的重要力量；是关乎党的执政地位、关乎国家长治久安、关乎民族团结统一的重要工作。

维护国家政治安全、社会稳定的重要保障。当前，全球化趋势愈发明显、信息化进程不断加快，各种不同的思想观念和文化交流互鉴、相互碰撞，意识形态领域的斗争变得愈发尖锐和复杂。在这种形势下，维护国家的政治安全和稳定显得尤为重要，只有通过深入细致的意识形态工作，通过各种途径，包括教育、媒体等，传播正确的思想观念，引导社会公众形成正确的价值观念，有效识别和防范潜在的风险，在第一时间发现并处理问题，才能确保社会稳定和国家政治安全。

引领社会思潮、推动文化繁荣的重要力量。在社会主义市场经济的大背景下，人们的思想观念和价值观念呈现出了前所未有的多元和活跃。这种多样性为社会的进步和文化的繁荣注入了新的活力，同时也带来了挑战。为了有效引领这些复杂多变的社会思潮，必须进一步强化意识形态工作，确保其正确方向和引领作用。这不仅有助于构建积极、健康、向上的社会风尚，还能为文化的繁荣发展提供坚实的思想基础。同时，意识形态工作也是推动中国特色社会主义文化繁荣的重要支撑。深入弘扬社会主义核心价值观，不仅能够引导人们树立正确的价值观念，还能推动中华优秀传统文化的传承与创新。这种传承与创新不仅增强了我们的文化自觉和文化自信，也为我们在国际文化交流中提供了强大的文化支撑和竞争力。

关乎党的执政地位、关乎国家的长治久安、关乎民族的团结统一的重要工作。党的执政地位是历史的选择、人民的选择，只有通过不断加强意识形态工作，才能有效巩固党的执政地位，为国家的长治久安提供坚实的保障。意识形态工作不仅是党的工作的重要组成部分，也是确保国家长期稳定和繁荣的关键因素，对于维护民族团结和促进各民族之间的和谐统一也具有不可替代的重要作用，必须通过加强各民族之间的文化交流和相互理解，不断增进各民族之间的友谊和团结，从而为民族团结和社会和谐奠定坚实的基础。

（二）意识形态工作事关党的命运和国家长治久安

习近平总书记指出，"意识形态工作是党的一项极端重要的工作，是为国家立心、为民族立魂的工作"，"能否做好意识形态工作，事关党的前途命运，事关国家长治久安，事关民族凝聚力和向心力"。[①] 基于对国际历史经验教训的深刻总结，习近平总书记特别强调了意识形态风险失控的严重危害性，明确指出，一个政权的瓦解往往是从思想领域开始的，政治动荡、政权更迭可能在一夜之间发生，但思想演化却是个长期过程。思想防线被攻破了，其他防线就很难守住。

意识形态工作事关党的前途命运。马克思说："如果从观念上来考察，那么一定的意识形式的解体足以使整个时代覆灭。"[②] 自中国共产党创建之初，意识形态工作便成为其工作的重点。回顾党的百余年奋斗史，可以清晰地看到，中国革命、建设、改革的辉煌成就，与党在意识形态工作上的显著成效紧密相连。中国共产党之所以能够在艰难困苦中持续发展壮大，根本原因在于始终将意识形态工作作为党的核心任务，确保全党在思想上统一、意志上坚定、行动上协调、战斗力强大，从而在历史的洪流中保持主动，不断开拓进取。在当前阶段，我们党所面临的执政环境依然复杂多变，"四大考验"与"四大危险"的严峻性并未减弱，这为新时代意识形态工作提出了更高的要求。习近平总书记在党的二十大报告中明确指出，我们的工作尚存不足，

[①] 《习近平关于社会主义精神文明建设论述摘编》，中央文献出版社2022年版，第85、17页。
[②] 《马克思恩格斯文集》第8卷，人民出版社2009年版，第170页。

第二章 建设具有强大凝聚力和引领力的社会主义意识形态

面临诸多困难和挑战，意识形态领域亦存在诸多挑战。为了确保党始终保持先进性和纯洁性，巩固党的执政地位和群众基础，我们必须坚定不移地加强党的思想理论建设，用党的创新理论武装全党、教育人民，巩固马克思主义在意识形态领域的指导地位。确保党始终站在时代前沿，赢得人民的衷心拥护，始终成为中国特色社会主义事业的坚强领导核心。

意识形态工作事关国家长治久安。政权的崩溃往往起始于思想领域的侵蚀，政治动荡与政权更迭可能在短时间内发生，然而思想的演变却是一个长期而复杂的过程。苏联解体为我们提供了深刻的历史教训。在当前世界百年未有之大变局加速演进的背景下，敌对势力对我国思想文化领域的渗透与破坏日益加剧，试图通过"西化分化""和平演变""颜色革命"等策略实现其目的。实现中国式现代化、达成中华民族伟大复兴的宏伟目标，绝非轻而易举之事，必须做好准备迎接包括意识形态领域在内的各种严峻挑战。在推进经济建设的同时，我们绝不能忽视或削弱意识形态工作的重要性。国家的长治久安不仅依赖于物质的繁荣，精神层面的凝聚力同样至关重要。若经济建设未能取得显著成效，人民生活未能持续改善，意识形态工作将失去实质性的支撑；反之，若意识形态工作未能妥善进行，导致思想迷惘、认知模糊、精神涣散，即便经济建设取得再大的成就，也仅是为他人作嫁衣。因此，必须以扎实的意识形态工作为国家的长治久安构筑坚实的精神防线，将加强和改进意识形态工作视为推进国家治理体系和治理能力现代化的关键内容，确保通过意识形态安全和文化安全来维护国家的政治安全和政权安全。

意识形态工作事关民族凝聚力和向心力。毛泽东指出："国家的统一，人民的团结，国内各民族的团结，这是我们的事业必定要胜利的基本保证。"① 中国作为一个统一的多民族国家，其广袤的领土是各民族共同奋斗的成果，悠久的历史由各民族共同撰写，辉煌的文化由各民族共同创造，伟大的民族精神由各民族共同孕育。习近平总书记深刻指出："人类社会发展的历史表明，对一个民族、一个国家来说，最持久、最深层的力量是全社会共同认可的核心价值观。"② 特别是对于中国这样历史悠远、疆域辽阔、民族多元、文化繁荣的国家，必须确立一个共同的价值追求和精神寄托，以塑造、维系并强化民族认同，否则将导致社会分崩离析，内部纷争不断。经过数百年的交流、融合与发展，各族人民在认同中华文化的基础上，对中华民族产生了高度的民族认同，对伟大祖国产生了高度的国家认同，进而形成了坚不可摧的中华民族共同体意识。我们需深入领会中华文明的突出特质，在新的历史发展节点上持续构建中华民族共同的精神家园，为巩固中华民族共同体意识提供坚实的精神与文化基础。意识形态工作是为国家立心、为民族立魂的工作，强化中华民族共同体意识构成了意识形态工作的重要内容。应当聚焦巩固各民族人民团结奋斗的共同思想基础，充分利用中华文明在历史连续性、创新发展、统一性、包容性以及和平主义方面的显著特征，不断增进各民族之间的文化认同、情感认同和价值认同，确保中华民族大家庭的和谐稳定。通过加强民族团结教育，促进各民族之间的交流与融合，推动形成各民族相互尊重、相互学习、相互欣赏、相互帮助的良好风尚，共同维护国家统一和民族团结。同时，要积极应对国内外各种挑战和威胁，坚决抵制任何形式的分裂主义、恐怖主义和极端主义，维护国家安全和社会稳定。只有不断加强意识形态工作，才能确保民族凝聚力和向心力不断增强，为中华民族的伟大复兴提供强大的精神动力和思想保障。

---

① 《毛泽东文集》第7卷，人民出版社1999年版，第204页。
② 《十八大以来重要文献选编》（中），中央文献出版社2016年版，第2页。

（三）意识形态工作面临的机遇与挑战

意识形态工作作为推动社会发展的重要力量，始终在历史的洪流中占据着举足轻重的地位。在当前信息化、网络化迅猛发展的时代背景下，意识形态领域形势依旧严峻复杂，"黑天鹅"和"灰犀牛"事件的发生具有不确定性。我们必须深刻认识到开展意识形态工作的机遇与挑战，以及其现实的紧迫性。增强忧患意识，居安思危，沉着应对各种可以预见和难以预见的挑战与考验。

从社会思想状况的角度来看，需确立主导思想并强化主流意识。新时代的实践充分证明，中国化时代化的马克思主义展现出强大的真理力量，其在意识形态领域的主导地位得到了进一步巩固。然而，在社会舆论中，主流观点与非主流观点共存，积极因素与消极因素相互交织，非马克思主义乃至反马克思主义的观点不时涌现。西方的"宪政民主"、新自由主义、历史虚无主义等错误思潮持续以不同形式出现。同时，腐朽落后的文化在一定范围内仍对部分社会成员产生影响。面对思想文化的相互激荡和交锋，意识形态工作必须在多元中确立主导地位，在交锋中强化主流意识。

从经济社会发展的视角来看，我们需更好地凝聚人心、铸就精神、聚集力量。我国作为世界经济增长的重要引擎，正稳步构建新发展格局并取得高质量发展的新成效，人民群众的获得感、幸福感、安全感持续增强。同时，在我国的发展进程中，不平衡不充分的问题依然突出，为了促进高质量发展，必须强化经济宣传与舆论引导工作，持续深化正面宣传力度，思想和行动与党中央保持高度一致，把握发展大势，提振发展信心，改善社会预期，汇聚推动发展的强大动力。

从文化强国建设的角度出发，我们必须坚定文化自信、自觉和自强。民族复兴始终以文化的繁荣昌盛为坚强后盾，时代的演进则以文化的兴盛为显著标志。构建社会主义文化强国，是全面建设社会主义现代化国家、实现中华民族伟大复兴的重要基础和必要前提。当前，中华民族伟大复兴的历史进程不可逆转，越是接近这一目标，越需要我们推动文化繁荣发展，为国家建设、民族复兴注入强大文化力量。要深入贯彻"两个结合"的根本要求，坚定不移地走中国特色社会主义文化发展道路，发展面向现代化、面向世界、面向未来的，民族的、科学的、大众的社会主义文化，大力推动中华优秀传统文化的创造性转化和创新性发展。

从信息技术变革的趋势来看，我们需主动识别变化、适应变化、追求变化。新一轮科技革命和产业变革正在兴起，特别是云计算、大数据、人工智能等前沿技术的多维创新和多点突破，正在更广泛的范围内推动思想、文化、信息的传播和共享，深刻改变人们的生产和生活方式，深刻改变宣传思想文化工作的理念、手段和对象，为主流意识形态的引领力和影响力提供了更广阔的平台。我们必须坚持守正创新，以新应新、以变应变，树立互联网思维、顺应互联网规律，主动深入互联网主阵地主战场，提升网络管理、网络使用及网络治理的能力，将互联网这一关键变量转化为事业发展的重要推动力。

从国际形势的角度来看，我们需更加敢于作为、有为、善为。世界百年未有之大变局加速演进，"东升西降"的趋势日益明显，一些西方国家对中国的发展势头感到恐慌和焦虑，一些政客反复炒作反华议题，大国博弈中的舆论战、心理战、认知战等因素更加凸显，意识形态领域的斗争变得更加复杂和尖锐。我们必须敢于斗争、善于斗争，保持战略定力，增强必胜信心，牢牢掌握意识形态工作的主动权、主导权。

二、坚持马克思主义在意识形态领域指导地位的根本制度

坚持马克思主义在意识形态领域指导地位的根本制度，是确保我

国社会主义始终沿着正确方向前进的根本保障。在革命、建设和改革的长期实践中，我们党始终将马克思主义基本原理同中国具体实际相结合，不断推动马克思主义的中国化、时代化、大众化，为党和人民事业发展提供了科学的理论指导，为实现中华民族伟大复兴的中国梦提供了坚实的思想保障和精神动力。

（一）马克思主义是我们立党立国、兴党兴国的根本指导思想

党的十九届四中全会首次明确将马克思主义在意识形态领域的指导地位作为一项根本制度提出来，此举标志着重要的制度创新与理论创新。马克思主义在意识形态领域的指导作用具有根本性与方向性，它关系到国家的旗帜、道路选择以及政治安全。坚持马克思主义在意识形态领域的指导地位，对于国家的长期稳定与执政党的活力至关重要。在这一核心问题上，我们必须保持坚定不移的立场，无论在何种情境下，都不可有丝毫的动摇。

一是马克思主义是经过实践证明了的科学的理论。马克思被誉为举世闻名的"千年思想家"，其创立的马克思主义不仅深刻改变了中国的历史进程，而且对全球产生了深远影响。马克思主义之所以具备科学性，在于它创造性地揭示了人类社会发展的内在规律，构建了唯物史观与剩余价值理论，为无产阶级推翻资本主义统治、确立社会主义体制、实现共产主义的终极目标提供了坚实的科学理论基础。马克思主义在中国的深入传播及其与中国具体实践的结合，对中国近现代历史的发展轨迹产生了深远的影响。

马克思主义作为中国共产党的行动纲领，自党成立之初便逐步将其基本原理与中国革命、建设、改革的实际状况相结合，进而孕育出中国化的马克思主义理论体系，为中国革命、建设、改革的实践活动提供了明确而正确的方向指引。在各个历史阶段，正是在马克思主义

这面光辉旗帜的引领下，中华民族迎来了从站起来、富起来到强起来的伟大历史性跨越。中国共产党一路走来的卓越实践，全面证实了马克思主义的科学性与真理性，也深刻体现了其人民性与实践性，同时充分展示了其开放性与时代性。马克思主义作为经过中国革命、建设、改革实践检验的科学理论体系，已经成为引领中华民族实现伟大复兴的指导思想。

二是加强全党全国各族人民共同思想基础是历史发展的必然要求。回顾中华人民共和国70余年的辉煌历程，特别是改革开放40余年的伟大实践，我们深刻认识到，唯有坚持社会主义道路方能拯救中国，唯有发展中国特色社会主义方能推动国家繁荣昌盛。当前，中国特色社会主义进入新时代，我们正处于世界百年未有之大变局的关键节点。尽管改革开放已历经风雨、硕果累累，然而，在实现从"富裕"向"强大"伟大转变的过程中，我们依然面临诸多挑战，仍需砥砺前行、攻坚克难，全党全国各族人民肩负的使命愈发光荣，面临的挑战更为严峻，承担的任务和工作也更加艰巨。

无论何时，民心始终是政治之根本。只有民心得以凝聚，方能在改革发展的征途上汇聚社会各界之力量，实现心往一处想、劲往一处使的协同奋进。面对新形势、新任务、新挑战，若民心离散，则中国特色社会主义建设事业势必如"一盘散沙"难以维系，中华民族伟大复兴的历史进程亦将停滞不前，中国共产党执政的思想基础亦将遭受严重冲击。习近平总书记指出："如果一个社会没有共同理想，没有共同目标，没有共同价值观，整天乱哄哄的，那就什么事也办不成。"[①] 只有全体民众在理想信念、价值理念、道德观念上高度统一，一个国家或民族才能确保其事业持续发展。坚守马克思主义在意识形态领域的主导地位，对于确保当代中国文化建设具备强大的引领力，成为凝聚人

[①] 《习近平著作选读》第1卷，人民出版社2023年版，第471页。

心的核心要素，进而巩固全党全国各族人民团结奋斗的共同思想基础具有至关重要的作用。在新时代背景下，我们应广泛凝聚人心、汇聚力量，动员全体人民积极参与实现中华民族伟大复兴中国梦的伟大历史进程。

三是坚持中国特色社会主义道路正确方向的必然要求。理论的核心在于解决方向问题与思想问题，只有在理论上保持清醒，才能确保在政治上的坚定立场。在新中国成立前夕，毛泽东在总结中国革命经验时曾明确指出，是马克思、恩格斯、列宁和斯大林为我们提供了宝贵的"武器"。这所谓的"武器"，并非物质性的机关枪，而是深刻的马克思主义理论。中国共产党之所以能够领导广大中国人民取得新民主主义革命的胜利，进而成立中华人民共和国，根本原因在于始终坚持马克思列宁主义的指导原则，将马克思主义基本原理同中国革命的具体实践相结合，开辟出一条新民主主义革命的成功之路。

在中国革命、建设、改革的各个历史时期，中国共产党之所以能够屡获胜利、实现持续发展，并取得举世瞩目的辉煌成就，其根本原因亦在于始终坚守马克思主义的指导思想，将马克思主义基本原理同中国的具体国情和实际需要紧密结合，从而开创出一条独具特色的中国特色社会主义道路。实践充分证明，中国特色社会主义道路是引领中国走向繁荣昌盛、引领中华民族实现伟大复兴的正确道路。在推进中华民族伟大复兴的宏伟进程中，我们唯有坚持马克思主义在意识形态领域的指导地位的根本制度，才能有效避免陷入封闭僵化或改旗易帜的误区。

（二）推动马克思主义中国化时代化

推动马克思主义中国化时代化，既是我们党的历史使命，也是时代赋予我们的重大责任。在新时代背景下，深化对马克思主义理论的理解显得尤为关键。我们必须坚持将马克思主义基本原理同中国具体实际相结合,将马克思主义基本原理同中华优秀传统文化相融合,以形成符合中国国情、具有时代特征的马克思主义理论体系。

坚持马克思主义基本原理同中国具体实际相结合,是马克思主义中国化时代化的根本途径。这一坚持要求我们立足中国的具体实际,运用马克思主义基本原理指导和推动中国的实践进程。"要学会把马克思列宁主义的理论应用于中国的具体的环境","使马克思主义在中国具体化,使之在其每一表现中带着必须有的中国的特性,即是说,按照中国的特点去应用它,成为全党亟待了解并亟须解决的问题"。[①] 坚持马克思主义基本原理同中国具体实际相结合的核心要义在于实现马克思主义的中国化,即立足中国的具体国情,适应中国的特定社会条件,在运用马克思主义理论对中国实际问题进行深入分析和有效解决的过程中,推动马克思主义的中国化和具体化;立足中国实践,坚持实事求是,创新理论发展,形成具有显著特色和鲜明风格的中国化马克思主义理论成果,并在实践中检验和发展这一成果,以开拓马克思主义中国化的全新境界。若忽视中国具体实际而孤立地讨论马克思主义,或孤立地应用马克思主义,易导致主观主义、教条主义的错误,既无法指导中国的实践向前发展,也无法形成具有中国化特色的马克思主义理论成果。马克思主义基本原理同中国具体实际相结合的过程,是推动马克思主义中国化实现历史飞跃的关键过程。这一过程促进了马克思主义中国化时代化的第一次历史性飞跃,孕育了毛泽东思想这一重大理论成果,指导和推动我国从新民主主义走向社会主义。

坚持马克思主义基本原理同中华优秀传统文化相结合,是马克思主义中国化时代化的又一根本方法。习近平总书记在许多关键会议、报告和重要讲话中,对"第二个结合"进行了深入阐述,全面揭示了其时代价值、本质内涵及其实践要求。"坚持和发展马克思主义,必须

[①] 《毛泽东选集》第2卷,人民出版社1991年版,第534页。

同中华优秀传统文化相结合。"①马克思主义基本原理同中华优秀传统文化的结合所展现的时代价值在于，它"表明我们党对中国道路、理论、制度的认识达到了新高度，表明我们党的历史自信、文化自信达到了新高度，表明我们党在传承中华优秀传统文化中推进文化创新的自觉性达到了新高度"②。这一结合，开启了马克思主义中国化时代化新境界、开创并发展了中国特色社会主义、拓展了中国式现代化新道路、推进了中华民族现代文明进程、构建了人类文明新形态的必经之路。"第二个结合"蕴含着丰富而深刻的本质内涵，说到底，就是要"把马克思主义思想精髓同中华优秀传统文化精华贯通起来"，深度融合，相互促进，共同发展。这种融合与贯通必须运用马克思主义的科学理论来指导中华优秀传统文化宝贵资源的开发与利用，对中华上下五千年的文明宝库进行全面挖掘，坚持推陈出新、革故鼎新，更好地弘扬中华优秀传统文化的精神基因，推动中华文明的现代化转型与生命力更新，重视以中华优秀传统文化丰富马克思主义的文化内涵。"第二个结合"将中华民族的丰富智慧和伟大精神更深层次地注入马克思主义，使其更具有中华民族特色，让历经岁月洗礼的中华优秀传统文化成为符合现代社会发展需要的新文化的重要构成。因此，这个结合的本质意蕴，必须在融合过程中实现马克思主义核心思想与中华优秀传统文化精粹的深度整合，赋予中国化时代化的马克思主义以更加深厚的中华优秀传统文化底蕴，推动中华优秀传统文化的创新、转化与发展，开创中国式现代化的文化形态、文明形态，创造既有深厚底蕴，又有鲜明特色，更有时代特征的中华民族现代文明新形态。推进"第二个结合"要注意探索与深化相结合的方法，要同"第一个结合"紧密结合起来，以"第一个结合"带动和推动"第二个结合"。"第二个结

---

① 习近平：《高举中国特色社会主义伟大旗帜　为全面建设社会主义现代化国家而团结奋斗——在中国共产党第二十次全国代表大会上的报告》，人民出版社2022年版，第18页。
② 习近平：《在文化传承发展座谈会上的讲话》，人民出版社2023年版，第9页。

合"要坚持以马克思主义为指导,否则就不能有效激发中华优秀传统文化内蕴的旺盛活力,不能以后者赋予马克思主义、中国化时代化的马克思主义深厚的文化底蕴。"第二个结合"需深植中国实践土壤,立足时代发展前沿,与新时代新征程中党的核心任务紧密相连,唯有如此,方能真正开启马克思主义中国化时代化的新篇章,并使之成为中华文化和中国精神的时代精华,为强国建设、民族复兴提供科学的理论指导和强大的精神动力。

(三)加快构建中国特色哲学社会科学

哲学社会科学作为人类认识与改造世界的有力工具,对推动历史发展和社会进步发挥着至关重要的作用。坚持马克思主义的指导地位,是当代中国哲学社会科学与其他哲学社会科学的根本区别。面对当前社会思想观念和价值取向日益多元化、主流与非主流思想并存、社会思潮复杂多变的新形势,如何巩固马克思主义在意识形态领域的主导地位,培育和实践社会主义核心价值观,以及巩固全党全国各族人民团结奋斗的共同思想基础,成为亟须解决的问题。为充分发挥中国特色哲学社会科学的作用,必须加快构建符合中国式现代化需求的哲学社会科学体系。这要求我们在构建学科体系、学术体系、话语体系时,坚持立足中国实际、借鉴国际经验,深入挖掘历史资源、准确把握时代脉搏,同时关注人类共同命运、展望未来发展,充分展现中国特色、中国风格和中国气派。

1. 不断完善学科体系建设

完善的学科体系是学科发展成熟的标志。加快构建中国特色哲学社会科学,必须立足中国式现代化建设需要,进一步完善哲学社会科学学科体系。习近平总书记强调:"要优化基础学科建设布局,支持重点学科、新兴学科、冷门学科和薄弱学科发展,推进学科交叉融合和跨学科研究，构筑全面均衡发展的高质量学科体系。"① 要坚持系统思维，基于人类知识的体系性构成和发展趋势，既观照已有基础，又进行超前布局，以服务于中国式现代化发展的总体蓝图为导向，按照突出优势、拓展领域、补齐短板、完善体系的要求精准发力，实现不同类型学科的差异化发展。例如，推动基础学科的坚实与完善，致力于哲学社会科学普遍知识和一般理论的本土化构建，以实现自主知识体系和理论的持续创新与发展；突出重点学科优势，以社会需求、学术创新为动力，整合各方面优质资源，打造中国特色哲学社会科学高地；强化新兴学科和交叉学科发展创新，瞄准哲学社会科学前沿，加快研究攻关、引领学科发展方向，聚焦"高精尖缺"培养急需人才，基于中国式现代化发展的时代沃土形成中国特色的学科发展路径；重视冷门学科传承，通过持续性政策倾斜与扶持，充分发挥其在弘扬中华优秀传统文化和推动中国特色哲学社会科学繁荣发展中的独特价值。

2. 深入推进学术体系创新

促进理论的系统化与学理化，是理论革新的内在要求和关键路径。马克思主义之所以具有深远影响，就在于其以深刻的学理揭示了人类社会发展的真理，以完备的体系论证了其理论的科学性。习近平总书记曾以《社会主义从空想到科学的发展》等论著为例，阐释了系统化和学理化对于坚持和发展马克思主义的重要性。构建具有中国特色的哲学社会科学学术体系，必须立足时代课题，不断推动理论的革新，全面系统地提出能够解决实际问题的科学理论与对策。加强对中国式现代化发展中的重大理论和实践问题的研究，提炼新概念、提出新理论，构建与中国的社会发展和时代需求紧密相连的现代化学术体系。持续创新适应时代发展需求的哲学社会科学研究方法，通过与大数据、人工智能等现代技术手段的融合，形成与时代发展相契合的新

---

① 习近平：《加强基础研究　实现高水平科技自立自强》，《求是》2023年第15期。

方法，准确回答中国式现代化发展进程中的核心问题，不断取得具有重要意义和价值的创新性成果。

3. 全面加强话语体系构建

"在解读中国实践、构建中国理论上，我们应该最有发言权。"①习近平总书记高度重视我国对外传播话语体系建设，多次强调要营造良好国际舆论氛围，展示负责任大国形象，明确要求"加快构建中国话语和中国叙事体系，用中国理论阐释中国实践，用中国实践升华中国理论，打造融通中外的新概念、新范畴、新表述，更加充分、更加鲜明地展现中国故事及其背后的思想力量和精神力量"②。构建具有中国特色的哲学社会科学话语体系，必须致力于中外文化的融通与文明交流的增进，以传播中国的立场、理论和思想，使世界更加深入地理解中国。要按照习近平总书记提出的"打造融通中外的新概念、新范畴、新表述"③的要求，既将合理的、优秀的西方哲学社会科学的理论、知识、工具、方法融入中国特色哲学社会科学话语体系，又推动中国特色话语体系国际化，加强中国特色哲学社会科学的对外阐释，提出科学开放融通的新概念、新理论、新方法、新表述。此外，通过参与各类国内外学术会议、学术论文的发表以及中外文专著的出版等，积极传播中国哲学社会科学领域的学术观点，促进中国特色哲学社会科学的国际交流与传播，以期构建与我国综合国力和国际地位相适应的国际话语权。

习近平总书记指出："一个没有发达的自然科学的国家不可能走在世界前列，一个没有繁荣的哲学社会科学的国家也不可能走在世界前列。"④在马克思主义理论的指导下，推动哲学社会科学的繁荣发展，是

---

① 《习近平谈治国理政》第2卷，外文出版社2017年版，第346页。
② 《习近平谈治国理政》第4卷，外文出版社2022年版，第317页。
③ 《习近平谈治国理政》第4卷，外文出版社2022年版，第317页。
④ 《习近平关于社会主义文化建设论述摘编》，中央文献出版社2017年版，第70页。

确保意识形态领域主导权牢牢掌握在自身手中的关键所在，使新时代主流思想舆论更具说服力、凝聚力和引领力。

三、把意识形态工作牢牢掌握在手中

牢牢掌握意识形态工作的领导权、管理权、话语权，是党的一项极端重要的工作。为了实现这一目标，我们需要从多个方面入手，加强意识形态工作的领导力、管理力和话语影响力。首先，要明确意识形态工作在党的工作中的重要地位和作用，加强党对意识形态工作的全面领导。其次，要加强对意识形态工作的管理，建立健全意识形态工作机制，确保各项工作得到有效落实。最后，要注重话语权的掌握，通过多种渠道和方式，积极发声，传播党的声音，增强话语的权威性和影响力。

（一）牢牢掌握意识形态工作领导权、管理权、话语权

在政治安全的前沿阵地中，意识形态领域占据着至关重要的地位。党的十八大以来，以习近平同志为核心的党中央，从党的未来发展、国家长期稳定以及民族凝聚力和向心力的战略高度出发，坚决进行具有许多新的历史特点的伟大斗争，在意识形态领域作出了一系列重大决策和制度安排。习近平总书记强调："我们必须把意识形态工作的领导权、管理权、话语权牢牢掌握在手中，任何时候都不能旁落，否则就要犯无可挽回的历史性错误。"[1] 习近平总书记对于意识形态领域领导权、管理权、话语权的深入阐释，极大推进了我们党对意识形态工作规律性认识的深化，为新时代意识形态工作的推进提供了根本性的理论指导。

---

[1] 《习近平关于社会主义文化建设论述摘编》，中央文献出版社2017年版，第21页。

1. 坚持把住正确方向导向，牢牢掌握意识形态工作领导权

2018年8月，习近平总书记在全国宣传思想工作会议上强调"要加强党对宣传思想工作的全面领导，旗帜鲜明坚持党管宣传、党管意识形态"①，再次彰显了以习近平同志为核心的党中央对意识形态工作领导权的高度重视。

坚持正确的政治方向具有至关重要的意义。习近平总书记明确指出，政治方向必须置于首位，坚决执行党性原则，坚守马克思主义新闻观，坚定正确的舆论导向，以正面宣传为主导，坚定不移地执行党管媒体原则，推动政治家办报、办刊、办台、办新闻网站，积极弘扬主旋律，广泛传播正能量。这些重要论述对于统一全党思想、明确工作方向、加强意识形态安全具有无可替代的作用。

坚持正确的舆论导向是舆论工作的核心要求。习近平总书记始终强调，必须坚持巩固壮大主流思想舆论，以激发全社会团结奋进的强大力量。他在党的新闻舆论工作座谈会上强调，"新闻舆论工作各个方面、各个环节都要坚持正确舆论导向"②，并用"一个必须，四个牢牢"为当代新闻工作者明确了承担新闻舆论工作职责和使命的方向。

加强党对意识形态领域的领导，是党的优良传统和核心策略。党的十八大以来，以习近平同志为核心的党中央坚持党对意识形态工作的统一领导，将形势分析作为提升战略预见性和主动性的基础，并采取了一系列有效措施，以不断加强意识形态工作。习近平总书记关于意识形态工作的重要论述，为有效整合各方力量、牢固掌握新形势下意识形态工作领导权提供了根本遵循。

2. 坚持立破并举，牢牢掌握意识形态工作管理权

2015年，党中央出台了《党委（党组）意识形态工作责任制实施办法》，将意识形态工作正式纳入巡视工作规划，此举充分彰显了

---

① 《习近平谈治国理政》第3卷，外文出版社2020年版，第314页。
② 《习近平谈治国理政》第2卷，外文出版社2017年版，第332页。

习近平总书记在意识形态领域坚持立破并举的战略思维，也彰显了党中央对意识形态工作的高度重视和坚定决心。

在意识形态领域阵地管理方面，习近平总书记反复强调"阵地管理不懈怠"的原则，并着重指出要提高网络综合治理能力，形成党委领导、政府管理、企业履责、社会监督、网民自律等多主体参与，经济、法律、技术等多种手段相结合的综合治网格局。针对高校意识形态阵地管理，强调确保高校成为坚持党的领导的坚强阵地；对于社科理论阵地管理，强调党校、干部学院、社会科学院等机构均应成为马克思主义学习、研究、宣传的重要阵地；在文艺工作方面，强调必须重视文艺阵地的建设和管理，坚持守土有责，坚决不为有害文艺作品提供传播渠道。这些重要论述为意识形态领域的"高压线"划定提供了根本遵循，确保了意识形态阵地的可管可控。

在推进意识形态工作长效机制建设方面，中共中央通过强化党内法规体系，将意识形态管理纳入国家治理体系。特别是《党委（党组）意识形态工作责任制实施办法》的颁布，首次以党内法规形式对意识形态工作进行了制度化安排。同时，国家立法过程中也充分融入了与社会主义社会相契合的道德理念和价值导向，如《社会主义核心价值观融入法治建设立法修法规划》及《中华人民共和国网络安全法》等法律法规，将构建网络强国、维护网络安全、保障国家安全的战略任务具体化为可操作、可执行的制度性措施。

此外，为确保各级党组织及党员领导干部切实履行意识形态工作的职责，中共中央采取政治巡视策略，推动意识形态领域的全面从严治党向纵深发展。自十八届中央第十一轮巡视起，中央将意识形态工作责任制的执行情况纳入巡视工作规划，实现了《中国共产党巡视工作条例》与《党委（党组）意识形态工作责任制实施办法》两部关键党内法规的有效结合。党的十八大以来的实践充分证明，巡视工作在推动意识形态工作持续加强和深化方面具有有效性。

3. 坚持巩固壮大主流思想文化，牢牢掌握意识形态工作话语权

话语权作为占据战略制高点、掌握主动权、维护意识形态安全的重要屏障，对于保障国家安全和促进社会稳定发展具有举足轻重的作用。党的十八大以来，习近平总书记深刻认识到创新话语体系的至关重要性，致力于将主流意识形态融入社会大众的日常生活中，从而在国内外话语权上展现出战略性的主动。

促进媒体融合发展，构建现代化传播体系。习近平总书记对传统媒体和新兴媒体的融合发展予以高度关注，并强调必须科学地掌握新闻舆论工作的时效与效果，加快构建舆论引导新格局。此外，大力推动新闻舆论工作在理念、内容、体裁、形式、方法、手段、业态、体制、机制等各个方面的创新，以确保新闻舆论工作的主导权得以稳固掌握。党的十八大以来，我国媒体融合发展取得的显著成效进一步巩固了主流思想舆论阵地，显著提升了意识形态话语权。

建设网络强国，促进全球互联网治理体系的革新。习近平总书记以其非凡的洞察力引领我国网络空间治理架构的革新。党的十八大以来，党中央强化了顶层设计与领导组织，成立了网络安全和信息化领导小组，迅速提升了网络发展战略规划的能力。习近平总书记多次强调提升我国对网络空间的国际话语权和规则制定权的重要性，强调加强网络正面宣传，提倡构建网上网下同心圆，营造一个清朗的网络环境，明确了网络强国建设的战略目标与原则要求，为国际网络空间治理提供了重要的理论指导。

坚定文化自信，打造国际交流话语体系。习近平总书记面对西方舆论的错综复杂挑战，全面考虑国内外形势，积极应对西方舆论的质疑与攻击。他提出加强国际传播能力和构建对外话语体系的重要性，倡导"人类命运共同体"理念，并强调传播"中国故事"。这些重要论述不仅体现了深邃的思想内涵，而且提供了明确的实践指南，为我国的国际宣传和全球传播工作确立了明确的指导方针。

（二）推进意识形态领域风险防控体系和能力现代化

推进意识形态领域风险防控体系和能力现代化，是我们当前面临的重要任务。随着社会的快速发展和信息技术的日新月异，意识形态领域面临着前所未有的挑战和机遇。我们必须紧跟时代步伐，不断创新工作思路和方法，确保意识形态工作始终走在时代前列。

1.推进意识形态领域风险防控体系现代化

国家意识形态领域风险防控体系的核心目标与价值追求在于"预防性干预"，即在风险与挑战初现端倪时便将其纳入有效控制之中。目前，我国意识形态领域正遭遇前所未有的复杂局势。西方发达国家在意识形态领域的风险渗透力度不断加强。因此，对我国意识形态安全进行风险评估，并推动意识形态领域风险防控体系的现代化进程，成为我国意识形态建设中一项重大且紧迫的历史任务和时代议题。在推进意识形态领域风险防控体系现代化方面，我们要坚持系统思维，构建全面覆盖、高效协同的风险防控网络。要加强风险监测预警，利用大数据、云计算等现代信息技术手段，及时发现和研判意识形态领域的各类风险。同时，要建立健全风险评估和应对机制，针对不同类型、不同级别的风险，制定科学合理的应对措施，确保风险可防可控。

为促进意识形态领域风险防控体系的现代化进程，必须将监测体系建设作为加强国家意识形态安全风险监管防控的基础性工作，切实提升对意识形态风险挑战的识别与判断能力。首先，必须加强网络舆情与社会舆情的实时性与动态性监测及分析工作。充分利用大数据等信息技术手段，持续提升数据敏感性，确保对网络意识形态舆情、社会舆情等发展变化趋势的实时与动态监测分析，并实施有针对性的监管措施。其次，进一步完善现有监测指标体系，根据实际情况的变化，对既有监测指标体系进行适时的动态调整。对意识形态安全问题进行全面、动态的监测，并针对不同领域、不同形式和不同范围的信息传播平台，制定相应的指标体系，以适应社会思想文化趋势的持续发展变化。再次，构建并完善国家意识形态安全风险监测平台，组建专业化国家意识形态安全风险防控监测团队，以实现对相关热点问题、公共事件的动态及持续跟踪监测。最后，实现网络阵地舆情的动态监测，整合传统安全领域与非传统安全领域的资源，促进两种资源的正向合作与深度融合，加强顶层设计与整体规划，构建动态化的良性运行机制，推动传统安全领域与非传统安全领域相关部门的协同工作。

在推进意识形态领域风险防控体系现代化的进程中，将优化预警体系作为核心策略，目的是实现风险的早期识别、早期预防及早期应对，进而在增强应急响应能力的同时，有效保障国家意识形态安全。首先，构建以"预警安全观"为核心的舆情危机管理周期及其预防模型，通过科学的指标体系进行精准预测和预防。预警模型作为预警体系构建的核心和基础工程，必须始终围绕"预警安全观"，对预警事件进行合理分类，并确认风险事件的周期性规律，进而利用技术手段构建关于预警防控的认知模型，实现对预警事件全程的跟踪与分析。其次，新时代国家意识形态安全预警体系的构建重点在于根据实际情况建立预警信息网络机制，以现有的网络综合治理平台为基础，构建预警机制网络，实现科学管理和合理运用，努力构建针对不同群体、不同阵地、不同场域的监测预警机制。再次，优化国家意识形态安全风险预警的实施标准，及时通报和解答公众关注的社会热点问题。例如，通过建立主流媒体通报制度，确保预警信息的公开透明，从而提升政府治理的公信力，并巩固社会治理共享共建的共识基础。最后，建立和优化预警人员的组织机构，特别是构建安全预警的"第一智库"，应包括意识形态研究专家、社会学研究专家、大数据应用与分析专家、经济学领域专家、传播学专家等，充分发挥他们的专业能力，以提高预警体系的科学性。鉴于预警体系的强延展性，对学科、职业和技术等方面提出了较高要求，因此需要全面规划构建预警体系，充分发挥智库作用，巩固预警体系的智力支撑。

在推进意识形态领域风险防控体系现代化的过程中，必须充分发挥反馈体系的核心作用，持续加强监测体系、预警体系与反馈体系之间的有效联动。构建一个完整且高效的信息共享机制，确保风险防控体系在全过程和全领域实现信息共享和方案共商，进而构建一个关于国家意识形态安全风险问题研究的闭环系统，以确保国家意识形态安全风险防控体系布局的完整性与全面性。同时，也需要加强基础设施建设，依托先进的网络、通信和计算机技术，实现国家意识形态安全问题的实时采集与反馈，制定和完善信息反馈相关规章制度，加强国家意识形态安全工作管理人员与监管人员的规范化管理，通过创新有效的实时反馈工作机制，努力提升国家意识形态安全风险防控的采集反馈工作在制度化、规范化、程序化和实时化方面的水平。

在推进意识形态领域风险防控体系现代化的进程中，及时反馈与科学评估的重要性不容忽视，评估体系的精确性直接关系到决策的科学性。在强化评估体系核心功能的过程中，必须坚守系统性、典型性、动态性以及可操作化原则。评估体系应从多个维度揭示其针对对象、问题和结构设计的主要特征与状态，并反映体系内部各部分之间的相互联系。特别是对于相关指标的设定，各个子系统由一系列相互独立且彼此关联的指标构成，共同形成一个有机统一的整体。指标体系的构建具有层次性，从宏观到微观逐层深入，形成一个不可分割的评价体系。评估体系建立的关键在于确立明确的评价指标，即依据意识形态安全风险的等级差异，针对不同层次的不同问题赋予相应的权重，围绕维护政治安全的核心功能，聚焦关键标准，科学构建子指标的层次体系，在一个科学且完整的指标体系中评估意识形态安全风险及化解重大风险的效能。

2. 推进意识形态领域风险防控能力现代化

推进意识形态领域风险防控能力的现代化，关键在于科学的预判。

首先，在防范和化解重大风险的过程中，重视"预防"至关重要，必须强化"治未病"的预防理念，提升对重大风险发生时机的准确预测能力。提升风险预判能力，关键在于增强政治意识，持续保持对意识形态安全的高度重视，确保对总体国家安全的警觉性不减。其次，必须着力于增强预见性和预测能力，全面审视大局、洞察趋势，保持敏锐的洞察力和清晰的判断力，精确掌握意识形态领域风险的规律与特征。再次，紧跟大数据、人工智能等互联网信息技术的发展趋势，持续加强核心科学技术的自主创新，充分利用先进技术手段，提高对意识形态领域风险的识别时效性和准确性，确保能够早发现、早预警并及时采取行动。最后，必须强化科学分析与判断，确保对意识形态领域的潜在及初期风险具有预防性措施。一旦识别出风险，应立即对其性质、特征、影响范围及危害程度进行及时评估、科学诊断，并根据风险特性制定相应对策，有效控制风险的发生频率及其影响范围，力求在风险萌芽和早期阶段将其消除。

推进意识形态领域风险防控能力现代化，重在有效治理。习近平总书记强调指出："既要有防范风险的先手，也要有应对和化解风险挑战的高招。"① 因此，必须严格把控意识形态领域的风险预警机制，力求在风险尚未显现时即采取预防措施。同时，应增强应对策略，切实提升风险处理能力。具体而言，首先需实施分类治理。面对意识形态领域频发且复杂的各类风险，必须透过现象看本质，化繁为简，依据内容、性质、特点、影响等因素对意识形态领域风险进行细致分类与分级。通过精准识别引发风险的核心问题，采取有针对性、直击要害的应对措施，依次进行处理。在处理过程中，应合理区分境内外敌对势力的挑衅攻击、错误社会思潮的影响、民生问题以及社会事件的泛政治化等不同类别、不同程度的意识形态风险根源。针对不同问题，精

---

① 《习近平著作选读》第2卷，人民出版社2023年版，第245页。

准施策，有效破解难题。同时，在风险处理过程中，应避免将简单问题复杂化或原则性问题简化。其次，实现依法治理至关重要。在防范和化解意识形态领域风险的过程中，必须坚定树立法治思维，坚持"管得住是硬道理"的工作理念和依法依规的工作原则。一方面，需着力构建和完善综合治理法律法规体系，强化总体性指导；另一方面，针对意识形态领域风险防控，应研究制定更为专门化、细化且具备高度操作性的治理方案，有效提升意识形态领域违法违规行为的成本，探索建立跨部门联动监管、联合执法等机制，增强惩治力度，以更有效地发挥直接针对核心问题的威慑效应。

在推进意识形态领域风险防控能力现代化的过程中，主动出击是关键所在。对于意识形态领域的风险，必须实现科学预判和有效治理，避免无准备的战斗，将防范和应对作为主要策略，这在某种程度上更接近于防御性战争。为了切实提高意识形态领域风险的防范和化解能力，必须坚决执行习近平总书记所强调的"战略主动战"。打好战略主动战，首先，需要加强顶层战略规划。应当善于总结防御战的经验，深入分析意识形态领域中各类风险的生成机制、演变规律及根本原因，追溯风险的源头，并将以往分散、独立的应对措施整合起来，形成一个全面的、指导主动作战的战略指导方案。其次，必须积极占领工作阵地。意识形态领域风险的频繁发生与网络媒介作为信息和思想舆论载体的持续快速迭代更新密切相关。在国内，从传统媒体到新媒体，意识形态的"战场"不断扩展和更新，这要求我们紧跟技术发展的最前沿，坚持创新引领，主动占领意识形态斗争的战略制高点，牢牢掌握意识形态工作的领导权，不断扩展意识形态工作的阵地，实现意识形态领域风险防控的多点联防和协同作战。最后，要切实增强对象意识。意识形态的争夺与风险防控始终与人类社会的活动紧密相连，无论人们身处何地，意识形态的斗争均无处不在，相应的风险防控机制亦需随之建立。要切实提高意识形态工作的亲和力和可接受度，让主旋律为更多人传唱、唱得更加响亮，让正能量在更大范围内传播，为消解意识形态领域潜在风险发挥更为深远的作用。

（三）做好意识形态工作需要把握的重大关系

做好意识形态工作，要做到对目标和要求的准确把握和深刻理解，需要认清意识形态工作的重要地位和价值，在具体实践中，要把握好以下三对重大关系。

1. 把握好意识形态工作与文化发展之间的关系

作为国家思想宣传工作的重要组成部分，意识形态工作对于国家文化的发展具有不可或缺的作用。它主要聚焦文化精神和社会价值观的构建与传播，而这正是国家文化建设的核心要素之一。

国家文化建设涵盖了多个方面，如文化体制的改革、文化产业的发展、文化市场体系的培育以及文化公共服务体系的建立健全等。这些工作不仅致力于创造经济效益，更承载着创造社会效益的重要使命。因此，国家的文化发展不仅应着眼于物质文明的创造，还需不断满足全国各族人民的精神需求，引领社会风气，塑造社会价值，并大力弘扬中国精神。中国共产党历来重视意识形态问题，在文化发展的进程中，始终坚持中国特色社会主义的方向，以人民为中心，积极培育和践行社会主义核心价值观。这既是对文化发展的正确引导，也是对全国人民精神需求的积极回应。

党的十九大报告指出："意识形态决定文化前进方向和发展道路。必须推进马克思主义中国化时代化大众化，建设具有强大凝聚力和引领力的社会主义意识形态，使全体人民在理想信念、价值理念、道德观念上紧紧团结在一起。"[①] 意识形态工作需要通过国家的文化建设来不断提升效果、增强影响，而文化建设也需要意识形态工作来坚定方向、

[①] 习近平：《决胜全面建成小康社会　夺取新时代中国特色社会主义伟大胜利——在中国共产党第十九次全国代表大会上的报告》，人民出版社2017年版，第41页。

保持本色。

我们应当清醒地认识到，全球范围内思想文化领域的交锋异常激烈。维护并发展好本国的文化精髓和社会价值观，不仅构成了一个国家经济社会发展的思想基石，更是国家安全的必要前提。当前，仍有少数欧美发达国家的政府与团体秉持陈旧的冷战思维，不断以各种形式进行意识形态的外部渗透，企图通过世界范围内的文化贸易和文化产品输出，进行更为隐晦的价值观念宣扬和政治鼓噪。其目的在于使发展中国家的人民对本国的政治制度和发展道路产生质疑，进而为其在全球范围内谋求私利清除思想障碍。然而，每一个国家和民族都拥有自主选择发展道路的权利，任何一条发展道路都值得尊重。欧美发达国家的模式不应被视作他国必须效仿的样板，发展中国家的历史与现状同样不应遭受歪曲和丑化。任何通过文化手段对他国政治观和价值观进行颠覆与渗透的行为，都是霸权主义的体现，是对他国内政的干涉。

意识形态工作与国家文化发展紧密相关，二者不可割裂看待。意识形态工作必须通过丰富多彩的文化活动、文化产品和服务得以体现，而国家文化的发展则依赖于意识形态工作的不断推动，以确保文化发展方向和道路的正确性。

2. 把握好意识形态工作与经济建设之间的关系

习近平总书记明确指出："在集中精力进行经济建设的同时，一刻也不放松和削弱意识形态工作，必须把意识形态工作的领导权、管理权、话语权牢牢掌握在手中。"[①] 这一重要论述，为我们正确处理经济建设与意识形态工作之间的关系提供了根本遵循和行动指南。当前，坚持以经济建设为中心，是当前国家发展的基本遵循。意识形态工作，作为对思想心理层面的深度引领，其根本目的在于为经济建设提供坚

---

① 《习近平关于全面深化改革论述摘编》，中央文献出版社2014年版，第86页。

实保障，确保我国经济社会始终沿着中国特色社会主义的正确轨道稳步前行。从本质上看，意识形态工作通过传播正确的价值观念，能有效约束市场主体的行为，使其从实然状态逐步迈向应然状态，减少机会主义行为的发生，降低交易成本，提升资源配置效率，从而有力推动经济发展。

在我国社会主义市场经济体制的完善过程中，社会主义主流意识形态地位的巩固与加强，对于确立社会主义市场经济的权威并保障其正常发展具有至关重要的作用。此举不仅能够有效规范市场主体的行为，降低市场主体间的摩擦成本，从而节省交易费用，更能有效解决非市场机制下的资源配置问题，显著提升市场经济积极、正常、有效运转的效率。回顾我国社会主义意识形态的发展历程，每一次范式变革均对我国经济转轨的路径与经济绩效的产生发生着重大且积极的作用，直接催化了当代中国经济的高速发展。

3. 把握好意识形态工作与党性、人民性之间的关系

在意识形态工作的推进中，党性与人民性是有机统一的，共同构成了意识形态工作的理论基础。人民群众是意识形态工作的价值主体，在开展意识形态建设时，必须始终坚持以人民为中心的工作导向。这意味着，必须将实现好、维护好和发展好最广大人民根本利益作为出发点和落脚点，始终坚持以人为本，全心全意为人民服务，全面满足人民的需求。人民性体现在将人民的利益、需求和发展作为党的各项宣传思想工作的价值归宿和奋斗目标。在具体的工作实践中，需要深入贯彻这一原则，将服务群众与教育群众相结合，既要满足群众的现实需求，又要引导群众不断提升自身的欣赏水平、理解能力和精神素质。坚持党性，意味着我们需明确政治导向，坚定政治立场，积极宣扬党的理论及路线方针政策，坚决执行党中央的重大战略部署，坚定宣传中央关于形势的重大分析判断，坚决同党中央保持一致，坚决维护中央权威，确保意识形态工作始终沿着正确的政治方向前进。

从本质来看，坚持党性与坚持人民性呈现出高度一致性，党的利益与人民的利益紧密相连，彼此高度契合。党的核心发展目标，便是致力于实现最广大人民群众的利益。党性与人民性绝非空洞、抽象的概念和教条，而是落到实处的具体行动与实践。不存在脱离党性的人民性，也不存在脱离人民性的党性。党的宗旨，即全心全意为人民服务，党的主张自然成为人民的心声。要实现人民的心声，唯有在中国共产党的坚强领导下，通过全体人民群众的齐心协力与共同奋斗才能实现。因此，意识形态工作的核心理论基础，正是建立在党性与人民性这两个根本特性之上。党性作为组织原则和基本遵循，确保党的行动始终沿着正确的方向前进；而人民性则作为价值追求和奋斗目标，引导党始终站稳人民立场，致力于实现人民的幸福与福祉。意识形态工作要不断取得新的成绩，就需要不断地研究如何保证这两种特性的充分发挥以及如何确保这两者之间能更加协同统一、相互促进。

第三章

培育和践行社会主义核心价值观

文化的影响力首先是价值观念的影响力。对一个民族、一个国家来说，最持久、最深层的力量是全社会共同认可的核心价值观。它承载着一个民族、一个国家的精神追求，体现着一个社会评判是非曲直的价值标准。① 社会主义核心价值观是当代中国社会价值秩序的关键要素，是当代中国文化软实力的核心要义。

一、社会主义核心价值观集中体现了全体人民的价值追求

社会主义核心价值观，犹如一颗璀璨的明珠，闪烁着光芒，集中体现了全体人民的价值追求。早在1949年中华人民共和国成立之初，我们党就明确提出了全国人民的奋斗目标——富强、民主。改革开放之后，建设中国特色社会主义的奋斗目标更侧重体现在文明、和谐。中国特色社会主义的本质要求在于自由、平等；而中国特色社会主义建设要求依法治国、建设法治社会的必要条件为公正、法治；广大人民群众的人生发展与国家政治、经济、文化发展紧密结合的基本要求为爱国、敬业、诚信、友善，这些都是我们要实现中华民族伟大复兴道路上必须继承的，是弘扬中华优秀传统文化和优秀精神须臾离不开的。这些价值观的表述能够获得人们的普遍认同和共鸣，与社会主义核心价值观的育人功能和作用息息相关。党的十八大明确倡导富强、民主、文明、和谐，倡导自由、平等、公正、法治，倡导爱国、敬业、诚信、友善，积极推动全社会培育和践行社会主义核心价值观。这一价值观将国家层面的价值目标、社会层面的价值取向和公民个人层面

---

① 参见习近平：《青年要自觉践行社会主义核心价值观——在北京大学师生座谈会上的讲话》，人民出版社2014年版，第3—4页。

的价值准则紧密融合在一起，既体现了民族发展的精神需要，又体现了民族的发展与进步，具有坚强的精神力量与价值导向作用。

（一）传承中华优秀传统文化基因

培育和弘扬社会主义核心价值观必须立足中华优秀传统文化。习近平总书记指出，"中华优秀传统文化是中华民族的精神命脉，是涵养社会主义核心价值观的重要源泉，也是我们在世界文化激荡中站稳脚跟的坚实根基"[1]。中华优秀传统文化犹如一座蕴藏着无尽智慧和价值的宝库，经过时间的积淀与洗礼，为我国社会主义核心价值体系的建设奠定了坚实的基础，也为我国社会主义核心价值观的发展注入了丰厚的营养。

1. 中华优秀传统文化是培育社会主义核心价值观基本理念的固有之本

中华优秀传统文化宛如一座巍峨的宝库，历经悠悠岁月的洗礼，成为培育社会主义核心价值观基本理念的固有之本。

从遥远的古代走来，中华优秀传统文化承载着先人们的智慧与哲思。"天下兴亡，匹夫有责"的爱国精神闪耀在历史的长河中。古往今来，无数仁人志士为了国家的独立、民族的尊严，不惜奉献自己的一切。屈原在楚国面临危亡之际，虽遭流放仍心系国家，最终投江殉国；岳飞精忠报国，率领岳家军抗击金兵，名垂千古；林则徐虎门销烟，展现出坚决抵御外侮的决心。这种爱国精神深深融入中华民族的血脉之中，成为社会主义核心价值观中爱国的坚实基础和强大动力。"天行健，君子以自强不息"，这句古老的话语激励着人们奋发向前，永不言败。在中华传统文化中，奋斗精神一直备受推崇。从神农尝百草、大禹治水，到近代无数中华儿女为了民族复兴而不懈努力，奋斗的精神

---

[1] 习近平：《在文艺工作座谈会上的讲话》，人民出版社2015年版，第25页。

贯穿始终。这种自强不息的品质在社会主义核心价值观中体现为鼓励人们努力拼搏，为实现个人理想和国家发展而不懈奋斗。"言必信，行必果"，简简单单的几个字，却蕴含着深刻的道德准则。古代商鞅立木为信，赢得了百姓的信任，为秦国变法图强奠定了基础；季布一诺千金，使其美名远扬。在现代社会，诚信依然是人际交往和社会秩序的重要保障，社会主义核心价值观中的诚信理念正是对这一传统美德的传承和弘扬，它让人们在经济活动、社会交往中坚守承诺，共同营造一个诚实守信的社会环境。"仁者爱人"的思想源远流长。在中国古代，邻里之间互帮互助、尊老爱幼的美德备受推崇。这种友善的观念不仅体现在个人之间，也体现在社会的各个层面。孔子倡导"泛爱众"，孟子主张"老吾老以及人之老，幼吾幼以及人之幼"，都体现了对他人的关爱和尊重。社会主义核心价值观中的友善，强调人们要以善良、宽容的心态对待他人，构建和谐的人际关系，促进社会的团结与稳定。

中华优秀传统文化中的这些价值理念和道德规范，经过千百年的传承和发展，成为了社会主义核心价值观的深厚根源。它们为社会主义核心价值观提供了丰富的内涵和坚实的基础，使社会主义核心价值观更具民族特色和文化底蕴。在培育社会主义核心价值观的过程中，我们能够从传统文化中汲取无尽的智慧和力量，通过对传统文化的传承和创新，让社会主义核心价值观更加深入人心，成为全体人民共同的价值追求和行为准则，引领我们在新时代不断前进，推动社会的进步和发展。新时代，我们应对中华优秀传统文化更加珍爱并传承，持续推进社会主义核心价值观的培养与实践，使我国的优秀传统文化与核心价值体系在国际大舞台上大放异彩，引领我们走向更加美好的未来。

2. 中华优秀传统文化是涵养社会主义核心价值观基本理念的重要源泉

培育社会主义核心价值观基本理念，离不开对中华优秀传统文化的继承，要从中华民族既有的文化资源中寻找有益于新时代中国特色社会主义的思想文化元素，以此作为涵养社会主义核心价值观的重要思想资源。习近平总书记指出："要认真汲取中华优秀传统文化的思想精华和道德精髓，大力弘扬以爱国主义为核心的民族精神和以改革创新为核心的时代精神，深入挖掘和阐发中华优秀传统文化讲仁爱、重民本、守诚信、崇正义、尚和合、求大同的时代价值，使中华优秀传统文化成为涵养社会主义核心价值观的重要源泉。"①

涵养社会主义核心价值观的基本理念，就是要对中华优秀传统文化中的思想观念、人文精神和道德准则进行持续发掘，吸收更多养分，使之具有更大的号召力和影响力。习近平总书记指出："中华文化强调'民惟邦本'、'天人合一'、'和而不同'，强调'天行健，君子以自强不息'、'大道之行也，天下为公'；强调'天下兴亡，匹夫有责'，主张以德治国、以文化人；强调'君子喻于义'、'君子坦荡荡'、'君子义以为质'；强调'言必信，行必果'、'人而无信，不知其可也'；强调'德不孤，必有邻'、'仁者爱人'、'与人为善'、'己所不欲，勿施于人'、'出入相友，守望相助'、'老吾老以及人之老，幼吾幼以及人之幼'、'扶贫济困'、'不患寡而患不均'，等等。像这样的思想和理念，不论过去还是现在，都有其鲜明的民族特色，都有其永不褪色的时代价值。"②这些思想和理念，既随着时间推移和时代变迁而不断与时俱进，又有其自身的连续性和稳定性。我们生而为中国人，最根本的是我们有中国人的独特精神世界，有百姓日用而不觉的价值观。我们提倡的社会主义核心价值观，就充分体现了对中华优秀传统文化的传承和升华。③

中华优秀传统文化中蕴含着丰富的思想资源、精神财富和道德规

---

① 《习近平谈治国理政》，外文出版社2014年版，第164页。
② 习近平：《青年要自觉践行社会主义核心价值观》，《光明日报》2014年5月5日。
③ 李维武：《传统文化的创造性转化与创新性发展——对习近平文化观的思考》，《武汉大学学报（哲学社会科学版）》2018年第3期。

范，以传统节日、传统文学作品、传统建筑工艺等多种文化形式存在于现代社会中，依然发挥着不可估量的重要作用，同时也是弘扬与传播社会主义核心价值观基本理念的重要载体。习近平总书记指出："要系统梳理传统文化资源，让收藏在禁宫里的文物、陈列在广阔大地上的遗产、书写在古籍里的文字都活起来。"[①] 唯有挖掘好、利用好传统文化资源，使其在新的时代背景下重新活起来，才是对其最好的保护，这也是弘扬社会主义核心价值观基本理念的时代使命和重要途径。

3. 中华优秀传统文化与社会主义核心价值观基本理念之间契合性的主要体现

习近平总书记指出："中华优秀传统文化源远流长、博大精深，是中华文明的智慧结晶，其中蕴含的天下为公、民为邦本、为政以德、革故鼎新、任人唯贤、天人合一、自强不息、厚德载物、讲信修睦、亲仁善邻等，是中国人民在长期生产生活中积累的宇宙观、天下观、社会观、道德观的重要体现，同科学社会主义价值观主张具有高度契合性。"[②] 科学社会主义价值观主张为社会主义核心价值观提供了根本指导，与社会主义核心价值观基本理念具有一致性。中华优秀传统文化的宇宙观、天下观、社会观、道德观与科学社会主义价值观主张具有高度的契合性，也就意味着中华优秀传统文化的精神基因与社会主义核心价值观基本理念在诸多方面具有深刻的契合性。具体说来，这种契合性主要表现在如下方面：

第一，"天下为公"与共产主义、集体主义。"天下为公"的理想是《礼记》中提出来的，这一思想突破了"各为其家"的私有观念，与马克思主义学说中的共产主义、作为社会主义道德原则的集体主义是相通的。马克思、恩格斯创立的共产主义学说，旨在消灭私有制、建立公有制；集体主义道德原则强调国家利益、社会整体利益与个人利益

---

① 《习近平谈治国理政》，外文出版社2014年版，第161页。
② 《中国共产党第二十次全国代表大会文件汇编》，人民出版社2022年版，第19页。

的统一，强调国家利益、社会整体利益高于个人利益，同时重视保障个人正当利益。①

第二，"民为邦本"与以人民为中心。"民为邦本"源于《尚书》中的"民惟邦本"，突出人民是一个民族安定与发展的基础和依托，体现了人民的力量和地位，这符合唯物史观的大众历史观，符合中国共产党"一心为人民"的基本原则，也符合"人民中心论""人民江山论"等主张。

第三，"厚德载物""为政以德""任人唯贤"与以德治国。"厚德载物"出自《周易》，"为政以德"出自《论语》，"任人唯贤"源于《尚书》中的"任官惟贤材"，三者讲的都是德。"厚德载物"重在讲个人品德的提升与社会重任的担当；"为政以德"强调要以德、礼作为主要治理手段；"任人唯贤"是讲政治治理的主体选择，强调依靠有德行的君子来推行德治。这三个方面的思想与我国实施的以德治国与依法治国相结合的政治治理之策是相吻合的。

第四，"革故鼎新"与改革创新。"革故鼎新"出自《周易》中的"革，去故也；鼎，取新也"，道出了中华优秀传统文化中极为卓越的创新理念。《尚书》中说"作新民"，商汤的《盘铭》刻有"苟日新，日日新，又日新"，《诗经》中讲"周虽旧邦，其命维新"，《周易》中讲"穷则变，变则通，通则久"，这些都充分体现了中华民族对新事物的强烈追求，中国共产党以极大的革命精神和革新勇气，把中国的发展推向了一个崭新的高度，孕育出强烈的改革创新精神。

第五，"天人合一"与敬畏生态。"天人合一"是中华民族在长期的农业文明背景下，对自然的敬畏、依赖和保护的根本的理念，这一思想虽然朴实，却有着深厚的内涵。绿色发展是新发展理念的重要组成部分，也是深入学习贯彻习近平生态文明思想的重要内容。"敬畏生态"

---

① 郑小九：《论中华优秀传统文化核心思想理念的创造性转化和创新性发展》，《社会主义核心价值观研究》2023年第2期。

这一重要内涵,把新时代美丽中国建设推向崭新的高度。

第六,"自强不息"与奋斗精神。"自强不息"出自《周易》中的"天行健,君子以自强不息",讲的是君子的行事风格、处世姿态,应该努力像上天一样生生不息、健壮不已。自强精神和奋斗精神具有内在的一致性,中华民族具有伟大的自强精神和奋斗精神。习近平总书记指出:"在几千年历史长河中,中国人民始终革故鼎新、自强不息,开发和建设了祖国辽阔秀丽的大好河山,开拓了波涛万顷的辽阔海疆,开垦了物产丰富的广袤粮田,治理了桀骜不驯的千百条大江大河,战胜了数不清的自然灾害,建设了星罗棋布的城镇乡村,发展了门类齐全的产业,形成了多姿多彩的生活。中国人民自古就明白,世界上没有坐享其成的好事,要幸福就要奋斗。"①

第七,"讲信修睦""亲仁善邻"与和谐友善。"讲信修睦"出自《礼记·礼运》,"亲仁善邻"出自《左传·隐公六年》,其主旨在于人与人之间,家庭之间,国家之间的关系中,应秉持诚实、仁爱、友善的精神,才能达到和谐。这一观念与社会主义核心价值观中的和谐、友善是紧密联系、相互贯通的。我们强调关爱他人,真诚待人,善待他人,在对待邻里家庭问题上,我们要做到与人为善,不以邻为壑,在对待国家问题上,要相互尊重,和谐相处。

(二)体现了中国特色社会主义的本质要求

社会主义核心价值体系对建设中国特色社会主义、实现中华民族伟大复兴具有重要的指导作用。习近平总书记指出:"我们提出的社会主义核心价值观,把涉及国家、社会、公民的价值要求融为一体,既体现了社会主义本质要求,继承了中华优秀传统文化,也吸收了世界文明有益成果,体现了时代精神。"②这一论述肯定了社会主义核心价值

---

① 《习近平谈治国理政》第3卷,外文出版社2020年版,第387页。
② 《十八大以来重要文献选编》(中),中央文献出版社2016年版,第3—4页。

观"体现了社会主义本质要求",对我们正确理解社会主义核心价值观与社会主义本质之间的内在联系,正确把握社会主义核心价值观的社会主义本质属性具有重要指导意义。

社会主义核心价值观体现了中国特色社会主义的价值目标。党的十八大报告明确提出了以"三个倡导"为主要内容的社会主义核心价值观,强调要"倡导富强、民主、文明、和谐,倡导自由、平等、公正、法治,倡导爱国、敬业、诚信、友善"。"富强、民主、文明、和谐"是国家层面的价值要求,是对建设一个什么样的国家这一重大问题的解答,为人们展示了建设富强、民主、文明、和谐的社会主义现代化国家的崇高价值目标,体现了社会主义的本质要求;"自由、平等、公正、法治"作为社会层面的价值要求,是对建设一个什么样的社会这一重大问题的解答,向世人展示了自由、平等、公正、法治这些社会主义制度的本质要求;"爱国、敬业、诚信、友善"作为公民层面的价值要求,回答了我们培育什么样的公民这个重大问题,向人们展现了爱国、敬业、诚信、友善的社会主义基本道德规范和社会主义先进文化的本质要求。

社会主义核心价值观体现了社会主义的本质要求。邓小平曾把社会主义本质概括为"解放生产力,发展生产力,消灭剥削,消除两极分化,最终达到共同富裕"[①]。解放生产力和发展生产力是实现社会主义核心价值目标的重要前提;消灭剥削、消除两极分化是实现社会主义核心价值目标的政治保障;实现共同富裕(包括物质富裕和精神富裕)是社会主义核心价值观的最终愿景目标。我们党在回答"什么是社会主义"这个基本问题时,曾明确提出"贫穷不是社会主义,发展太慢也不是社会主义"[②]的重要论断,蕴涵着"富强"的社会主义核心

---

① 《邓小平年谱(一九七五——一九九七)》下卷,中央文献出版社2004年版,第1343页。
② 《邓小平文选》第3卷,人民出版社1993年版,第255页。

价值理念,"物质贫乏不是社会主义,精神空虚也不是社会主义"①蕴含了"文明、和谐"的社会主义核心价值观,"没有民主就没有社会主义,没有法制也没有社会主义"②蕴含了"民主、法治"的社会主义核心价值观,"平均主义不是社会主义、两极分化也不是社会主义"③蕴含了社会主义核心价值观的"平等、公正"观念等。这些论述充分体现了社会主义核心价值观与社会主义本质之间的内在统一。

社会主义核心价值观和核心价值体系是社会主义意识形态的本质体现。社会主义核心价值体系与核心价值观是社会主义意识形态的主旋律,反映了社会主义意识形态的本质要求,是中国特色社会主义建设的"生命线",也是社会主义先进文化发展的根本所在。

社会主义核心价值观体现了中国特色社会主义"五位一体"总体布局的宏伟目标。党的十八大提出了建设中国特色社会主义"五位一体"总体布局,既体现了中国特色社会主义建设的整体格局,也体现了中国特色社会主义的价值目标,是建设格局与价值目标、发展道路与发展方向的有机统一。④社会主义核心价值观所强调的富强、民主、文明、和谐的价值要求与中国特色社会主义"五位一体"的价值目标完全一致、内在统一。只有通过"五位一体"的中国特色社会主义建设与改革,才能使中华民族以更加自信、更加自强的姿态屹立于世界民族之林,实现中华民族伟大复兴的中国梦。

(三)增强民族凝聚力和向心力的纽带

社会主义核心价值观为当代中国精神凝魂固本,确立了长远的发展方向,强化了中国共产党在社会主义意识形态领域的领导权和话语

---

① 《江泽民文选》第1卷,人民出版社2006年版,第621页。
② 江泽民:《论党的建设》,中央文献出版社2001年版,第113页。
③ 江泽民:《论党的建设》,中央文献出版社2001年版,第113页。
④ 韩振峰:《社会主义核心价值观体现社会主义的本质要求》,《光明日报》2015年5月7日。

权,为全球治理提供了中国方案。

1. 为当代中国精神凝魂固本

当代中国精神是新时代进行中国特色社会主义建设、实现中华民族伟大复兴的强大力量源泉。2013年3月17日,在第十二届全国人民代表大会第一次会议闭幕会上,刚刚当选为国家主席的习近平发表重要讲话,他说:"实现中国梦必须弘扬中国精神。这就是以爱国主义为核心的民族精神,以改革创新为核心的时代精神。这种精神是凝心聚力的兴国之魂、强国之魂。爱国主义始终是把中华民族坚强团结在一起的精神力量,改革创新始终是鞭策我们在改革开放中与时俱进的精神力量。全国各族人民一定要弘扬伟大的民族精神和时代精神,不断增强团结一心的精神纽带、自强不息的精神动力,永远朝气蓬勃迈向未来。"① 社会主义核心价值观在当代中国精神的建构中发挥着价值导向、价值规范以及价值凝聚作用。以社会主义核心价值观为"总开关",打破人们因地域、民族、血缘和语言等因素而产生的隔阂,消除人们因这些差异而产生的矛盾和冲突,让大家在普遍利益、长期利益和基本利益上达成共识,从而建立起一种强烈的精神凝聚力和归属感。

2. 确定中华民族伟大复兴长期奋斗的价值目标

社会主义核心价值观是中华民族伟大复兴在国家、社会、公民三个层面长期奋斗的价值目标。富强是中华民族伟大复兴、国家建设体现在经济上的价值目标。民主是中华民族伟大复兴、国家建设体现在政治上的价值目标。文明是中华民族伟大复兴、国家建设体现在文化上的价值目标。和谐是中华民族伟大复兴、国家建设体现在社会上的价值目标。美丽是中华民族伟大复兴、国家建设体现在环境上的价值目标。关于建设什么样的社会,其价值目标是:尊重、追求、保护自由,让每个人实现自由全面的发展。尊重和保障人权,通过平等的社

---

① 习近平:《在第十二届全国人民代表大会第一次会议上的讲话》,人民出版社2013年版,第4页。

会机制和价值引导，保障每个人机会平等、权利平等、结果平等。实现权利公平、机会公平、规则公平，让人民群众公平地共享改革发展的成果。建立健全的法制体系，按照法制对国家事务和社会事务进行管理，真正做到在法律面前人人都是平等的，使人们能够在法制社会中感受到公平与正义。关于培育什么样的公民，其价值目标是：使公民将爱国作为自己最基本的责任和义务，将敬业作为自己最基本的职业操守，将诚信作为自己最基本的道德底线，将友善作为自己最基本的人际关系准则。

3. 加强中国共产党对意识形态的领导权

培育和践行社会主义核心价值观，是中国共产党加强对意识形态领导权的重要方式。中国特色社会主义建设进入新时代，如何进一步加强和巩固中国共产党对意识形态的领导权、进一步论证和维护中国特色社会主义政治体系和政治秩序的合法性，是一个十分重要的时代课题。社会主义核心价值观作为中国共产党在社会主义意识形态领域的价值承诺，集中表达了当代中国社会各个群体、各个阶层的根本利益诉求，将社会主义思想体系的价值承诺具体化、形象化地体现在社会实践中。中国共产党确立社会主义核心价值观这一关于全面进步和全面发展的承诺，关于国家繁荣、社会和谐、个人完善的承诺，有力地增强和巩固了对社会主义意识形态的领导权和话语权。

4. 推动构建人类命运共同体，为全球治理提供中国方案

社会主义核心价值观传承中华优秀传统文化，为人类命运共同体思想提供文化之源。中国"和"文化源远流长，蕴含着天人合一的宇宙观、协和万邦的国际观、和而不同的社会观、人心和善的道德观。人类命运共同体蕴含的中华文化天人合一的宇宙观，体现着丰富的和谐理念，即主张善待自然的人文情怀、善待他人的仁爱理念，这将为全球治理解决人类共同面临的自然环境危机提供中国方案。人类命运共同体思想蕴含的中华文化协和万邦的国际观，体现着丰富的和合理念，即主张与邻为善、以邻为伴、和睦友好，这将为处理好国与国之间关系提供中国智慧。人类命运共同体思想蕴含的中华文化和而不同的社会观，体现着丰富的包容理念，即主张"各美其美，美人之美，美美与共，和而不同"，这将有助于处理世界不同文明之间的关系。人类命运共同体思想蕴含的中华文化人心和善的道德观，体现着丰富的和善理念，即主张推崇仁爱、遵守诚信、义利兼顾，这将有助于处理国际关系中的利益关系，为解决国际争端、维护世界和平提供中国方案。

二、社会主义核心价值观是当代中国的基本观念

社会主义核心价值观是当代中国价值观的本质规定，也是中国价值观区别于所有其他价值观的主要标志。国家层面在整个价值体系中占首要地位，统领其他层次，是我们建设中国特色社会主义现代化国家的主要目标。积极倡导"富强、民主、文明、和谐"，是从价值目标层面凝练出的国家发展方向。在社会层面积极倡导"自由、平等、公正、法治"，是党和国家带领人民追求美好生活的形象表述，并成为全社会矢志不渝、长期坚持的核心价值理念。在公民层面积极倡导"爱国、敬业、诚信、友善"，是党和国家对全体中华儿女提出的最基本的道德规范，既是人们在社会道德生活的各个领域、各个层面都要遵守的道德准则，同时也是对公民进行道德行为评价的一个重要的价值依据。

（一）国家层面

"富强、民主、文明、和谐"，是我国社会主义现代化国家的建设目标，处于社会主义核心价值体系的最高层面，起到主导作用。

富强即国富民强，是社会主义现代化国家经济建设的应然状态，

是中华民族梦寐以求的美好夙愿,也是国家繁荣昌盛、人民幸福安康的物质基础。历史上,富强一直是中华民族不懈追求的目标。中国古代曾经出现过"文景之治""贞观之治""开元盛世"等富强时期,展现了中华文明的辉煌。近代,西方国家率先引领第一、二、三次工业革命,随即西方国家进入富强时期。新中国成立后,尤其是改革开放以来,中国迅速弥补与西方在第一、二、三次工业革命中形成的历史性差距,并迅速进入全球第四次工业革命的第一阵营,成为世界经济大国。伴随着中华民族复兴伟业的推进,富强自然而然地成为中国特色社会主义国家经济建设中的价值追求目标。富强之所以成为社会主义核心价值观基本理念的首要价值目标,正是由于富强的追求是所有社会的基本需求和前进动力。富强不仅体现了马克思主义唯物史观生产力标准的根本要求,更体现了中华民族的千年夙愿与中国共产党人的奋斗目标。

民主是人类社会的美好诉求。民主本义指按照少数服从多数原则来共同管理国家事务的国家制度。古希腊雅典民主制度是世界上最早的民主制度之一,公民大会、民众法庭、五百人会议构成其主要政治框架。不过,在这一政治制度框架里,只有占人口1/10的成年男性公民拥有民主权力,妇女、外邦人、奴隶并不拥有任何民主权力。古希腊雅典城邦之后,古罗马建立共和制,设置了包括公民大会、元老院、执政官、保民官在内的新的政治框架,这一框架使得司法、行政、立法、监察等国家权力建立起严格的制约关系。古希腊、古罗马帝国的民主共和理论与实践成为近现代西方政治制度的最初基础。近代以来,西方产生了代议制的民主政治体制,现代欧洲建立起了新的资本主义民主制度,确立了由议会制、普选制、两党或多党制、三权分立制(行政权、立法权、司法权)、公民享有各自权力等构成的民主政治框架。这一政治制度框架以生产资料私有制为基础,资本多少以及财产多寡实际上决定着整体政治体制的运作。中国历史上民本主义一直是数千年治国理政的核心价值,"民惟邦本,本固邦宁""民为贵,社稷次之,君为轻"等民本思想体现出一种中国式的民主精神。新中国成立后,建立了全新的民主政治制度,主要包括人民代表大会制度、中国共产党领导的多党合作和政治协商制度、民族区域自治制度以及基层群众自治制度。这一政治制度能够确保广大人民享有民主。

党的十八大以来,以习近平同志为核心的党中央统筹把握中华民族伟大复兴战略全局和世界百年未有之大变局,提出新时代民主政治建设深入发展的一系列重大理论和实践问题,特别是在党的二十大报告中提出:"全过程人民民主是社会主义民主政治的本质属性,是最广泛、最真实、最管用的民主。必须坚定不移走中国特色社会主义政治发展道路,坚持党的领导、人民当家作主、依法治国有机统一,坚持人民主体地位,充分体现人民意志、保障人民权益、激发人民创造活力。"[①] 这些新思想、新观点、新论断,是我们党在新时代推进社会主义民主政治建设和发展社会主义民主价值观的指导方针。

文明是社会进步的重要标志,也是社会主义现代化国家的重要特征。它是社会主义现代化国家文化建设的应有状态,是对面向现代化、面向世界、面向未来的,民族的科学的大众的社会主义文化的概括,是实现中华民族伟大复兴的重要支撑。在历史上,中国是唯一历经5000多年而不曾中断的文明体,在整个世界的文化长河中,其他的古文明都已经中断,唯有中华文明,历经无数的磨难,至今生生不息。中华优秀传统文化是5000多年的历史文化滋养而成,蕴含着中华民族最深层次的精神诉求,是中华民族特有的精神标记。

和谐是中国传统文化的基本理念,是社会主义现代化国家在社会建设方面所追求的目标,也是我国经济社会和谐稳定持续发展的根本保障。中国古代典籍《周易》提出阴阳和谐的辩证思想,西周的太史

---

① 《中国共产党第二十次全国代表大会文件汇编》,人民出版社2022年版,第19页。

伯提出"和"的价值观，春秋时期儒家、道家等提出较为系统的和谐思想。和谐作为中华优秀传统文化的基本价值理念传承数千年。

社会和谐是中国特色社会主义的本质属性及内在要求，它所体现出的和谐目标，就是合理解决人们之间的各种利益冲突，有效地维护和实现社会的公平与公正，全社会互帮互助，诚实守信，平等友爱。社会组织体制更加合理，治理更加有序，人们生活更加幸福，社会也更加稳定。

（二）社会层面

"自由、平等、公正、法治"，是对美好社会的生动表述，也是从社会层面对社会主义核心价值观基本理念的深刻总结。它反映了中国特色社会主义的基本属性，是我们党矢志不渝、长期实践的核心价值理念。

自由是指人的意志自由及存在和发展的自由，这是一种崇高的理想，也是马克思所要追求的社会价值目标。在西方思想史中，自由是一个主导概念，古希腊政治家伯里克利提出"有自由才能有幸福"的思想。亚里士多德提出在人的合群性和政治性前提下的自由思想。中世纪神学家马丁·路德为信仰自由的发展铺平了道路。近代启蒙运动中，洛克、卢梭等建立起天赋人权的自由观。19世纪由边沁、密尔等建立的功利主义自由理论成为西方近现代重要的自由观念。在中国传统文化中，对自由的向往古已有之，道家是中国古代自由的代表，老子倡导"道法自然"，庄子的"逍遥"是一种典型的古代自由精神。儒家的自由是一种中道自由，孔子的"从心所欲不逾矩"即一种自由境界。马克思和恩格斯于19世纪中期发表的《共产党宣言》中指出人类理想社会的标准，即"每个人的自由发展是一切人的自由发展的条件"。[①]

[①] 《马克思恩格斯选集》第1卷，人民出版社2012年版，第422页。

人的自由全面发展是中国特色社会主义的终极价值和根本指向，《中华人民共和国宪法》规定了公民的自由权利。为使每个公民获得自由全面发展，要进一步维护宪法和法律的尊严和权威，确保尊重和保障公民自由权利的实施；要大力发展生产力，建立和完善社会保障制度，为人的自由全面发展提供充足的物质保障；要保持自由宽松的文化氛围，创造尊重和保障公民自由权利的人文氛围。

平等指的是公民在法律面前一律平等，其价值取向是不断实现实质平等。它要求尊重和保障人权，人人依法享有平等参与、平等发展的权利。历史上，古希腊哲学家柏拉图提出男女平等参政思想，古希腊和古罗马都强调法律面前人人平等。中世纪基督教主张在上帝面前的生命平等，近现代西方提出以社会契约构建新的社会平等思想，确立人人生而平等、法律面前人人平等的准则。中国自古至今崇尚平等，春秋战国时期儒家提出"天下大同"的社会理想，大同社会的平等理念影响了中国数千年对理想社会的追求，发展为"等贵贱，均贫富"的重要制度设计理念。法家的"刑无等级"制度，蕴含了"法律面前人人平等"的思想，一直为后世所承袭，对国家统一、社会稳定起到了积极的作用。明代泰州学派提出"夫妇平等"等思想，清末康有为提出"人性平等"，这些思想均含有积极的思想因素。新中国成立后的第一部宪法，规定"各民族一律平等""公民在法律面前一律平等"，反映出社会主义国家对平等的价值追求。

平等是中国特色社会主义的重要标志。国家既应保障人人享有的平等权利，同时也应保障每个人基于其社会贡献所要求的权利、利益与尊重；要平等地尊重人的主体地位，切实保障公民参与国家政治生活的权利；在人与人的交往中，不以权压人、以强凌弱，应相互尊重，平等协商，不伤害和侵犯他人利益；要积极推进劳动者在经济收入上的平等性；要建立健全社会保障制度，确保公民在教育、就业、医疗、住房、养老等社会领域享有权利的平等性。

公正即社会公平和正义，它以人的解放、人的自由平等权利的获得为前提，是国家、社会应然的根本价值理念。历史上，西方古希腊哲学家柏拉图认为正义应是一种体现人类美德的道德原则，亚里士多德发展了正义概念，认为真正的正义，是分配正义与交换正义两方面的适度平衡。古罗马思想家西塞罗提出，国家的目的之一在于维护正义。18世纪英国哲学家休谟提出，正义只能是一种基于法律规则的正义，正义实质上是一种制度正义。德国哲学家康德区别了道德正义与政治法律正义，并阐述了它们之间的关系。中国春秋战国时期儒家提出"天下为公""以正为政""以义为上"等公正思想，道家将社会的公平正义的本质归属于"道"的"自然"规定性，墨家提出"兼爱"无别的公正观，法家强调"行公法"，揭示公正与法之间的内在逻辑。19世纪马克思、恩格斯认为，正义是人类社会的崇高境界，公正只有到物质极大丰富的共产主义社会才可能真正实现。新中国成立后，我们对社会公平正义不断进行理论与实践探索，初步构建了建设社会公平正义的新内容与框架体系。

公正是中国特色社会主义的内在要求。国家和社会通过法律、社会规范切实保障公民的生存权、健康权、受教育权、就业权、发展权、参与政治生活等基本权利；用司法公正引领社会公正，让司法在阳光下运行，最大限度发挥司法的人权保障功能，为严重失德败德行为提供具体明确的司法政策支持；承认并尊重不同公民发展其潜力的"自然"差异，认可具有相同潜力的公民应拥有相同的发展机会，其机会的实现过程应排除非正常因素，尤其是特权干扰；按照与所做贡献的匹配度进行经济收入分配；通过教育培训等提高弱势群体的能力，为弱势群体提供就业机会，通过收入再分配和改进社会保障等方式来改善弱势人群的状况。

法治是治国理政的基本方式，依法治国是社会主义民主政治的基本要求。它以法治的方式保护人民的基本利益，为自由、平等和公正提供了制度保障。早在古代希腊，亚里士多德就已经提出了法治思想，为后来的西方法治思想确立了基本方向。古罗马基于法治是良法被普遍服从的信念，开始探讨法律被人们普遍服从的内在依据，罗马法作为欧洲第一部成文法，成为公法和私法的渊源，其所开创的许多原则和制度为后世承继。中世纪欧洲的宗教观念促进了人们对法的神圣性的认同，把对法律的普遍服从同对神的崇拜和信仰有机地联系起来，形成法律至上的观念。近代英国思想家洛克提出政府必须坚持法治原则，严格执行法律。美国政治思想家潘恩提出，政府依宪法而建，政府和人民都必须严格遵守法律。

秦国推行法家思想，建立了中国历史上第一个中央集权国家。汉武帝之后独尊儒术，但"儒表法里""德主刑辅"成为中国两千多年稳定的治国框架。明末清初，以黄宗羲为代表的启蒙思想家提出"新法治"，主张变"一家之法"为"天下之法"，"有治法而后有治人"，君与民由此被共同纳入"法治"的范畴。到了19世纪，马克思主义认为，法律是至高无上的，法律是神圣的，人们应树立对法律的信仰，法律应表达人民意志，法律应严格实施。新中国成立70余年来，在不断探索和丰富法治思想并开展法治实践的过程中，依法治国的理念已深入人心。

法治是中国特色社会主义的本质要求和重要保障。在社会主义核心价值观中，任何个人、任何阶层、任何党派都不能凌驾于宪法和法律之上，任何人若违反了法律都要受到法律的追究；全社会均应树立法治意识，用法治思维和法治方式深化改革、推动发展、化解矛盾、维护稳定；要加强人权法治保障，保证人民依法享有广泛权利和自由，奉行以人民为中心的人权理念；司法机关在执法活动中必须坚持以事实为根据，以法律为准绳，做到严肃执法、秉公办案；政府活动只能在法律之内而不能在法律之外，只能在法律之下，而不能在法律之上，一切行政活动只能在法律的规范和制约下进行。

（三）公民层面

"爱国、敬业、诚信、友善"，是公民基本道德准则，是从个人行为层面对社会主义核心价值观基本理念的概括。它覆盖社会道德生活的各个领域，是每个公民必须恪守的道德准则，也是评价公民道德行为的基本价值标准。

爱国是一种深厚的情感，反映了个人对祖国的依存关系，也是调整个体与国家之间关系的行为规范。它同社会主义紧密结合在一起，要求人们以振兴中华为己任，促进民族团结、维护祖国统一、自觉报效祖国。历史上，爱国传统在不同历史时期有着不同的文化渊源和表现形式。各个历史时期都出现了维护国家统一、促进民族融合、反对分裂、抵御外部侵略的爱国英雄，他们不断为爱国主义精神输入新鲜血液，打上时代烙印。如西汉苏武，三国诸葛亮，西晋周处，东晋朱伺，前燕贾坚，南梁羊侃，北周王轨，唐朝颜真卿、张巡、李光弼，宋朝岳飞、文天祥，元朝耶律楚材、赵良弼，明朝方孝儒、于谦、戚继光、史可法，近现代林则徐、关天培、邓世昌、左宗棠、谭嗣同、孙中山、黄兴、廖仲恺、蔡锷、邓演达、李大钊、毛泽东、方志敏、瞿秋白、张学良、杨虎城、吉鸿昌、张自忠、钱学森、邓稼先等。

爱国是中国公民的神圣义务。在社会主义核心价值观中，爱国的价值追求是热爱社会主义的中国，热爱自己的同胞，热爱中华优秀传统文化；坚定不移地维护祖国统一，坚决反对分裂；爱国既要通过经济全球化，最大限度地提高自己的经济效应，增强综合国力，又要时刻保持清醒的头脑，反对西方的科技霸权、经济霸权、文化霸权，坚决维护国家利益，捍卫国家主权，保护国家安全；爱国也要尊重他国体制、他国文化和他国价值观，要尊重各国的历史文化、社会制度和发展模式，承认世界的多样性。

敬业是对公民职业行为准则的价值评价，要求公民忠于职守，克己奉公，服务人民，服务社会，充分体现了社会主义职业精神。历史上，孔子及其弟子在春秋战国时期就提出"执事敬""事思敬""修己以敬""敬业乐群""敬其事而后其食""功崇惟志，业广雄勤"等敬业思想；唐代韩愈提出"业精于勤荒于嬉，行成于思毁于随"；宋代朱熹提出"敬业者，专心致志以事其业"；近代梁启超提出"人生须知负责任的苦处，才能知道尽责任的乐趣""敬业即责任心，乐业即趣味"。这些敬业思想将敬业视为人生道德修养，并诠释了敬业的道德境界。中国历史上涌现出许多敬业的典范人物，不断为敬业精神增添时代内涵。如古代的神农、大禹、鲁班、蔡伦、司马迁、李时珍等，现代的白求恩、焦裕禄、林巧稚、时传祥、袁隆平、钟南山等。

敬业，是中国公民的基本职业操守。在社会主义核心价值观中，敬业的价值追求是要高度认同职业的价值和意义，要将自己的职业活动与自己的人生价值观联系起来；要以崇敬之心对待自己的工作，认真负责、一心一意、精益求精，用心去做，用心去体会；要干一行，爱一行，专一行，脚踏实地、兢兢业业、尽职尽责做好自己所从事的工作，要恪尽职守、尽职尽责、精益求精将自身所从事的事业做好；要有勤奋意识，要刻苦钻研本职业所需要的技术和知识，做到对技术精益求精，不断提高自己的工作业绩和水平；要勇于探索、善于创新，全面提高自己的创新意识与创新能力，在竞争中求生存，求发展；要打破陈规，以创新精神去开拓事业的新局面，创造事业的新布局；要无私奉献、服务人民。

诚信即诚实守信，是人类社会千百年传承下来的道德传统，也是社会主义道德建设的重点内容，它强调诚实劳动、信守承诺、诚恳待人。中华优秀传统文化将诚信作为人格信任、操守自律的道德准则。春秋时期管仲提出"诚信者，天下之结也"，孔子提出"民无信不立""言必信，行必果"，强调国家公信、个人诚信；儒家提出"仁、义、礼、智、信"的"五常"，作为人应拥有的五种最基本的品格和德行,"五常"成为中国道德价值体系的核心因素;唐代吴兢提出"不信之言,无诚之令,为上则败德,为下则危身",主张践行诚实守信,应从上到下贯彻如一;宋代朱熹提出"诚是自然底实,信是做人底实",主张诚信即为求实,周敦颐提出"诚,五常之本,百行之源也",强调诚是基本道德规范,是道德的本原。中国历史上有许多广为传诵的诚实守信故事,为中国的诚信价值观不断注入鲜活的血液,如春秋时期的季札挂剑,战国时期的商鞅立木,汉代的季布一诺、韩信报恩,三国时期的鲁肃守信,南北朝时期的徐德言破镜重圆,北宋时期的晏殊树信,明朝时期的宋濂抄书等。

诚信,是中国公民的立人之本。在社会主义核心价值观中,诚信的价值追求就是要遵从契约精神,即坚守不受公权侵蚀的契约自由的价值诉求、坚守缔约方之间不得使私权相互倾轧的价值观规约,订约时不欺诈、不隐瞒真实情况,不恶意缔约,坚守履行契约时恪守契约约定的守信价值观;诚信,就要真诚待人对己,要忠于本心、真实无妄、按照真实要求为人做事;诚信,要求政务诚信做示范引领;诚信,要求各类社会组织对内对外要遵守诚信原则,形成诚信的工作氛围;诚信,就要诚实劳动,要在认识、改造自然和社会的活动中,尊重客观事实不弄虚作假,不投机取巧、偷奸耍滑;诚信,就要在商业活动中诚实守信,不造假、不掺假,做到童叟无欺;诚信,就要通过诚信的收益累积增强自己的社会生存能力;诚信,要谨慎许诺,对做不到的事情,要诚实地回答,礼貌地拒绝,要严格履行许过的每一个承诺,哪怕是一件小事。

友善强调公民之间应互相尊重、互相关心、互相帮助,和睦友好,努力形成社会主义的新型人际关系。历史上,先秦时期孔子建立"仁"的道德思想,指出"能行五者于天下,为仁矣",即"恭、宽、信、敏、惠",并称"己所不欲,勿施于人""己欲立而立人,己欲达而达人",主张人要内心诚实无欺,诚实面对自己的真情实感,同时要以心体人、待人如己，以真诚之心待人，设身处地为他人着想。"仁"是一种先天之"道"，应成为一种先天道德本性。孟子提出"恻隐之心，仁之端也；羞恶之心，义之端也；辞让之心，礼之端也"，主张友善为人的先天本性。老子提出"天道无亲，常与善人"，主张上天对人没有远近亲疏厚薄之分，但它常常会帮助那些善良的人。墨子提出"兼爱"思想，主张人因有共同利益，所以"我爱他人"，"他人也会同样爱我"，"爱"无远近、厚薄之分。三国时期刘备提出"勿以恶小而为之，勿以善小而不为"，主张多"与人为善"。隋代王通提出"不责人所不及，不强人所不能，不苦人所不好"，主张要尊重他人意愿，不能强人所难。唐代韩愈提出"博爱之谓仁，行而宜之之谓义"，主张对人要有人文关怀，以友善为人处世。宋代李邦献提出"和以处众，宽以接下，恕以待人"，主张与人要和睦相处、宽以待人。除上述列举的"善以待人"思想外，中国传统文化还有许多善待自然的思想，如"天人合一""道法自然"等。

友善，是中国公民应具备的基本道德品质。在社会主义核心价值观中，友善的价值追求就是要心怀善意，要时刻反省我为别人做事，是否有不忠诚于人的时候？我与朋友相交，是否有不诚信于心的时候？我学习到的知识，是否有践行不够的地方？友善，就要宽容待人，能容事、容物、容众，容人之不足，能容纳无能之人，容纳愚昧之人，容纳孤陋寡闻之人，容纳品质驳杂之人，面对权势不过于趋附，面对弱者能平等善待；友善，就要助人为乐，当别人有困难的时候，要充满善意地援手相助、雪中送炭；友善，就要与人方便，要进行换位思考，尽力为别人提供力所能及的方便；友善，就要善待自然，面对日益严峻的全球性生态环境危机，放下狭隘的人类中心主义，要明确人对动物、物种与生态系统的义务，要与自然和谐相处，善待自然；友善，就要将公共的善优先于个人利益。

三、以社会主义核心价值观引领文化建设

核心价值观建设是文化建设的内核，决定着一个国家文化发展的性质和方向，体现着一个国家、一个民族的文化理想和精神追求。正如习近平总书记所说，"人类社会发展的历史表明，对一个民族、一个国家来说，最持久、最深层的力量是全社会共同认可的核心价值观。核心价值观，承载着一个民族、一个国家的精神追求，体现着一个社会评判是非曲直的价值标准"，"如果没有共同的核心价值观，一个民族、一个国家就会魂无定所、行无依归"[1]。坚持以社会主义核心价值观为引领，不断构筑中国精神、中国价值、中国力量。

（一）弘扬以伟大建党精神为源头的中国共产党人精神谱系

习近平总书记明确指出："人无精神则不立，国无精神则不强。"[2] 在新征程上，继承和发扬以伟大建党精神为源头的中国共产党人精神谱系，能够为立党兴党强党提供丰厚滋养，为全面建设社会主义现代化国家提供精神支撑，为全面推进中华民族伟大复兴提供精神动力，进而激励全党全国各族人民在新征程上团结奋斗。

1. 为立党兴党强党提供丰厚滋养

中国共产党的发展史就是一部坚守初心，勇于担当使命，传承红色基因，赓续红色血脉的伟大斗争史。中国共产党成立初期只有50多名党员，今天已经成为拥有9900多万名党员的马克思主义执政党，其中的成功之道就是有以伟大建党精神为源头的中国共产党人精神谱系为立党兴党强党提供丰厚滋养，使中国共产党能够饱经磨难而生生不

---

[1]《十八大以来重要文献选编》（中），中央文献出版社2016年版，第2、133页。
[2] 习近平：《党的伟大精神永远是党和国家的宝贵精神财富》，《求是》2021年第17期。

息、历经沧桑而风华正茂。党的十八大以来，中国共产党用"十年磨一剑"的精神深入推进全面从严治党。经过不懈努力，党找到了自我革命这一跳出治乱兴衰历史周期率的第二个答案，党的建设新的伟大工程取得显著成效。但是，我们也要清醒认识到，党面临的"四大考验""四大危险"依然严峻复杂，形式主义、官僚主义仍然突出，部分党员、干部缺乏担当精神、实干精神，铲除腐败滋生土壤的任务依然艰巨。新时代全面推进党的自我净化、自我完善、自我革新、自我提高，需要发挥精神的引领作用，从中国共产党人的精神谱系中汲取智慧和力量。以伟大建党精神为源头的中国共产党人的精神谱系为中国共产党人"怎么做"提供了精神指引。伟大建党精神中蕴含着理想信念、初心使命、敢于斗争、爱党爱民的力量，能够为全党进行新的伟大斗争、推进党的建设新的伟大工程提供不竭精神动力。井冈山精神、苏区精神、延安精神能够警示中国共产党要勇于自我革命，不断实现自我净化、自我完善、自我革新、自我提高。雷锋精神、张思德精神教导全党要时时刻刻将人民装在心中，全心全意为人民服务。改革开放精神、特区精神引领全党敢闯敢试、敢为人先，始终站在改革开放最前沿。脱贫攻坚精神、抗疫精神要求全党尊重科学、精准务实，树立人民至上、不负人民的价值理念等。大力弘扬以伟大建党精神为源头的中国共产党人精神谱系，用伟大建党精神和精神谱系中贯穿的优良作风和政治品格教育全党、用坚定的理想信念凝聚全党、用英勇无畏的斗争精神激励全党，能够提振全党踔厉奋发、勇毅前行的精气神，还能涵养共产党人富贵不能淫、贫贱不能移、威武不能屈的浩然正气，确保党永远不变质、不变色、不变味。

2. 为全面建设社会主义现代化国家提供精神支撑

实现中国式现代化，要注重物质文明与精神文明协调发展。习近平总书记在党的二十大报告中对中国式现代化的特征进行了全面阐释，明确指出："中国式现代化是物质文明和精神文明相协调的现代化。物质富足、精神富有是社会主义现代化的根本要求";要"大力发展社会主义先进文化,加强理想信念教育,传承中华文明"①。弘扬以伟大建党精神为源头的中国共产党人的精神谱系,是加强理想信念的宝贵财富,是中国式现代化的应有之义,能够为全面建设社会主义现代化国家提供强大的精神支撑,是推动中国式现代化向前发展的精神动力。弘扬以伟大建党精神为源头的中国共产党人精神谱系,能够鼓舞全党全国人民以更加积极主动的精神状态,有效抵制历史虚无主义等错误思潮。革命烈士、英雄人物、先进模范的感人事迹和优秀品质是中国共产党人精神谱系的人格化表达,具有精神引领和典型示范作用,能够推动全社会见贤思齐、崇尚英雄、争做先锋。中国共产党人的精神谱系是同各种错误思潮作斗争的精神武器。当今世界,思想文化的交流、交融、交锋依然激烈,历史虚无主义等错误思潮仍未销声匿迹。西方的马克思主义过时论、破产论,社会主义失败论,共产主义渺茫论,中国威胁论、中国崩溃论等错误论调时起时伏。只有大力弘扬伟大建党精神、赓续精神谱系,才能树立正确的党史观,正确看待历史,旗帜鲜明地抵制各类错误思潮的侵蚀。

3. 为全面推进中华民族伟大复兴提供精神动力

实现中华民族伟大复兴是中国共产党历史的主题。以伟大建党精神为源头的中国共产党人精神谱系以其丰富而深刻的内涵,为实现中华民族伟大复兴提供了重要价值遵循和目标指向,推动中华民族伟大复兴进入了不可逆转的历史进程,并将持续为全面推进中华民族伟大复兴注入不竭精神动力。当前,我国发展进入战略机遇和风险挑战并存、不确定难预料因素增多的时期。从国际看,世界百年未有之大变局加速演进,逆全球化思潮大行其道,局部冲突和动荡频发;从国内看,我国改革发展稳定仍存在不少深层次矛盾,各种"黑天鹅""灰犀

---

① 《习近平著作选读》第1卷,人民出版社2023年版,第18、19页。

牛"事件随时可能发生。面对变幻莫测的国内外形势，我们更应该弘扬以伟大建党精神为源头的中国共产党人精神谱系，在精神力量的指引下无惧风雨、勇毅前行。以伟大建党精神为源头的中国共产党人精神谱系，蕴含着激励民族奋进的精神力量，必将助力全面推进中华民族伟大复兴的伟大实践。中国共产党人的精神谱系能够增进政治认同和文化认同，为增强民族凝聚力和向心力提供价值引领。一方面，中国共产党人的精神谱系是政党意识形态的集中概括，它以伟大建党精神为源头，又在党的100多年光辉历程中继续发展，集中反映了中国共产党的光辉成就和英雄人物的高尚精神，能够增进人们的政治认同；另一方面，中国共产党人的精神谱系承载着中华优秀传统文化基因，在实践中不断发展成为先进文化的重要组成部分，是坚定社会主义文化自信的精神源泉，有助于增进文化认同。中国共产党人的精神谱系能够为战胜民族复兴道路上的艰难险阻提供强大动力。在中国共产党人的精神谱系中，无论是众志成城抵御重大灾害形成的精神，还是在全面深化改革中遇到艰难险阻形成的精神，"团结"的精神内涵贯穿其中，能够转化为强大的精神力量，引导全党全国各族人民心往一处想、劲往一处使，成为砥砺党和人民继续前行、全面推进中华民族伟大复兴的磅礴力量。

（二）提高全社会文明程度

文明是现代化国家的重要标志，社会文明程度表征国家现代化程度。提高全社会文明程度是建设社会主义文化强国的重要任务，也是以中国式现代化全面推进中华民族伟大复兴的基础与前提。党的二十大报告把"提高全社会文明程度"作为"推进文化自信自强，铸就社会主义文化新辉煌"的重要内容作了全面、系统的部署，为新时代新征程加强精神文明建设，提高全社会文明程度，指明了前进方向、提供了根本遵循。

回顾历史，100多年来，中国共产党人在革命、建设和改革的不同历史阶段，都高度重视社会文明建设并为提高全社会文明程度而不懈努力。早在新民主主义革命时期，中国共产党人为结束民族弱乱的悲惨境况，进行了长达28年的艰苦卓绝的斗争，成立了中华人民共和国，彻底结束了旧中国半殖民地半封建社会的历史。在此期间，党大力加强思想文化建设，倡导以马克思主义为指导的民族的科学的大众的文化，推进文化教育事业发展，破除落后的封建的文化残余，提高社会文明程度，还相继产生了以伟大建党精神、井冈山精神、长征精神、延安精神等为代表的宝贵精神，成功引领和塑造着那个时代国人的道德规范和价值观念，指引着革命一步步走向胜利。1949年9月，毛泽东在中国人民政治协商会议第一届全体会议上指出，随着经济建设的高潮到来，不可避免地将要出现一个文化建设的高潮，中国人被人认为不文明的时代已经过去了。新中国成立后，党和政府在全社会大力宣传和提倡艰苦奋斗、自力更生、移风易俗、男女平等进步观念，新中国健康向上的社会风貌逐渐形成，全社会文明程度明显提高。英雄模范人物层出不穷，雷锋精神、焦裕禄精神、红旗渠精神等相继涌现，人民群众的精神面貌、思想觉悟、职业道德等也随之焕然一新。

改革开放以来，党和国家对全社会文明程度的关注和培育从未松懈。随着改革开放的不断深入，我们党不断对提高全社会文明程度提出新的要求。20世纪80年代初，针对改革开放的新形势和新要求，邓小平适时发出了争做"四有新人"的时代号召。有关部门广泛开展"五讲四美三热爱"活动，推动建设社会主义精神文明。党的十三大明确提出，要"把我国建设成为富强、民主、文明的社会主义现代化国家"。江泽民多次指出，建设有中国特色社会主义，包括发展物质文明和精神文明两个方面，必须实现经济、社会的协调发展和全面进步。2006年3月，胡锦涛在参加全国政协十届四次会议时提出以"八荣八耻"为主要内容的社会主义荣辱观。10月，党的十六届六中全会明确提出要建设社会主义核心价值体系。2007年，党的十七大报告指出："思想道德建设广泛开展，全社会文明程度进一步提高。"①

党的十八大以来，以习近平同志为核心的党中央在培育和践行社会主义核心价值观、加强公民思想道德建设、丰富人民群众精神文化生活、提高全社会文明程度等方面，进行了大量部署安排。习近平总书记多次强调精神文明建设的重要性，指出"中国特色社会主义是物质文明和精神文明全面发展的社会主义"②。党的十九大报告强调"要提高人民思想觉悟、道德水准、文明素养，提高全社会文明程度"③。在以习近平同志为核心的党中央的高度重视和全面推动下，人民思想道德素质、科学文化素质和身心健康素质明显提高，我国物质文明和精神文明建设比翼齐飞，国家物质力量和精神力量同步增强。

党的二十大报告指出，"中国式现代化是物质文明和精神文明相协调的现代化。物质富足、精神富有是社会主义现代化的根本要求"④。对"提高全社会文明程度"进行了深入阐释，提出实施公民道德建设工程，弘扬中华传统美德，加强家庭家教家风建设，统筹推动文明培育、文明实践、文明创建，加强国家科普能力建设，完善志愿服务制度和工作体系，弘扬诚信文化等重要举措，进一步彰显了以习近平同志为核心的党中央对提高全社会文明程度的重视与有力推动。全社会文明程度之高低，攸关民族的未来和国家的前途命运。在强国建设、民族复兴的新征程上，我们要以习近平新时代中国特色社会主义思想为指引，按照党的二十大报告对"提高全社会文明程度"的阐释与部署，全面做好提高全社会文明程度各项工作，凝聚起强国建设、民族复兴的磅礴力量。

---

① 《十七大以来重要文献选编》（上），中央文献出版社2009年版，第3页。
② 《十八大以来重要文献选编》（上），中央文献出版社2014年版，第280页。
③ 《十九大以来重要文献选编》（上），中央文献出版社2019年版，第30页。
④ 《习近平著作选读》第1卷，人民出版社2023年版，第19页。

实施公民道德建设工程，弘扬中华传统美德，夯实全社会文明根基。中华传统美德历经岁月洗礼而历久弥新，是夯实全社会文明根基、提高全社会文明程度的宝贵资源。习近平总书记指出："中华优秀传统文化已经成为中华民族的基因，植根在中国人内心，潜移默化影响着中国人的思想方式和行为方式。"① 中华传统美德所提倡的精忠报国、克己奉公、自强不息、厚德载物等思想，是历史淬炼的精华，是民族文化的瑰宝，千百年来塑造着中华民族的品格，撑起了一代又一代民族脊梁，是中华民族革故鼎新、生生不息的重要精神密码和文化基因，孕育着社会主义核心价值观的思想精髓，时至今日，继承与发扬这些优秀传统美德对加强家庭家教家风建设，加强和改进未成年人思想道德建设，推动明大德、守公德、严私德，提高广大人民群众道德水准和文明素养仍发挥着重要作用。

发挥党和国家功勋荣誉表彰的精神引领、典型示范作用，助推全社会文明程度的提高。提高全社会文明程度，不仅需要公众个体主动参与，更离不开英雄模范的示范作用。2015年12月，全国人大常委会通过《中华人民共和国国家勋章和国家荣誉称号法》。国家勋章等荣誉获得者道德高尚、业绩卓越，为民族复兴、社会发展作出了杰出贡献，他们生动诠释了劳动精神、奋斗精神、奉献精神、创造精神、勤俭节约精神，能够有效激励和引导公众敬仰英雄，学习模范，鼓励人们向上向善。习近平总书记指出："崇尚英雄才会产生英雄，争做英雄才能英雄辈出。"② 要大力发挥党和国家功勋荣誉表彰的精神引领、典型示范作用，推动全社会见贤思齐、崇尚英雄、争做先锋，培育时代新风新貌。

我们必须看到，提高全社会文明程度是一个长期、重大而复杂的工程，必须坚持系统观念，绵绵用力、从容推进、久久为功，形成

---

① 习近平：《论党的青年工作》，中央文献出版社2022年版，第74页。
② 《十九大以来重要文献选编》（中），中央文献出版社2021年版，第220页。

"滴水穿石"的效应。党的十八大以来，以习近平同志为核心的党中央立足党和国家事业发展的高度，把系统观念作为牢牢把握经济社会发展主动权、确保我国发展行稳致远的重要思想和工作方法。只有用普遍联系的、全面系统的、发展变化的观点观察事物，才能把握事物发展规律。从区域协调发展来看，需要构建推进城乡精神文明建设融合发展的工作大格局，统筹推进城乡精神文明建设融合发展；从新时代中国特色社会主义事业的整体来看，全社会文明程度的提高要始终与社会发展、民族进步密切联系，统筹推动文明培育、文明实践、文明创建，切实做好加强国家科普能力建设，深化全民阅读活动，完善志愿服务制度和工作体系，弘扬诚信文化，健全诚信建设长效机制等基础性工作，推动形成适应新时代新征程要求的思想观念、精神面貌、文明风尚、行为规范，为以中国式现代化全面推进中华民族伟大复兴凝聚磅礴力量。

（三）坚持社会主义核心价值观内化于心外化于行

培育和践行社会主义核心价值观，既要"内化于心"，成为全体社会成员的自觉追求；又要"外化于行"，成为全体社会成员的自觉行动。核心价值观的培育和践行，是一个逐步积累、逐步认识、逐步形成共识的过程，不可能是朝夕之功。从历史上看，封建社会核心价值观的发育成熟用了上千年时间，资本主义社会核心价值观从提出到确立用了几百年时间，社会主义核心价值观要赢得亿万群众也需要一个长期的过程。培育和践行社会主义核心价值观必须立足当前、着眼长远，从现在做起、从点滴做起。

1. 思想教育

毛泽东曾指出："掌握思想教育，是团结全党进行伟大政治斗争的中心环节。如果这个任务不解决，党的一切政治任务是不能完成的。"[1] 习近平总书记也指出："教育引导是培育和弘扬社会主义核心价值观的基础性工作。"[2] 培育和践行社会主义核心价值观，首要的是抓好教育引导，引导人民群众和广大党员干部理解弘扬社会主义核心价值观的重大意义、科学内涵、精神实质、实践要求，打牢培育和践行工作的思想基础。

摆在重要位置。习近平总书记指出："核心价值观是一个国家的重要稳定器，能否构建具有强大感召力的核心价值观，关系社会和谐稳定，关系国家长治久安。"[3] 苏联解体的原因有很多，但始终没有形成明确的核心价值观进而引发思想混乱是其中一个。20世纪中叶的苏联理论界甚至认为，只能从科学角度去认识社会主义，而不能从价值角度去认识社会主义。这样的认识产生了两个消极后果：一是使人们缺乏明确、坚定的社会主义价值追求与信仰，对"什么是社会主义、怎样建设社会主义、建设什么样的社会主义"产生茫然和困惑；二是为资本主义核心价值观的渗透提供了空间和可乘之机。总结苏共解体的历史教训，要求"我们要从巩固全党全国各族人民团结奋斗的共同思想基础、巩固党的执政地位的战略高度，持续加强社会主义核心价值体系建设，把培育和弘扬社会主义核心价值观作为凝魂聚气、强基固本的基础工程，作为一项根本任务，切实抓紧抓好"[4]。

发挥榜样作用。优秀典型人物，是良好社会风气的导向标，是传播优秀价值观的鲜活教科书。在中华民族不断前行的历史进程中，涌现出不计其数的各类英雄和先进分子，他们的事迹生动而鲜明地记述着中华民族崇德尚义的不懈追求，成为照亮华夏儿女不断前行的精神

---

[1] 《毛泽东选集》第3卷，人民出版社1991年版，第1094页。
[2] 《习近平关于社会主义精神文明建设论述摘编》，中央文献出版社2022年版，第99页。
[3] 《习近平关于社会主义精神文明建设论述摘编》，中央文献出版社2022年版，第98页。
[4] 《习近平关于社会主义精神文明建设论述摘编》，中央文献出版社2022年版，第98—99页。

灯塔。礼敬楷模，尊崇榜样，不仅是中华民族坚守不变的优良传统，也是当下弘扬社会主义核心价值观的重要路径。习近平总书记指出："各行各业都有很多值得我们学习的榜样，包括航天英雄、奥运冠军、大科学家、劳动模范、青年志愿者，还有那些助人为乐、见义勇为、诚实守信、敬业奉献、孝老爱亲的好人，等等。榜样的力量是无穷的。大家要把他们立为心中的标杆，向他们看齐，像他们那样追求美好的思想品德。"[①]在会见第四届全国道德模范及提名奖获得者时，习近平总书记又指出："道德模范是社会道德建设的重要旗帜，要深入开展学习宣传道德模范活动，弘扬真善美，传播正能量，激励人民群众崇德向善、见贤思齐，鼓励全社会积善成德、明德惟馨，为实现中华民族伟大复兴的中国梦凝聚起强大的精神力量和有力的道德支撑。"[②]"见贤思齐焉，见不贤而内省也。"榜样的力量是无穷的。要深入开展宣传学习活动，创新形式、注重实效，把道德模范的榜样力量转化为亿万群众的生动实践，在全社会形成崇德向善、见贤思齐、德行天下的浓厚氛围。

从娃娃抓起，从学校抓起。一个民族的文明进步，一个国家的发展壮大，需要一代又一代人接力努力，需要很多力量来推动。儿童时期是价值观形成的关键阶段，学校是弘扬价值观的重要场所。培育和践行社会主义核心价值观，必须从娃娃抓起，从学校抓起。习近平总书记指出："让社会主义核心价值观在少年儿童中培育起来，家庭、学校、少先队组织和全社会都有责任。"[③]家庭是孩子的第一个课堂，父母是孩子的第一任老师。家长应时时处处给孩子做榜样，用正确行动、正确思想、正确方法教育引导孩子。学校应把德育放在更加重要的位

---

① 《习近平关于社会主义精神文明建设论述摘编》，中央文献出版社2022年版，第111页。
② 《习近平关于社会主义精神文明建设论述摘编》，中央文献出版社2022年版，第177—178页。
③ 《习近平关于社会主义精神文明建设论述摘编》，中央文献出版社2022年版，第113页。

置,全面加强校风、师德建设,坚持教书育人,根据少年儿童特点和成长规律,循循善诱,春风化雨,努力做到每一堂课不仅传播知识,而且传授美德,每一次活动不仅健康身心,而且陶冶性情,让社会主义核心价值观的种子在学生心中生根发芽。少先队要坚持开展组织教育、自主教育、实践活动,更好地为少年儿童培育和践行社会主义核心价值观服务,把广大少年儿童教育好、带领好。

青年要自觉践行社会主义核心价值观。高校是各种思想言论的主要集中发散地,青年学生则是各种思想观念争夺的主要对象。青年兴则国家兴,青年强则国家强。习近平总书记指出:"青年的价值取向决定了未来整个社会的价值取向,而青年又处在价值观形成和确立的时期,抓好这一时期的价值观养成十分重要。这就像穿衣服扣扣子一样,如果第一粒扣子扣错了,剩余的扣子都会扣错。人生的扣子从一开始就要扣好。"[①] 广大青年应从现在做起,从自己做起,勤学、修德、明辨、笃实,使社会主义核心价值观成为自己的基本遵循,并身体力行大力将其推广到全社会去,努力在实现中国梦的伟大实践中创造自己的精彩人生。

2. 舆论宣传推动

新闻舆论总是处在思想观念传播的最前沿,对社会精神生活和人的思想意识有重大影响。培育和践行社会主义核心价值观,是一个动态的过程,在这个过程中,需要发挥舆论宣传的推动作用。只有通过舆论宣传,一种价值观才能更好地为广大人民群众所熟知、所认识、所认同。

在对内宣传中,要坚持正确导向,不断加大社会主义核心价值观的宣传力度。坚持团结稳定鼓劲、正面宣传为主,是宣传思想工作必须遵循的重要方针。面对多元价值观念的挑战,必须坚持巩固壮大主

---

① 《习近平关于社会主义精神文明建设论述摘编》,中央文献出版社2022年版,第106页。

流思想舆论，弘扬主旋律，传播正能量，激发全社会团结奋进的强大力量。必须看到，无论是理论研究、宣传报道，还是文艺创作、思想教育，都要把坚持正确导向摆在首位，始终绷紧导向这根弦，讲导向不含糊、抓导向不放松。针对社会主义核心价值观的宣传，习近平总书记强调指出："要加大正面宣传力度，通过学校教育、理论研究、历史研究、影视作品、文学作品等多种方式，加强爱国主义、集体主义、社会主义教育，引导我国人民树立和坚持正确的历史观、民族观、国家观、文化观，增强做中国人的骨气和底气。"[1] 对各种错误价值观念，要理直气壮地进行批判和驳斥，对社会主义核心价值观要理直气壮地坚持和弘扬。

在对外宣传中，要树立价值观自信，积极推动当代中国价值观念走出去。封闭的文化是无力的，封闭的价值观也是无力的。当前，对于推动中华优秀传统文化、传统价值观走向世界都无异议，但在社会主义先进文化、社会主义价值观能否"走出去"的问题上，有些讳莫如深。解决这种被动局面，首先需要我们增强文化自信、价值观自信。"要讲清楚中华优秀传统文化的历史渊源、发展脉络、基本走向，讲清楚中华文化的独特创造、价值理念、鲜明特色，增强文化自信和价值观自信。"[2] 其次，要在增强价值观自信的基础上积极推动当代中国价值观念走出去。"当代中国价值观念，就是中国特色社会主义价值观念，代表了中国先进文化的前进方向。经过长期努力，我国成功走出了一条中国特色社会主义道路，取得举世瞩目的辉煌成就，实践证明我们的道路、理论体系、制度是成功的。世界上越来越多的人开始对当代中国价值观念感兴趣，越来越多的人开始客观看待当代中国价值观念。"[3] 这就要求我们在加强提炼和阐释当代中国价值观念的基础上，不

---

[1] 《习近平谈治国理政》，外文出版社2014年版，第162页。
[2] 《习近平谈治国理政》，外文出版社2014年版，第164页。
[3] 《习近平关于社会主义文化建设论述摘编》，中央文献出版社2017年版，第199页。

断加强国际传播能力建设，不断拓展对外传播平台和载体，精心构建对外话语体系，把当代中国价值观念贯穿于国际交流和传播的方方面面，讲好中国故事，传播好中国声音，阐释好中国特色。

3. 文艺文化熏陶

"随风潜入夜，润物细无声。"文化的力量是无形的，但最能深入人心、打动心扉。习近平总书记指出："坚守我们的价值体系，坚守我们的核心价值观，必须发挥文化的作用。"① 推进社会主义核心价值观内化于心、外化于行，必须发挥文化的作用。

文艺是铸造灵魂的工程，也是培育和弘扬社会主义核心价值观的重要载体。习近平总书记指出："文艺在培育和弘扬社会主义核心价值观方面具有独特作用。"② 文艺是时代的精神触角，是人们把握世界的一种特殊方式，它不仅描述现实生活的面貌，而且通过作品的思想内容、道德取向、价值追求和审美判断，潜移默化地影响着人们的思想和行为。特别是优秀的文艺作品，能够对社会现实做反思性省察和理想化观照，在给人以美的享受、心灵的愉悦的同时，给人以思想上的引导，增进人们对现实生活体验的深度、提升个体命运抉择的智慧、提升审视自我灵魂的高度。当年，歌剧《白毛女》赴冀中部队慰问演出，看到黄世仁逼死杨白劳、霸占喜儿时，台下观众群情激愤，差一点引发小战士开枪打死"黄世仁"的悲剧。其原因就在于文艺作品凭借强大的艺术感染力将其所蕴含的思想价值观念注入观众的内心，使人们为之悲喜、为之动情。也正是缘于此，习近平总书记高度重视文艺作品对培育和践行社会主义核心价值观的重要作用，要求"广大文艺工作者要高扬社会主义核心价值观的旗帜，充分认识肩上的责任，把社会主义核心价值观生动活泼、活灵活现地体现在文艺创作之中，用栩栩如生的作品形象告诉人们什么是应该肯定和赞扬的，什么是必须反对

---

① 《习近平谈治国理政》，外文出版社2014年版，第106页。
② 《十八大以来重要文献选编》（中），中央文献出版社2016年版，第133页。

和否定的，做到春风化雨、润物无声"①。这既是对文艺在培育和弘扬社会主义核心价值观中特殊作用的充分阐述，也是对通过文艺途径培育和弘扬社会主义核心价值观提出的明确要求。对于文艺工作者而言，不仅要在文艺创作上坚持正确导向、追求作品卓越，以实际行动做社会主义核心价值观的传播者，而且要在思想道德修养上追求卓越，努力做到言为士则、行为世范，成为社会主义核心价值观的模范践行者。

培育和弘扬社会主义核心价值观必须立足中华优秀传统文化。在五千年文明发展史中，中华民族不仅创造了丰厚的物质文明，也创造了灿烂的精神文化。中华优秀传统文化不仅为社会主义核心价值观的形成提供了丰富的思想资源，而且至今仍然潜移默化地影响着当代中国人的价值取向和行为方式。培育和弘扬社会主义核心价值观，不能割断中华文化的精神血脉，也不能忽视中华民族现实的文化土壤。习近平总书记指出："实现中华民族伟大复兴的中国梦，必须要有中国精神，而中国精神必须在坚持社会主义核心价值体系的前提下，积极深入中华民族历久弥新的精神世界，把长期以来我们民族形成的积极向上向善的思想文化充分继承和弘扬起来，使之为培育和践行社会主义核心价值观服务，为建设社会主义先进文化服务，为党和国家事业发展服务。"②面对西方"普世价值观"和各种文化虚无主义的冲击，我们要坚守住社会主义核心价值观，就必须守住自己的民族文化，向人民群众讲清楚中华文化的历史渊源、发展脉络、基本走向，讲清楚中华文化的独特创造、价值理念、鲜明特色，增强文化自信和价值观自信。要认真汲取中华优秀传统文化的思想精华和道德精髓，大力弘扬以爱国主义为核心的民族精神，深入挖掘和阐发中华优秀传统文化讲仁爱、重民本、守诚信、崇正义、尚和合、求大同的时代价值，使中华优秀传统文化成为涵养社会主义核心价值观的重要源泉。

---

① 《十八大以来重要文献选编》（中），中央文献出版社2016年版，第134页。
② 《习近平谈文化自信》，《人民日报（海外版）》2016年7月13日。

4. 生活实践养成

马克思、恩格斯在《德意志意识形态》中指出："不是意识决定生活，而是生活决定意识。"① 习近平总书记也强调指出："一种价值观要真正发挥作用，必须融入社会生活，让人们在实践中感知它、领悟它，达到'百姓日用而不知的程度'。"② 社会主义核心价值观，对日常生活中的每一个人都具有重要的影响；反过来，社会主义核心价值观建设，必然也会受到日常生活的影响。

把培育和践行社会主义核心价值观与健全日常行为规范相结合。对于广大人民群众来说，社会主义核心价值观是一种抽象的理论凝练，要想让社会主义核心价值观真正在群众心中扎下根来，必须实现从理论到实践、从抽象到具体的转化。要实现这种转化，日常行为规范不可或缺。所谓日常行为规范，一般是指人们在公共生活领域中遵守的道德规范和行为准则，是最贴近人民群众的一种规制化形式，具有鲜明的实用性。它不仅直接约束人的行为举止，告诉人们应该"做什么""如何做"，而且间接地对人进行精神和道德上的引导，告诉人们应该做什么样的人。同时，日常行为规范因表述简单直白、要求明确具体，而具有一定的适应性和可操作性。因此，习近平总书记指出："我们要注意把我们所提倡的与人们日常生活紧密联系起来，在落细、落小、落实上下功夫。要按照社会主义核心价值观的基本要求，健全各行各业规章制度，完善市民公约、乡规民约、学生守则等行为准则，使社会主义核心价值观成为人们日常工作生活的基本遵循。"③ 将抽象的价值观念变成可感知、可仿效、可企及的行为规则，适应日常生活的经验性和重复性，久而久之就能够将外界强制性要求内化为自身观念，转化为自觉行为，从而达到核心价值观内化于心、外化于行的目

---

① 《马克思恩格斯选集》第1卷，人民出版社2012年版，第152页。
② 《习近平关于社会主义精神文明建设论述摘编》，中央文献出版社2022年版，第100页。
③ 《习近平关于社会主义精神文明建设论述摘编》，中央文献出版社2022年版，第101页。

第三章
培育和践行社会主义核心价值观

标要求。

把培育和践行社会主义核心价值观与适应大众日常认知方式相结合。社会主义市场经济的深入发展和信息技术特别是融媒体技术的飞速进步，不仅改变了社会生产方式，也改变了人们的认知方式，简洁直观、轻松愉悦、通俗易懂成为人们认知日常生活的主要特征。在这样的时代背景下培育和弘扬社会主义核心价值观，有三点需要注意：一是要语言大众化，必须使有关社会主义核心价值观的宣传话语生动形象，浅显直白，实现从"理论原理"到"生活道理"、从理论术语向日常生活用语的转换；二是传播方式大众化，既要利用好广播、电视、报纸等传统媒体资源，更要适应信息技术发展，利用好微信、微博和App客户端等平台，让人民群众在自己最常接受信息的渠道里认知社会主义核心价值观；三是注重日常生活情境的塑造，有计划地建立和规范一些礼仪制度，如升国旗仪式、成人仪式、入党入团入队仪式等，利用重大纪念日、民族传统节日等契机，组织开展形式多样的纪念庆典活动，传播主流价值，从而创造出有利于培育和弘扬社会主义核心价值观的生活情境和社会氛围，使核心价值观的影响像空气一样，无所不在、无时不有。

把培育和践行社会主义核心价值观与满足人民大众合理利益要求相结合。培育社会主义核心价值观，不是要构建一个"乌托邦"，而是用社会主义核心价值观引导社会发展的走向、推动大众合理利益的实现。培育和弘扬社会主义核心价值观，必须关注人民群众的生活需求，把培育和践行工作与实现好、维护好、发展好人民群众的根本利益和现实利益结合起来，使价值观真正成为大众可以感知的现实。在经济方面，不仅要努力实现国家的整体富强，更应促进共同富裕，使发展成果更多更公平惠及全体人民；在政治上，应不断健全人民当家作主制度体系，不断扩大人民大众的民主权利和政治参与渠道，切实保护人民大众的合法权益；在文化领域，应完善公共文化服务体系，深入实施文化惠民工程,满足不同阶层人民日益增长的精神文化需求;在社会领域,应不断提高和改善民生水平,加强和创新社会治理,不断促进社会公平正义。只有如此,社会主义核心价值观才能真正在人民心中扎下根来。

第四章

推动中华优秀传统文化创造性
转化和创新性发展

中华优秀传统文化是中华民族的瑰宝，蕴含着丰富的思想智慧、道德理念和人文精神，是中华民族发展的源泉和动力，也是当代中国最深厚的文化软实力。习近平总书记指出："要在创造性转化和创新性发展中赓续中华文脉。高扬中华民族的文化主体性，把历经沧桑留下的中华文明瑰宝呵护好、弘扬好、发展好"[①]。新时代，我们要积极推动中华优秀传统文化的创造性转化和创新性发展，使之与现代社会相协调，为构建社会主义现代化强国提供强大的精神动力和文化支撑。

一、中华优秀传统文化是中华民族发展的源泉和动力

习近平总书记强调："世世代代的中华儿女培育和发展了独具特色、博大精深的中华文化，为中华民族克服困难、生生不息提供了强大精神支撑。"[②]中华优秀传统文化为中华民族的发展提供了持续的源泉和动力。在历史的长河中，中华民族之所以能成为伟大的民族、屹立于世界民族之林，历经磨难而愈发坚韧、奋发向前，关键因素在于培育和发展了具有独特风貌、深厚内涵的中华文化，为自身发展奠定了坚实的精神基础和文化底蕴。历史与现实均证明，一个民族若摒弃自身文化，便会失去精神支柱，难以屹立于世界民族之林。站在新的历史起点上，为实现社会主义文化强国建设，需推动中华优秀传统文化的创造性转化和创新性发展，不断提升其生命力和影响力，铸就中华文化的新辉煌。

---

① 习近平：《锚定建成文化强国战略目标　不断发展新时代中国特色社会主义文化》，《人民日报》2024年10月29日。
② 《十八大以来重要文献选编》（中），中央文献出版社2016年版，第119页。

第四章 推动中华优秀传统文化创造性转化和创新性发展

（一）中华优秀传统文化植根于中华民族发展的历史进程

中华优秀传统文化是中华民族"根"之所在，植根于中华民族发展的历史进程。它犹如深扎土壤的植物根系，以其内生性和内源性的特质，构建了中华文明独特的文化生命循环系统，确保了中华文明的连续性。这一文化根系，如同植物的根尖，随着时代变迁和社会发展，不断实现创造性转化和创新性发展，为中华文明注入源源不断的创新活力。中华文明，深邃而广博，其文化体系不仅涵盖了主要的根系，也包括了众多的次级根系。然而，始终以主要根系为核心，彰显出其强大的统一性。习近平总书记明确指出，一部中国史就是一部各民族交融汇聚成多元一体中华民族的历史。中华民族具有强烈的共同体意识，国家统一始终是核心利益。在共同信念的支撑下，各民族文化紧密融合，形成坚不可摧的凝聚力。中华优秀传统文化的根系既博大又发达，为中华文明这棵参天大树提供了源源不断的养分。即使经历风雨，这棵大树依然挺拔矗立、充满生机。这充分体现了中华文明的坚韧与生命力，彰显了其深厚的历史底蕴和文化积淀。

中华优秀传统文化源远流长，起源于五千多年前的黄河流域。在此地区，先民们缔造了新石器文化的辉煌，为后世留下了丰厚的文化遗产。随着历史变迁，夏、商、周等王朝崛起，各种文化交融碰撞，逐步形成了以儒家文化为主导，道、佛等多元文化共存的态势。在秦汉时期，中央集权制度的建立进一步推动了文化的繁荣发展。唐宋时期，国家富强、民族融合，中华优秀传统文化攀升至新的高峰。元、明、清三朝，文化传统得以延续，并与民间文化相互交融，塑造了独具特色的中华优秀传统文化。中华优秀传统文化，是历经千年积淀的智慧瑰宝，蕴含着丰富的道德理念、人生哲学和审美情趣等核心价值。儒家以"仁、义、礼、智、信"为基本准则，强调个人修养和社会责任，旨在构建和谐的人际关系与社会秩序；道家倡导"道法自然"，强调与自然和谐共生，追求内心的平静与自由；而佛教则主张因果报应，引导人们向善，净化心灵。这些传统观念深入人心，为中华民族的道德观念打下了坚实基础。同时，中华优秀传统文化还强调家国情怀与天下为公的价值观念，激励着人们为民族繁荣与社会进步贡献力量，成为宝贵的精神财富，滋养着一代又一代中华儿女。

中华优秀传统文化，作为民族精神的根基，早已渗透进每个中国人的思想与行为之中，悄无声息地影响着一代又一代人的思维方式和生活方式。它深植于中华民族的内心深处，如同血脉一般，传递着民族文化的基因。这份深厚的文化底蕴，是中华民族的文化"根脉"。"求木之长者，必固其根本；欲流之远者，必浚其泉源。"在五千多年的文明发展历程中，中华优秀传统文化凝聚了中华民族最深层的精神追求，彰显了中华民族独特的精神标识，成为中华民族的精神支柱与立足之本。凭借这一内在文化基因，中华民族拥有坚定的文化自信，立足于960多万平方公里的广袤土地，汲取漫长奋斗积累的文化养分，展现出无比强大的前进定力。

丧失这一"根脉"，民族伟大复兴将难以实现。摒弃传统、背离根本，等同于割断精神命脉。若失去"根"，断裂"脉"，必将导致"魂"的迷失。唯有中华文化繁荣兴盛，方能推动中华民族伟大复兴。因此，中华优秀传统文化作为我们的"根脉"，须臾不可抛弃，丝毫不能背叛。"灭人之国，必先去其史。"在数千年的历史变迁中，中华文明成为四大文明中唯一未曾中断的文明。尽管近代以来，中华民族经历了前所未有的艰辛，但我们均迎难而上，砥砺前行。这其中的一大关键因素，便是中华儿女培育和发展出独特深厚、博大精深的中华文化，为中华民族克服重重困难而生生不息提供了坚实的精神支柱。在实现中华民族伟大复兴的历史进程中，中华优秀传统文化这一"根脉"在塑造和维护国家团结统一的政治局面，巩固多民族和谐共处的大家庭，强化国土完整、国家稳定、民族凝聚、文明传承的共同信念，激励中华民族儿女捍卫民族自主权、抵御外来侵略，以及推动中国社会的发展与进步、促进社会利益与社会关系的均衡等方面，均发挥了极为重要的作用。

守护好这一"根脉"，需致力于中华优秀传统文化的创造性转化与创新性发展。中华民族秉持守正创新、尊古鉴今的进取精神。习近平总书记指出，要"推动中华优秀传统文化创造性转化、创新性发展"[①]，这是继承与弘扬中华优秀传统文化的根本原则。促进传统文化之创造性转化与创新性发展，核心在于妥善处理"古与今""中和外"的关系。在"古与今"的维度上，我们应"以古人之规矩，开自己之生面"。秉持古为今用、以古鉴今的原则，区别对待、有弃有取，避免陷入厚古薄今、以古非今的误区。深入挖掘中华优秀传统文化所蕴含的思想观念、人文精神及道德规范，与时俱进地进行创新性转化与发展，以展现中华文化的永恒魅力与时代风貌。致力于实现传统文化与现实文化的交融相通，共同服务以文化人的时代使命。在"中和外"的层面，党的二十大报告强调"推进文化自信自强，铸就社会主义文化新辉煌"[②]。文明因多样性而产生交流，因交流而实现互鉴，进而推动发展。对于人类社会创造的各类文明，我们应以兼收并蓄的全球视野，采取学习借鉴的态度。立足本国本民族的实际情况，汲取其他文明的精华，取长补短、择善而从，通过不断吸纳多元文明的养分，促进中华文化的丰富与发展。

（二）中华优秀传统文化是筑牢中华民族文化自信的"根"与"源"

习近平总书记指出："文化兴国运兴，文化强民族强。没有高度的

---

① 《习近平著作选读》第2卷，人民出版社2023年版，第19页。
② 《习近平著作选读》第1卷，人民出版社2023年版，第35页。

文化自信,没有文化的繁荣兴盛,就没有中华民族伟大复兴。"①历史学家认为,中华文明是当今世界文明史上唯一的连续性文明,具有如此长久的连续性,就实证了中华民族发展的历史进程中必然存在着一种伟大的力量支撑其前行,而这种赋能于中华民族伟大的生命力和凝聚力的力量就来自中华优秀传统文化。

中华优秀传统文化中的思想理念、价值观、民族精神正是以家国情怀、社会关爱、人格修养为实践的理论升华,不仅承载着先辈们的智慧精髓,也代表着各民族绵延发展至今一直奉守的精神信仰,是民族发展之本,使中华民族保持了坚定的文化自信,为实现中华民族伟大复兴提供内生动力。中国特色社会主义核心价值观的24个字微言大义,深刻融合并运用了中华优秀传统文化的精髓,实现了对中华优秀传统文化的创新阐释,体现了中华优秀传统文化中"民惟邦本"的质朴理想、"丹心报国"的精神追求、"亲诚惠容"的处事智慧,更是滋养当代中国人精神世界、提振当代中国人精神力量的源头活水和不竭动力。

中华优秀传统文化构成了中华民族精神的根基。文化自信是更基础、更广泛、更深厚的自信,是更基本、更深沉、更持久的力量。中华优秀传统文化中蕴含着丰富的思想精髓和智慧结晶,例如,"以民为本"的治国理念,强调了人民在国家治理中的核心地位;"仁者爱人"的道德修养,倡导了人与人之间的关爱与和谐;"天人合一"的世界观,体现了人与自然和谐共生的理念;"和而不同"的辩证法,强调在差异中寻求统一,在多样性中寻求平衡。这些深邃的思想不仅是中华文化中的瑰宝,也是增强文化自信的重要历史依据。它们不仅塑造了中华民族的性格和精神面貌,铸就了中华民族共同体意识的理论来源,而且对现代社会依然具有重要的启示和指导意义。

---

① 《习近平著作选读》第2卷,人民出版社2023年版,第33页。

第四章
推动中华优秀传统文化创造性转化和创新性发展

中华优秀传统文化是文化自信的源泉。在全球化和多元文化的背景下，中华优秀传统文化提供了独特的视角和解决方案，有助于提升国家的文化软实力和国际影响力。例如，中华文化的包容性和开放性，使其在与其他文化的交流中能够吸收精华，同时保持自身的独特性。这种文化的自信不仅来源于对自身文化的深刻理解和认同，也来源于对外来文化的积极吸收和创新性发展。中华文化历经数千年的发展，积累了丰富的智慧和经验，这些宝贵的遗产在现代社会依然具有重要的价值。通过传承和弘扬中华优秀传统文化，我们能够更好地应对全球化带来的挑战，增强民族的凝聚力和向心力。同时，中华文化的独特魅力也能为世界文化多样性的保护和发展作出贡献，促进不同文化相互理解和尊重。

中华优秀传统文化在现代社会的应用和发展是增强文化自信的关键。通过教育、媒体和社会实践等多种途径，将中华优秀传统文化的精髓融入现代生活，可以有效提升公众的文化认同感和自豪感。例如，学校教育是传承和弘扬优秀传统文化的重要阵地。通过在课程设置中增加关于优秀传统文化的教学内容，让学生从小接触并了解这些宝贵的文化遗产，可以培养他们对传统文化的热爱和尊重。家庭教育同样不可忽视。家庭是传承良好家风家教的第一课堂，父母可以通过讲述历史故事、传统节日庆祝等方式，将传统文化的精髓传递给下一代。此外，媒体在传播传统文化方面也发挥着重要作用。无论是电视节目、电影，还是网络媒体，都可以通过多种形式向公众展示传统文化的丰富内涵和现代价值。社会实践也是推广传统文化现代应用的有效途径。通过组织各种文化活动，如传统手工艺展示、非物质文化遗产体验等，让公众亲身感受传统文化的魅力。这不仅是对传统文化的尊重和保护，更是对文化自信的有力支撑。

中华优秀传统文化的创造性转化和创新性发展，是实现文化自信的重要途径。在全球化的大背景下，传统文化面临着前所未有的挑战和机遇。如何在保持传统精髓的同时，使其适应现代社会的需求，成为当前文化传承的重要任务。这需要我们对传统文化进行深入的挖掘和研究，通过创造性转化和创新性发展，使之既保留传统的魅力，又符合现代人的审美和价值观。例如，传统节日可以通过现代科技手段进行宣传和推广，使其在现代社会中焕发新的生命力。同时，传统文化中的经典元素可以融入现代设计中，创造出既有传统韵味又符合现代审美的产品。此外，中华优秀传统文化需要与现代科技和国际视野相结合，实现传统与现代的有机融合及创新与发展。这不仅能够保持中华文化的活力和时代感，也能够在全球文化交流中展示中华文化的独特魅力和价值。

（三）中华优秀传统文化是中华民族的共有精神家园

中华优秀传统文化是中华民族共同创造的精神财富，更是中华民族共享的精神家园。中华优秀传统文化根植于华夏沃土，积累了中华民族深邃的精神追求。该文化不仅体现了中华民族独特的精神标识，而且塑造了中国人的思维模式和行为习惯。经过五千余年的发扬光大，中华优秀传统文化已然成为中华民族持续发展、世代相传的强韧精神支柱，也是中华民族傲然屹立于世界民族之林的重要支撑。它是中华民族的"魂"之所系，是中华民族独特的精神财富。

中华优秀传统文化作为综合国力的关键要素，文化精神力与竞争力的内涵丰富，包括精神感召力、社会凝聚力、价值吸引力及思想影响力等多个维度。中华优秀传统文化构成了这一力量的重要源泉，它承载着中华民族深层次的精神追求，具有独特的文化标识，反映了世代传承的世界观、人生观、价值观和审美观。这些传统文化不仅为中华民族的发展提供了丰富的滋养，而且对人类文明的进步产生了深远的影响。中华优秀传统文化所蕴含的哲学理念、价值观念、道德思想、行为规范、社会理想、美学品格、辩证思维等，构成了永恒的文化思想经典。这些经典塑造了中华民族特有的信仰追求、价值取向、高尚品质、文明准则、审美情趣和思维方式，铸就了中华民族的性格、气节、品格和气魄，成为中华民族的脊梁、血脉和灵魂。可以说，中华优秀传统文化是我国文化软实力的基石，是我们民族的精神支柱。在新时代背景下，我们要继续弘扬和传承这些文化瑰宝，让其在现代社会继续发光发热，为推动我国文化繁荣兴盛，提升国家文化软实力贡献力量。同时，我们也要以开放的心态，将这些优秀文化推向世界，让世界了解和接纳中华文化，增进各国人民的友谊与理解，共同促进人类文明的进步与繁荣。

中华优秀传统文化作为民族的精神支柱，承载着核心价值观，它是民族精神的内核与标识，深植于民族的血脉、社会生活及精神世界之中。习近平总书记指出："核心价值观是文化软实力的灵魂、文化软实力建设的重点。这是决定文化性质和方向的最深层次要素。"[①] 文化软实力作为一个多要素、多层次、多维度的社会发展体系，核心价值观在其中扮演着至关重要的角色，是文化软实力发展的核心要素。人类社会的进步与发展，是物质文明与精神文明相互作用的结果，涉及思想、精神、价值、理念、信仰、思维、美学、艺术、技术等多个文化领域。核心价值观深藏于社会意识形态与文化形态之中，发挥着核心与主导的作用。中华优秀传统文化作为中华民族的精神支柱，不仅是社会主义核心价值观的重要源泉，也是我们在全球文化竞争中保持立场的坚固基石，其中蕴含的核心价值观念丰富多样、思想深邃，具有持久而广泛的影响，展现出独特的魅力和鲜明的文化特色。这些价值观念蕴含着深刻的思想内涵、巨大的精神活力、崇高的道德品质、辩证的科学思维以及形神兼备的审美风范。中华优秀传统文化将人的精神生活与人生和社会理想紧密结合，形成了博大精深、底蕴丰厚的文化

---

① 《习近平谈治国理政》，外文出版社2014年版，第165页。

价值理念和道德人格文化传统，代代相传、绵延不绝、深入人心。

习近平总书记指出："文化是一个国家、一个民族的灵魂。"① 文化是民族发展强盛的基础与动力。近代以来，中华民族历经西方资本主义和帝国主义的侵略、日本法西斯的铁蹄蹂躏、超级大国的封锁遏制，但中华优秀传统文化中的家国情怀、坚贞不屈、百折不挠的优秀品质，仍然使中华民族巍然屹立于世界民族之林。当前，学习与研究、继承与创新、弘扬与光大中华优秀传统文化，依然是维护中华民族共有精神家园、增强民族认同感与归属感、实现中华民族伟大复兴的关键途径。

（四）中华优秀传统文化是筑牢中华民族共同体意识的重要载体

铸牢中华民族共同体意识是实现中华民族伟大复兴的必然要求，也是我国民族工作的重要理论与实践课题。中华优秀传统文化的内涵博大精深，不仅体现在诗词歌赋、琴棋书画等艺术形式中，更体现在其独特的价值观、思维方式以及人格品质上。中华优秀传统文化作为中华民族的精神命脉，蕴含着丰富的共同体理念，其中"各民族要相互了解、相互尊重、相互包容、相互欣赏、相互学习、相互帮助，像石榴籽那样紧紧抱在一起"② 的论述，深刻揭示了中华民族多元一体的基本特征。这些优秀的传统文化，塑造了中华民族的独特气质和精神风貌，也为铸牢中华民族共同体意识提供了丰富的文化土壤。

中华优秀传统文化在增强民族认同感方面具有不可替代的作用。在全球化和西方文化影响日益增强的今天，文化认同成为世界关系重组的重要依据。新时代，必须以时代精神唤醒中华优秀传统文化的内在生命力。中华优秀传统文化内蕴着深邃的思想理念、伦理规范以及

---

① 《习近平谈治国理政》第2卷，外文出版社2017年版，第349页。
② 《习近平讲故事："像石榴籽那样紧紧抱在一起"》，《人民日报（海外版）》2019年12月19日。

价值理想，这些文化要素在推动新时代青年的思想道德建设和全面成长方面，发挥着至关重要的传承、借鉴与启示作用。通过深入挖掘和正确阐释中华优秀传统文化的灵魂和精髓，可以进一步铸牢中华民族共同体意识。

中华优秀传统文化的历史渊源和独特价值为中华民族共同体意识提供了深厚的文化根基。中华文明的统一性、连续性和包容性构成了中华民族共同体意识巩固的关键基础。中华优秀传统文化所蕴含的民族凝聚力、价值整合力、行为规范力以及情感依托力，为中华民族共同体意识的巩固提供了坚实的文化基因。这种文化基因不仅在历史上为中华民族共同体意识提供了丰厚滋养，而且在新的历史条件下，仍然能够为中华民族共同体意识的形成和发展提供不竭动力。

中华优秀传统文化在教育领域的应用也是铸牢中华民族共同体意识的重要途径。在高等教育环境中，蕴含于优秀传统文化中的大一统政治理念、以公共利益为先的义利观以及和谐共处的多元共存原则，构成了激发大学生集体归属感的重要资源。通过优化文化内容的融入、创新融入策略以及完善融入机制等途径，能够唤醒大学生对共同文化生命的认同以及对集体身份的归属意识，从而确保加强共同体意识的整体效能。

在实践中，中华优秀传统文化与铸牢中华民族共同体意识之间的有机统合机制也发挥了重要作用。比如，通过锚定各族青少年群体、采用现代化技术手段、深挖民族文化性旅游、扎根民族互嵌式社区等方式，可以充分发挥中华优秀传统文化的认同化育功能，使铸牢中华民族共同体意识工作得以有效推进。这种实践机制依循"认知—认可—认同"三层次路径，注重中华优秀传统文化发展的时代性与大众性，保持其内在的民族性与先进性。

面对当前复杂的国际形势，我们更需要深入学习习近平总书记关于传承和弘扬中华优秀传统文化的重要论述。习近平总书记强调，"中华优秀传统文化是中华民族的精神命脉,是涵养社会主义核心价值观的重要源泉,也是我们在世界文化激荡中站稳脚跟的坚实根基"①。我们要将这些重要论述转化为推动铸牢中华民族共同体意识的强大动力,不断激活中华优秀传统文化的活力,使其薪火相传、与时俱进。面向未来,铸牢中华民族共同体意识是一项长期而艰巨的任务,需要我们在传承和弘扬中华优秀传统文化的基础上,不断创新方法、拓展途径,使之成为当代社会赓续中华民族血脉、弘扬中华民族精神、铸牢中华民族共同体意识的重要载体。只有这样,我们才能在实现中华民族伟大复兴的道路上不断前行,书写出更加辉煌的历史篇章。

(五)中华优秀传统文化是构建人类命运共同体的思想基础

在众多关键场合的演讲中,习近平总书记多次援引《论语·学而》中的"礼之用,和为贵",以此向世界传达中华民族自古以来对和平的热爱。中国自古以来秉持"己所不欲,勿施于人""天下为公""和谐万邦"的理念,不认同"国强必霸"的陈旧逻辑,也不参与你输我赢的零和游戏,因为这种文化基因和野心在中国人的传统中从未存在。中国的发展,不走西方国家的老路,而是坚定不移走和平发展道路。

"天下大同、协和万邦"体现了中华民族自古以来对人类社会的美好愿景,也是构建人类命运共同体理念所蕴含的文化根源。面对当今世界格局,习近平总书记创造性地提出了构建人类命运共同体理念,这一重大理念植根于五千多年的中华文明,着眼全人类共同利益和共同福祉,充分彰显了"和为贵""和合共生"思想的中华优秀传统文化的当代价值,体现了中国长期以来积累的维护世界和平与安全的宝贵经验,超越了西方现实主义国际关系理论中你输我赢、零和博弈的局限性,为人类社会实现共同进步、长期稳定和持续繁荣指明了方向,

---

① 《十八大以来重要文献选编》(中),中央文献出版社2016年版,第135页。

赢得了国际社会的高度评价。

二、中华优秀传统文化是当代中国最深厚的文化软实力

习近平总书记强调，要不断提升国家文化软实力和中华文化影响力。中华优秀传统文化是当代中国最深厚的文化软实力，它承载着中华民族五千多年的智慧与情感，是我们在世界舞台上自信自强的源泉。这种软实力不仅体现在我们的语言、文字、艺术、哲学等方面，更体现在我们的价值观、道德观、思维方式和生活方式上。中华优秀传统文化是中华民族的瑰宝，为马克思主义中国化时代化提供了文化沃土，也是实现中华民族伟大复兴的坚实支撑，是人类共有的精神财富。我们要珍惜这份宝贵的文化遗产，更好地传承和发扬，让中华优秀传统文化在当代中国乃至全球范围内发挥更加重要的作用。

（一）中华优秀传统文化为马克思主义中国化时代化提供文化沃土

马克思主义中国化，即将马克思主义的基本原理与中国的具体实际紧密结合，旨在创造、丰富并持续推动具有鲜明中国作风、中国气派的马克思主义理论体系的形成与发展。其理论的核心与归宿均聚焦于"中国的具体实际"这一关键所在。此范畴内涵深广，既涵盖了中华民族五千多年悠久历史的文化传统与历史积淀，也包括中国近代以来的社会实践以及当前的现实情况。与此对应，马克思主义中国化的内涵应包含两大方面：一方面，体现了马克思主义与中华优秀传统文化的深度融合，在文化维度上共同构筑了以中国特色为核心的现代文化体系；另一方面，是马克思主义与中国当前社会实践的深度融合，在实践层面提供蕴含"中国智慧"的解决方案，以推动开放的中国马

克思主义理论体系不断向前发展。这两方面均为马克思主义中国化的应有之义,后者为目的,前者为根基。

从文化维度审视,马克思主义中国化的发展历程,亦可视为一部汲取、融合及转化中华优秀传统文化的历史篇章。早期的中国共产党人之所以在众多西方政治思潮中选择马克思主义,就因其深受中华优秀传统文化深厚思想底蕴的驱动。毛泽东在韶山私塾求学期间,深入研读《礼记》,青年时代受到康有为《大同书》的影响,从而树立起追求社会大同的崇高理想,这与马克思主义所倡导的共产主义理想在基本价值和深层理念上存在着高度契合。在接纳马克思主义之后,这种政治追求和价值取向便建立在科学规律的基础之上,转化为具有实践指导意义的行动纲领。毛泽东曾在新中国成立前夕指出,尽管康有为提出了《大同书》,但他并未找到实现大同社会的现实路径,唯有通过工人阶级领导的人民共和道路,才有可能"到达社会主义和共产主义,到达阶级的消灭和世界的大同"[①]。可见,基于马克思主义与中华优秀传统文化"大同思想"的价值契合,在中国践行的马克思主义共产主义理想被赋予了"世界大同"这一独具中国特色的文化内涵。这一融合不仅彰显了马克思主义理论的普遍性和适应性,同时也体现了中华优秀传统文化在现代社会发展中的独特价值和深远影响。通过这一价值契合,马克思主义所倡导的共产主义理想在中国得以更加深入地根植于民族文化土壤之中,为实现人类社会的共同进步和繁荣贡献了中国智慧和中国力量。

"小康"这一具有中华优秀传统文化特色的概念,亦在社会主义发展理论中得到了充分体现和拓展。"小康"一词最早见于《诗经·大雅·民劳》中的"民亦劳止,汔可小康",而《礼记·礼运》则进一步将小康描绘为一种社会秩序稳定、百姓生活安康的理想社会形态。

---

① 《毛泽东选集》第4卷,人民出版社1991年版,第1471页。

1979年，邓小平提出我国经济体制改革建设的目标是实现"小康之家"，并随着时代的发展不断完善和深化这一理念。如今，"小康"理论已日臻成熟，我国已从建设小康社会行至全面建成小康社会的历史阶段。传统意义上的"小康"理念，在经历现代的重新阐释后，已经与中国化的马克思主义理论及实践相融合，成为一个具有深厚历史底蕴和广泛社会认同的具象化概念，从而丰富了马克思主义中国化理论的历史内涵，增强了人民群众对马克思主义中国化理论的认同感和归属感。

百余年来，中华优秀传统文化元素不断渗入近代中国革命、建设与改革的沃土。马克思主义中国化的丰富与发展，正是在这片沃土上孕育出的丰硕成果。从最初的马克思主义"中国说"——对马克思主义经典文献和著作的翻译、引用和阐释，到马克思主义"中国用"——运用马克思主义指导中国革命、建设与改革的具体实践，再到如今的马克思主义"中国化"——实现马克思主义与中国实际相结合、与中华优秀传统文化相结合的深度融合与创新发展，这一历程始终坚持以中华优秀传统文化为基石，以中国实际为出发点，以中国特色社会主义道路为坚定立场。

（二）中华优秀传统文化是实现中华民族伟大复兴的坚实支撑

实现中华民族伟大复兴的坚实支撑，离不开中华优秀传统文化这一精神支柱。这一文化瑰宝不仅承载了中华民族五千年的智慧与力量，更是我们在面对各种挑战和困难时能够保持定力、坚定信念的重要源泉。

1. 凝聚实现中华民族伟大复兴的精神力量

中华优秀传统文化，作为中华民族的根基与精神支柱，历经历史长河的洗礼，依然屹立不倒。在新时代的征程中，我们坚定不移地致力于实现中华民族伟大复兴的中国梦，更应深入挖掘这份悠久文化所蕴含的不竭精神动力。

习近平总书记深刻指出："中华优秀传统文化是中华文明的智慧结晶和精华所在，是中华民族的根和魂，是我们在世界文化激荡中站稳脚跟的根基。"① 他进一步强调："从现在起，中国共产党的中心任务就是团结带领全国各族人民全面建成社会主义现代化强国、实现第二个百年奋斗目标，以中国式现代化全面推进中华民族伟大复兴。"② 在此过程中，丰富人民精神世界是不可或缺的一环，它将推动人民精神文化生活更加丰富多彩，进一步增强中华民族的凝聚力和中华文化的影响力。

纵观历史长河，人类社会的每一次重大进步、人类文明的每一次显著提升，无不与文化的历史性飞跃紧密相连。习近平总书记在党的二十大报告中强调："江山就是人民，人民就是江山。中国共产党领导人民打江山、守江山，守的是人民的心。"③ 如何守住人民的心？古人有云："观乎人文，以化成天下。"在悠久的文明史中，以文化人、以文育人始终是培育民族精神、构筑命运共同体的重要途径。国家之魂，文以化之，文以铸之。文化不仅是守护人民心灵的纽带，更是凝聚人心、提振信心的重要力量。这种力量，对于一个国家、一个民族的发展来说，是最为基本、最为深沉、最为持久的支撑。

在庆祝中国共产党成立100周年大会上，习近平总书记对青年一代寄予厚望："要以实现中华民族伟大复兴为己任，增强做中国人的志气、骨气、底气。"④ 宋代学者张载曾言："为学大益，在自求变化气质。"新时代的青年学子，应深刻铭记习近平总书记的嘱托，自觉投身中华优秀传统文化的学习、传承与弘扬之中，深入探索中华文明的精神内核

---

① 《习近平关于社会主义精神文明建设论述摘编》，中央文献出版社2022年版，第236页。
② 《习近平著作选读》第1卷，人民出版社2023年版，第18页。
③ 《习近平著作选读》第1卷，人民出版社2023年版，第38页。
④ 《习近平著作选读》第2卷，人民出版社2023年版，第488页。

和思想精髓，培养起坚定的民族自豪感和文化自信心。同时，还应积极投身文化创新的实践之中，为铸就中华文化新辉煌贡献青春力量，不断增强中华文明的传播力和影响力，让世界更加全面、客观地认识一个可信、可爱、可敬的中国。这样，我们才能将中华民族数千载的精神气质汇聚成实现伟大复兴征程中坚实而磅礴的精神力量。

2. 坚定信仰为民族复兴培根铸魂

百年求索、风雨兼程。中国共产党领导中国人民历经艰辛，迎来了从站起来、富起来到强起来的伟大飞跃。站在新时代的起点上，我们更应深入挖掘中华优秀传统文化的深厚底蕴，从中汲取激励我们踔厉奋发、勇毅前行的精神力量。"一个热爱中华大地的人，他一定会爱她的每一条溪流，每一寸土地，每一页光辉的历史。"① 这是习近平同志30多年前在河北正定工作时说过的一段话。回顾中国思想史的源头，不难发现，2000多年前中国大地上的杰出思想家们所提出的诸多观念，至今依然闪耀着智慧的光芒，具有重大的现实意义。

诸如《周易》中所蕴含的"天行健，君子以自强不息"的坚韧精神，"地势坤，君子以厚德载物"的博大胸怀，以及"君子敬以直内，义以方外"的正直品格；《论语》中所倡导的"己欲立而立人，己欲达而达人"的仁爱之道，"己所不欲，勿施于人"的宽容之德，以及"知其不可而为之"的勇敢担当；《道德经》中所强调的"以百姓心为心"的民本思想，"水善利万物而不争"的谦逊品质等，这些观念如同璀璨的星空，照亮了我们前行的道路，也滋养了我们的生命与心灵。正是这些源自经典的深刻观念，使得马克思主义的基本原理能够更好地与中华优秀传统文化相结合，凝结为中国化时代化的马克思主义，为我们在新时代的伟大实践提供了强大的思想武器和精神动力。

习近平总书记在党的二十大报告中郑重指出："中国共产党为什么

---

① 《习近平的文化情怀》，《人民日报》2022年5月12日。

能，中国特色社会主义为什么好，归根到底是马克思主义行，是中国化时代化的马克思主义行。""只有把马克思主义基本原理同中国具体实际相结合、同中华优秀传统文化相结合，坚持运用辩证唯物主义和历史唯物主义，才能正确回答时代和实践提出的重大问题，才能始终保持马克思主义的蓬勃生机和旺盛活力。"① 中华优秀传统文化在社会发展进程中占据着至关重要的地位，为马克思主义在中国的本土化与时代化提供了持续的动力源泉。党的二十大报告清晰阐述了新时代文化建设的基本原则与发展方向，为发展具有中国特色的社会主义文化、构建文化强国提供了明确的指导方针。我们必须深入理解并长期坚持这一战略规划。习近平新时代中国特色社会主义思想，是当代中国马克思主义、二十一世纪马克思主义，是中华文化与中国精神的时代精华，标志着马克思主义在中国的本土化与时代化实现了新的重大突破。面对世界百年未有之大变局，中华民族伟大复兴进入了不可逆转的历史进程。我们应坚定捍卫"两个确立"、坚决做到"两个维护"，在习近平新时代中国特色社会主义思想的科学指导下，促进中华优秀传统文化的创造性转化与创新性发展。

中国正致力于为解决全人类共同面临的挑战提供更多、更优质的中国智慧。我们必须坚定守正创新的信念，深入挖掘并传承中华优秀传统文化，从中汲取宝贵的中国智慧，以增强实现中华民族伟大复兴的精神力量。只有真正守护好我们民族的"根"与"魂"，才能为民族复兴培根铸魂。

（三）中华优秀传统文化是人类共有的精神财富

中华优秀传统文化，历经千年沉淀，是中华民族的瑰宝，也是全人类共同的精神财富；它承载着中华民族深层的精神追求，为民族的

---

① 《习近平著作选读》第1卷，人民出版社2023年版，第14页。

持续发展与壮大提供了丰富的文化养分；它承载着丰富的历史记忆、深刻的思想智慧、崇高的道德追求和独特的审美韵味，为我们提供了丰富而深刻的思想资源，同时也为国际社会提供了独特的中国智慧和中国方案。

在全球化的今天，各国文化交流互鉴已成为一种趋势，中华优秀传统文化以其独特的魅力吸引着世界的目光。无论是孔子的儒家思想、老子的道家智慧，还是唐诗宋词的艺术魅力、书法绘画的精湛技艺，都展现着中华文化的独特魅力和深厚底蕴。这些优秀的文化遗产不仅是中国人民的宝贵财富，也是全人类的共同财富，对世界的和平与发展产生了深远的影响。儒家思想作为中华文化的核心组成部分，倡导仁爱、礼义、诚信等价值观，强调人与人之间的和谐关系。孔子的儒家思想影响了东亚地区的许多国家，为这些国家的社会稳定和文化繁荣作出了重要贡献。同时，道家智慧也以其独特的哲学思想为世界所瞩目，它强调自然规律，倡导无为而治，对于现代社会的治理和发展具有重要的启示作用。在文学方面，唐诗宋词以其独特的韵律和意境，成为了中华文化的瑰宝。唐诗的雄浑豪放、宋词的婉约清丽，都展现了中国古代文学的独特魅力。这些优美的诗篇不仅传承了中华民族的文化基因，也为世界文学宝库增添了丰富的色彩。此外，中国的书法和绘画也是中华文化的重要组成部分。书法以其独特的线条美、结构美和气韵美，成为了中国艺术的代表。绘画则以其精湛的技艺和独特的审美观念，展现了中华民族对自然和人生的深刻思考。这些艺术形式不仅在中国国内广受推崇，在国际艺术界也享有盛誉。

中华优秀传统文化是我们的宝贵财富，也是人类共有的精神财富。中华优秀传统文化不仅滋养着中华儿女的精神世界，更以其独特的魅力和价值，为世界的和平与发展贡献着中国智慧。在新时代的征程上，我们更应深入挖掘和传承这份宝贵的精神财富，让其在新的历史条件下焕发出更加绚丽的光彩。在新时代的伟大实践中，我们要积极推动中华优秀传统文化的创造性转化和创新性发展。这需要我们既尊重传统、传承经典，又勇于创新、敢于突破。我们要善于从传统文化中汲取养分，将其与现代文明相结合，创造出具有时代特色、符合人民需求的文化产品。同时，我们还要加强国际文化交流与合作，让中华优秀传统文化的魅力更加广泛地传播到世界各地。在全球化的今天，各种文化相互激荡、交融，我们更要坚定文化自信，坚守中华文化立场。我们要以开放包容的态度对待外来文化，既要吸收借鉴其有益成果，又要保持自身文化的独特性和独立性。只有这样，我们才能在文化交流互鉴中不断增强中华文化的生命力和影响力。

三、在传承创新中建设中华民族现代文明

文化兴则国运兴，文化强则民族强。中华民族历经五千多年的风雨沧桑，之所以能够在重重考验中坚韧不拔、在沧桑巨变中坚守根本并不断创新发展，关键在于中华优秀传统文化的深厚底蕴与坚实支撑。习近平总书记对宣传思想文化工作作出重要指示，明确提出"七个着力"的要求，其中之一就是"着力赓续中华文脉、推动中华优秀传统文化创造性转化和创新性发展"。这一重要指示，为我们在新时代继续推动文化事业蓬勃发展、加快建设文化强国、构建中华民族现代文明体系提供了行动指南和根本遵循。

（一）准确把握创造性转化、创新性发展的内涵要义及内在关联

习近平总书记多次在不同场合发表重要讲话，都强调了中华优秀传统文化在推动国家发展、增强民族文化自信中的重要作用。他指出："弘扬中华优秀传统文化，要处理好继承和创造性发展的关系，重点做

好创造性转化和创新性发展。"① 这一重要论断为我们提供了在新时代背景下，如何更有效地促进中华优秀传统文化的创造性转化与创新性发展，深入理解创造性转化、创新性发展的核心要义，并把握好两者的内在关联的根本遵循。

创造性转化和创新性发展乃弘扬中华优秀传统文化之关键途径，二者各具独特之内涵。所谓创造性转化，即指针对时代特征与需求，对那些至今仍具借鉴价值之文化内涵及其陈旧表现形式进行革新，以赋予其新的时代意涵与现代表达方式。这一过程需要我们深入挖掘传统文化的精髓，结合现代社会的需求和审美，进行有针对性的改造和创新。例如，在古代文学作品中，有许多描写人与自然和谐共生的优美诗篇，我们可以将这些元素提取出来，融入现代文艺创作中，以展现人与自然的和谐之美。

创新性发展，要求我们依据时代的新进步与新进展，对中华优秀传统文化的内涵进行补充、拓展和完善。这一过程需要我们在继承传统文化的基础上，结合现代社会的价值观念和发展趋势，对传统文化进行深入的剖析和解读，挖掘其内在的价值和意义。例如，在当今社会，我们面临着许多新的挑战和问题，如环境保护、科技创新等。我们可以从传统文化中汲取智慧，为这些问题的解决提供有益的启示和借鉴。

创造性转化和创新性发展虽然有着不同的内涵和侧重点，但它们却是相互关联、相互促进的。创造性转化与创新性发展之间存在密切的内在联系。一方面，两者的目标具有高度一致性。它们均旨在结合时代特征与现实需求，对中华优秀传统文化进行改造与发展。在创造性转化的过程中，我们需要深入研究中华优秀传统文化的内涵和精神实质，通过对其精髓的提炼和再创造，使其更好地适应现代社会的需

---

① 《习近平关于社会主义精神文明建设论述摘编》，中央文献出版社2022年版，第214页。

求和发展。同时，创新性发展则强调在继承传统的基础上，注入新的元素和思维方式，推动中华优秀传统文化不断向前发展，焕发新的生机与活力。另一方面，创造性转化和创新性发展密切相关。创造性转化构成了创新性发展的先决条件与基础架构，而创新性发展则是对创造性转化的延续与提升。创造性转化如同播撒种子的农夫，为创新性发展提供了肥沃的土壤和生长的种子；而创新性发展则如同辛勤耕耘的园丁，让创造性转化得以开花结果，绽放出绚丽的光彩。创造性转化，是对那些至今仍具有借鉴价值的文化内涵和陈旧的表现形式进行改造和升华的过程。创新性发展，则是在创造性转化的基础上，进一步推动中华优秀传统文化向前发展的过程。这种发展不是对传统的简单否定或抛弃，而是在继承的基础上进行创新，使传统文化焕发出新的生命力。这需要我们具备开放的视野和创新的思维，勇于尝试新的方法和手段，持续促进传统文化的创新性发展与演进。

在促进中华优秀传统文化的创造性转化和创新性发展进程中，我们还需要注意以下三点：一是要尊重传统，保持文化的连续性。我们不能为了追求新奇而随意改变传统文化的本质和精髓，而是要在尊重传统的基础上进行创新。二是要注重实践，将理论转化为实际行动。我们不能仅仅停留在理论的探讨和阐述上，而是要将这些理论转化为具体的实践行动，让中华优秀传统文化的精神内涵真正融入人们的日常生活中。三是要加强宣传教育，提高公众的文化素养和认同感。我们要通过各种渠道和形式，加强对中华优秀传统文化的宣传和教育，提高公众对传统文化的认识和了解，增强他们的文化自信和认同感。

推动中华优秀传统文化创造性转化和创新性发展是一项长期而艰巨的任务。我们需要深入研究和挖掘传统文化的精髓和价值，结合现代社会的需求和审美进行创新和发展，让中华优秀传统文化在新的时代背景下焕发出新的生机与活力。

（二）坚持把马克思主义基本原理与中华优秀传统文化相结合

坚持将马克思主义基本原理与中华优秀传统文化相融合，体现了我们党对马克思主义中国化时代化历史经验的深刻总结，以及对中华文明发展规律的深入洞察。这一理念不仅彰显了我们党在继承和发展中华优秀传统文化过程中推进文化创新的自觉性达到了新的高度，更体现了我们党对中华优秀传统文化的深刻理解和尊重。

"结合"的前提在于马克思主义基本原理与中华优秀传统文化之间存在着相互契合的关系。马克思主义揭示了人类社会发展的普遍规律，而中华优秀传统文化则蕴含了中华民族几千年来的智慧与精髓。唯有基于波澜壮阔的中华五千多年文明史，我们方能深入阐释并理解两者融合的内在机制，从而真正把握中国道路的历史必然性、文化意蕴及独特优势。

这种"结合"并非简单的物理反应，而是深刻的化学反应。它并非将马克思主义的基本原理与中华优秀传统文化进行简单叠加，而是实现了二者的深度融合，从而构建出一个有机统一、全新的文化生命体。这种结合不仅保留了马克思主义的基本原理和中华优秀传统文化的精髓，更在融合中产生了新的思想火花和创造力，为中华民族现代文明的建设提供了强大的精神动力。

为了更好地实现马克思主义基本原理与中华优秀传统文化的结合，我们要始终坚持把马克思主义基本原理同中国具体实际相结合、同中华优秀传统文化相结合。中国作为一个拥有悠久历史和独特文化的国家，其社会、经济、政治等方面都具有独特的国情。在运用马克思主义基本原理指导中国实践时，我们需要紧密结合中国的实际情况，制定出符合中国国情的政策和措施。与此同时，要充分挖掘中华历史文化的时代价值。中华历史文化中蕴含着丰富的哲学思想、道德观念、价值观念等，这些元素对于推动社会主义现代化建设具有重要意义。另外，我们还需要积极推动中华优秀传统文化的创造性转化和创新性发展。这包括在传承中创新，在创新过程中传承，使中华优秀传统文化在新的历史条件下焕发新的生机与活力。

习近平新时代中国特色社会主义思想，作为马克思主义基本原理与中国具体实际及中华优秀传统文化相结合的卓越典范，实现了马克思主义思想精髓与中华优秀传统文化精华的有机统一，并与人民群众日常实践中潜移默化的共同价值观念相融合。该理念赋予了科学理论鲜明的中国特色，为马克思主义的中国化与时代化奠定了坚实的历史与群众基础。同时，它为传承发展中华优秀传统文化注入了深厚的思想力量，为增强民族自信自强提供了更为积极主动的精神动力，并对人类文明进步作出了卓越的世界性贡献。我们必须始终坚持以习近平新时代中国特色社会主义思想为科学指引，积极承担文化传承发展的历史重任，推动中华优秀传统文化与社会主义社会相契合，进而更好地构筑中国精神、中国价值、中国力量。

（三）致力于完成新时代赋予的文化使命

推动中华优秀传统文化创造性转化和创新性发展，是一项具有深远意义的历史使命。这一过程的重点在于紧密结合新时代的实际需求，将中华优秀传统文化的精髓和智慧切实落实到社会生活的各个层面，从而在实践中不断强化人们对中华优秀传统文化的认同，增强其在当代的影响力和感召力，完成新时代赋予的文化使命。

在传承发展中华优秀传统文化的过程中，充分发挥党和政府的引领与保障作用，是确保文化事业健康、稳定发展的关键所在。在新时代背景下，加强党对文化建设的全面领导，从坚定文化自信、坚持和发展中国特色社会主义、实现中华民族伟大复兴的战略高度出发，将中华优秀传统文化的传承与发展工作提升至重要议程，已是一项紧迫

第四章
推动中华优秀传统文化创造性转化和创新性发展

且重要的使命任务。为达成这一战略目标，党和政府应制定并实施一系列切实有效的措施。比如，强化宏观层面的战略指导，有效整合多元文化资源，广泛动员各方力量，构建由党委统一领导、党政群协同推进、相关部门各司其职、全社会共同参与的中华优秀传统文化传承发展工作新体系。这些举措的实施，既需要政府部门的积极组织与协调，也离不开社会各界的广泛参与和大力支持。

加强对中华优秀传统文化资源的深入挖掘与全面保护，积极构建科学完善的中华优秀传统文化传承体系。这一体系涵盖了诸如实施中华文化传承工程、典籍整理工程等重要举措，旨在深入揭示和阐释中华优秀传统文化的丰富内涵与深刻价值，确保其能够代代相传，成为滋养中华民族生生不息、持续发展的宝贵精神财富。在传承保护的基础上，我们还应积极吸收借鉴世界各民族优秀文化元素，不断推动新时代中国特色社会主义文化的培育与创造，以实现中华文化的创新发展。通过这一努力，我们不仅能够丰富和拓展中华文化的内涵和外延，更能够为中华民族的伟大复兴提供坚实的精神支撑和文化基础。

拓展中华优秀传统文化传播路径至关重要。主流媒体与新媒体平台作为信息传播的重要渠道，应该充分发挥其在中华优秀传统文化传播中的作用。通过创新传播方式、丰富传播内容，使中华优秀传统文化在社会各领域得到有效传播，让中华优秀传统文化与人民生产生活深度融合。同时，我们应当构建一个能够沟通中外的话语体系，持续创新国际传播与交流的模式，以增强中华优秀传统文化在世界范围内的影响力，并推动中华文化走向世界舞台的中央。

积极推动新型文化业态的发展，是促进中华优秀传统文化传承与发展的重要路径。在当前阶段，数字技术已深入文化产品的创作、生产、传播及消费的各个层面与核心环节，从而催生了众多新型的文化形态与业态。我们应当充分利用新型文化业态的多元化模式，对中华优秀传统文化进行多种形式的创意表达,打造系列文化精品,增强中华优秀传统文化的感召力。例如,通过开发文创产品、举办文化节庆活动等方式,将中华优秀传统文化与现代科技相结合,让传统文化焕发新的生机与活力。

第五章

繁荣发展社会主义文化事业和文化产业

繁荣发展文化事业和文化产业是促进我国综合国力提升的必然要求，是建设社会主义文化强国的题中应有之义，是满足人民群众精神文化需求、保障人民群众文化权益的基本方式。党的十八大以来，在习近平新时代中国特色社会主义思想的科学指引下，我国文化事业发展成就斐然，文化产业发展形势喜人，人民群众精神文化需求得到不断满足。习近平总书记高度重视推动文化事业和文化产业的发展，在2023年10月7日至8日召开的全国宣传思想文化工作会议上，习近平总书记再次强调了推动文化事业和文化产业繁荣发展的重要作用，并将其作为推动宣传思想文化工作的"七个着力"之一重点提出。我们要深入学习贯彻这一重要指示，充分认识着力推动文化事业和文化产业繁荣发展的重大现实意义和实践要求，以坚定的文化自信、高度的文化自觉、深厚的文化情怀，更好担负起新时代新的文化使命，进一步繁荣发展文化事业和文化产业，高质量满足人民群众日益增长的多样化、多层次、高品质的精神文化需求。

一、展示中国文艺新气象

当代中国文艺，肩负着传承与创新的崇高使命，它坚定不移地秉持着为人民服务、为社会主义服务的宗旨，高扬着百花齐放、百家争鸣的文艺方针。在时代前进的磅礴步伐中，文艺工作如同春风化雨，滋润着民族的心田，承担着举旗帜以引领风尚、聚民心以汇聚力量、育新人以培育栋梁、兴文化以彰显魅力、展形象以塑造大国多项使命。文艺工作者们以精神创造为灵魂，以文化创新为动力，将民族的精神和时代的脉搏融入笔端，绘就出一幅幅展现中国文艺新气象的壮丽画卷。他们在新时代的舞台上展现新担当、新作为、新风貌，用精湛的技艺和无尽的智慧，孕育出文化创造的新成果，彰显着中华文化的独特韵味和时代价值。这不仅是对传统文化的深情致敬与传承，更是对中华文化新辉煌的勇敢追求与铸就。在这文艺繁荣的新时代里，我们将进一步增强文化的价值引导力、凝聚力和精神推动力，让它们如同璀璨明灯，照亮中国文艺前行的道路，为实现第二个百年奋斗目标、实现中华民族伟大复兴中国梦贡献磅礴力量。

（一）牢固树立马克思主义文艺观

习近平总书记明确指出："正本清源、守正创新，一个国家、一个民族不能没有灵魂，作为精神事业，文化文艺、哲学社会科学当然就是一个灵魂的创作，一是不能没有，一是不能混乱。"[①] 繁荣发展社会主义文化事业和文化产业，展示中国文艺新气象，首要的就是牢固树立马克思主义文艺观。

1. 深刻理解马克思主义文艺观的内涵要求

马克思主义文艺观，是在辩证唯物主义与历史唯物主义的基础上形成的。随着马克思主义在中国的传播，马克思主义文艺观也逐渐为人们所了解，并在中国革命建设中发挥了重大作用。

马克思主义文艺观是对文艺的本质、价值取向、社会作用等所持的基本观点，具体表现为以下三个方面：其一，认为文艺是社会生活的审美反映，是意识形态的一种特殊表现形式。文艺作品通过艺术的语言和手法，将社会生活的各个方面以审美的形式呈现出来。这种反映不仅是客观现实的再现，更是艺术家主观情感的抒发和审美理想的追求。文艺作品具有形象性、情感性、审美性和独创性，是人类精神活动的重要产物。其二，马克思主义文艺观深刻阐述了文艺与意识形态及社会现实之间的内在关系。文艺作为意识形态的组成部分，不仅

---

① 《习近平谈治国理政》第3卷，外文出版社2020年版，第322页。

是对社会现实的深刻反映，而且其创作与生产深受社会现实的影响与制约。同时，文艺作品又以其独特的审美价值和思想内涵，对社会现实产生着积极的反作用，推动着社会的进步与发展。在马克思主义文艺观看来，社会现实是文学艺术生产与创作的主要源泉和依据，而文艺则通过其特有的方式，对社会现实进行艺术加工和再现，进而影响着人们的思想观念和社会行为。其三，文艺作为独立意识形态的独特地位，与其他意识形态如政治、宗教、法律、哲学、伦理、道德等相互交织、相互依存，共同构成了社会的意识形态体系。这些意识形态之间存在着微妙而复杂的价值关联，彼此间相互促进、相互影响。尤为重要的是，文艺与政治之间存在着一种深刻的逻辑关系。文艺的生产与创作不仅是社会生活的反映，更是社会主导价值观念和政治导向的具体体现。离开了政治语境，文艺创作将失去其明确的方向和目标，难以准确把握社会发展的脉搏，从而影响到文艺自身的繁荣与发展。

　　从马克思主义唯物史观的深远视角出发，文学艺术被赋予了改造社会、推动历史进步的重要使命。马克思与恩格斯深刻洞察到文艺在社会生活中的独特作用，不仅将其作为现实生活的审美镜像，更视为促进社会变革、启迪民众思想的重要工具。他们强调，文艺创作应以马克思主义理论的科学方法论、价值观与世界观为指引，通过艺术的形式和手法，深刻揭示社会现实，传达先进思想。马克思在批评剧本《济金根》时指出，其未能以朴素的形式充分展现现代思想，这反映了他对文艺作品思想深度的期待。恩格斯则从政治高度评价了文艺在推翻封建统治、建立新社会制度中的巨大贡献。他盛赞文艺复兴时期的文艺作品，认为它们不仅具有艺术价值，更在推动社会进步方面发挥了不可替代的作用。对于具体艺术作品，如许布纳尔描绘纺织工的画作和海涅的《西里西亚纺织工人》，恩格斯给予了高度评价，认为它们通过艺术的形式有力地传播了社会主义思想，激发了民众的觉醒和斗争精神。从上述相关论述中，可以看出马克思与恩格斯高度重视文艺的社会功能，认为文艺作品应成为反映时代精神、推动社会进步的重要力量。他们强调，应充分发挥马克思主义文艺观对文艺创作的指导作用，使文艺作品在展现艺术魅力的同时，深刻体现马克思主义理论的精髓和价值。

2. 坚守文艺的人民性

马克思、恩格斯提出，人民群众是历史的创造者、推动者和享有者，这是马克思主义文艺观形成与发展的理论渊源。马克思主义文艺观深刻诠释了劳动创造美的真谛，明确指出"人民是文艺创作最公正的评判者"。它主张文艺创作不应沦为市场的附庸，而应坚守艺术的纯粹与高尚，不为金钱所驱使。文艺工作者应深深植根于人民群众之中，从人民丰富多彩的生活中汲取无尽的创作灵感与素材，因为人民是文艺创作永不枯竭的源泉。衡量一个文艺工作者的价值，核心在于其是否能真正站在人民的立场上，忠实表达人民的意愿，坚决捍卫人民的根本利益。中国共产党人深刻汲取并发展了这些宝贵的文艺思想，在长期的革命、建设和改革的伟大实践中，始终坚守文艺的人民性立场，高度重视文艺评论的导向作用以及文艺对社会发展的积极推动作用。特别是党的十八大以来，党更加坚定地以人民为中心，全面贯彻"为人民服务、为社会主义服务"的方向和"百花齐放、百家争鸣"的方针，大力弘扬社会主义核心价值观，高亢唱响爱国主义的主旋律。这一系列战略部署和有力举措，极大地激发了文艺创作的活力与热情，推动了文艺事业的蓬勃发展，为增强人民的精神文化力量、振奋中华民族的精神风貌作出了不可磨灭的贡献。

习近平总书记明确指出，社会主义文艺，其本质就是人民的文艺。文艺要反映好人民心声，就必须坚持为人民服务、为社会主义服务这个根本方向。[①] 坚守新时代文艺的人民立场，是党对文艺战线提出的核

---

① 参见《习近平关于社会主义精神文明建设论述摘编》，中央文献出版社2022年版，第243页。

心要求，也是社会主义文艺繁荣发展的坚实基石。社会主义文艺，归根结底是人民的文艺，它应将满足人民日益增长的精神文化需求作为文艺创作与工作的根本出发点和最终落脚点。在文艺作品中，人民应成为表现的主体，他们的审美眼光和评判标准应成为衡量文艺价值的重要尺度。为人民服务，不仅是文艺的历史使命，更是其价值追求的最高体现。步入新时代，中国文艺必须始终坚持以人民为中心的创作导向，将人民置于心中最崇高的位置。文艺创作应紧密贴近人民的生活实际，将"深入生活、扎根人民"作为根本态度，从人民的实践探索与日常生活中汲取丰富的营养与灵感。唯有如此，才能创作出更多契合人民文化需求、激发人民精神力量的优秀作品，书写出属于人民、歌颂人民的不朽史诗，让文艺的百花园永远为人民的幸福与梦想而绚烂绽放。

文艺工作必须契合人民的需求，作人民心声与情感的共鸣载体。在创作的征途中，唯有深入人民的生活，坚守人民立场，方能精准捕捉那些既普通又真实的生活片段，将其匠心独运地凝练成触动心灵的艺术佳作。这样的作品，既贴合人民的实际需求，又回应了社会的深切期盼。文艺应当真实而深刻地反映人民生活的点点滴滴，既要集中展现其普遍性的面貌，又要典型地凸显其独特的魅力，同时融入对未来的美好憧憬与向往。只有深深扎根于人民立场的创作，才能让作品洋溢着浓厚的人民情怀，让人民在作品中清晰地看到自己的影子，感受到被歌颂人物的亲切与真实，从而引发广泛而深刻的情感共鸣。

文艺创作必须积极反映人民生活，这是文艺工作的核心使命。要站稳人民立场，紧扣时代脉搏，深深扎根于基层现实，将人民群众的日常生活琐事、急难愁盼之事作为创作的灵感源泉和不竭动力。在积极反映人民生活的过程中，我们不仅要关注人民喜怒哀乐的真情实感，更要通过生动饱满的艺术形象来打动人心，用充沛的情感去感染每一位观众。因此，文艺创作者必须用心去感受人民的生活，用情去体会人民的情感，只有真正深入人民之中，才能创作出具有深刻艺术感染力和广泛共鸣的作品。这样的作品，不仅能够真实再现人民的生活状态，还能深刻揭示人民的精神世界，成为连接创作者与观众之间的情感桥梁，传递出温暖人心的力量。

文艺创作者必须热爱人民。这份热爱绝非浮于表面的空谈，而是深深镌刻于行动之中，它直接关乎文艺作品的深度与高度。文艺工作者唯有将自己的思想情感与人民群众紧密相连，真正融入人民的生活日常与精神世界，方能深刻洞察人民内心深处的渴望与需求，进而创作出深受人民群众喜爱与赞誉的佳作。优秀作品的精髓所在，正是能否真正做到"为人民抒写心声、为人民抒发情感、为人民讴歌情怀"。这要求文艺工作者不仅要怀揣为人民服务的崇高宗旨，更要深谙文艺创作的内在规律，将两者精妙融合，使作品成为人民心声的真实镜像与深情表达。只有当文艺作品真正贴近人民的生活实际、反映人民的真实面貌、服务人民的精神需求时，才能焕发出历久弥新的生命力，文艺工作者也才能成为时代精神的忠实记录者与积极弘扬者。

巴金创作《家》时，为了深刻体会封建家庭的悲欢离合，他深入四川成都，与当地百姓亲密接触，聆听他们的故事，感受他们的喜怒哀乐，与人民的思想情感产生了深刻的共鸣。柳青创作《创业史》，为了深入了解农民，他定居皇甫村14年，与人民群众打成一片，"同呼吸、共命运、心连心"，与人民的思想情感同频共振，在人民中体悟生活本质。路遥创作《平凡的世界》时，为了真实再现普通人的生活面貌，他深入陕北农村，与农民兄弟同吃同住同劳动，深入体验他们的生活艰辛与奋斗历程，与人民的思想情感紧密相连，共同感受生活的酸甜苦辣。巴金的这种投入，柳青的这份坚持，路遥的这种执着，正是优秀作家所共有的情怀——对人民的深切关怀与热爱。人民，作为历史洪流中的主角，其日常生活里蕴含着丰富的情感与深刻的哲理。优秀的作品，往往源自对生活的细致观察与深刻反思，它们揭示封建礼教的束缚与压迫，呼唤人性的自由与解放，坚定人民对美好生活的追求与信念。这些作品通过生动鲜活的艺术形象，以细腻入微的方式引导人民反思社会现实，从而树立正确的世界观、人生观、价值观，帮助人民辨别真伪、善恶与美丑，提升道德认知与判断力。优秀的文艺作品，是人民心灵的灯塔，它们不仅照亮人民前行的道路，更激发人民对正义与真理的渴望，成为推动社会变革与文明进步的强大动力。

党的十八大以来，广大文艺工作者积极响应时代召唤，"深入生活、扎根人民"，以各种形式深入群众之中，亲身体验他们的日常生活，从而孕育出一大批高质量的文艺精品。2023年，随着学习贯彻习近平新时代中国特色社会主义思想主题教育的蓬勃开展，大兴调查研究之风再次为文艺工作者"深入生活、扎根人民"提供了广阔舞台和宝贵契机。文艺工作者们纷纷组建调研团队，有组织、有目标、有针对性地开展各类专项调研，取得了累累硕果，为文艺创作注入了源源不断的活力与灵感。对于文艺创作者而言，"深入生活、扎根人民"绝非一时之口号，而应成为其生命与创作的永恒追求。诚然，文艺工作者也有其个人生活，但那种局限于狭小圈子的生活体验对于文艺创作而言是远远不够的。他们必须勇敢地走出个人的舒适区，走进城市的大街小巷、乡村的田间地头，广泛接触各行各业的人民群众，深入了解他们的生存状态、喜怒哀乐以及内心世界的真实需求，与广大人民群众心连心、情相融。唯有如此，文艺工作者才能真正捕捉到人民的脉搏，创作出贴近人民、反映人民、深受人民喜爱的文艺作品。可以说，文艺创作者"深入生活、扎根人民"的广度与深度，直接关乎其作品的品质与高度。那些闭门造车、孤芳自赏的创作者，或许能偶得一两部佳作，但终因生活储备的枯竭而难以为继，其创作之路也将越走越狭窄。正如习近平总书记在中国文联十大、中国作协九大开幕式上的重要讲话中所深刻指出的："走入生活、贴近人民，是艺术创作的基本态度；以高于生活的标准来提炼生活，是艺术创作的基本能力。

文艺工作者既要有这样的态度，也要有这样的能力。"① 新时代新征程，面对新的文化使命与挑战，广大文艺工作者必须更加自觉地加强和重视"深入生活、扎根人民"的实际行动与能力建设，让深入人民生活成为创作的永恒源泉与不竭动力，确保文艺创作之树常青不衰，文艺作品之源长流不息。

站在新的历史起点上，唯有坚定不移地树立马克思主义文艺观，坚持以人民为中心的创作宗旨，方能从时代的变迁、中国的进步、人民的呼声中提炼出深刻的主题与丰富的题材。我们需要将思想情感与人民心声紧密相连，将个人胸怀与艺术创意巧妙对接，真诚地展现中华大地的历史之韵、山河之壮、文化之魅，让新时代文艺焕发出最大的正能量。唯有与党同心同德，与人民同向同行，创作出顺应人民意愿、反映人民心声的文艺佳作，始终把为人民服务作为文艺工作者的崇高职责，方能永葆文艺的旺盛生命力，促进文艺事业的繁荣发展。在具体实践中，我们要坚定不移地站稳人民立场，不负时代的召唤，不负人民的期待，以文艺为笔，绘就新时代的壮丽画卷。

3. 坚持守正创新推动文艺新发展

马克思主义文艺观的核心在于，坚定地认为文艺应当引领时代发展的潮流，在推动社会进步的伟大征程中发挥不可或缺的重要作用。这一观念强调，要实现文艺的新发展，必须将坚守正道与勇于创新双重并举。习近平总书记高瞻远瞩地指出："对文化建设来说，守正才能不迷失自我、不迷失方向，创新才能把握时代、引领时代。"② 站在新的历史起点上，我们更要深刻领悟守正创新的深远意义与科学内涵，精准把握两者间内在的辩证统一关系，这对引领新时代中国文艺的繁荣发展具有至关重要的作用。

习近平总书记着重强调："守正，守的是马克思主义在意识形态领

---

① 习近平：《在中国文联十大、中国作协九大开幕式上的讲话》，人民出版社2016年版，第12页。
② 习近平：《在文化传承发展座谈会上的讲话》，人民出版社2023年版，第11页。

域指导地位的根本制度，守的是'两个结合'的根本要求，守的是中国共产党的文化领导权和中华民族的文化主体性。""创新，创的是新思路、新话语、新机制、新形式。"①推动新时代中国文艺的发展，守正创新两者缺一不可。深入理解"两个结合"的深刻内涵以及中华文明中所蕴含的中华优秀传统文化基因，是我们当前的重要任务。面对我国文艺工作所面临的诸多挑战，这些理论为我们新的文化使命提供了坚实的理论依据和逻辑支撑。对于广大文艺工作者而言，如何深刻理解和把握"第二个结合"的重大意义，如何将其精神实质切实落实到行动中，如何将新时代赋予我们的新文化使命贯彻始终，是一个亟待解决的重要课题。我们必须回到对文化文艺工作自身发展规律的深刻认知上来，回到文化文艺的实践探索中来，以此解决当前文艺工作面临的实际问题，推动新时代中国文艺的繁荣发展。

　　坚持守正创新，我们务必妥善处理好继承与创新这一对相辅相成的辩证关系。一方面，继承是创新不可或缺的坚实根基。早在2013年全国宣传思想工作会议上，习近平总书记便深刻阐述：中华文化积淀着中华民族最深沉的精神追求，是中华民族生生不息、发展壮大的丰厚滋养。中华优秀传统文化是中华民族的突出优势，是我们最深厚的文化软实力。中国特色社会主义植根于中华文化沃土、反映中国人民意愿、适应中国和时代发展进步要求，有着深厚历史渊源和广泛现实基础。②因此，在探寻当代中国文学艺术的发展路径时，我们必须以丰富的文化传统为基石，坚守中国艺术传统中蕴含的文化精神和思想精髓。我们应以对民族、对历史、对后人高度负责的使命感，将传承中华优秀传统文化视为己任。那种假借"创新"之名，实则数典忘祖、蔑视传统、一味丑化民族文化的行径，无疑是对中国文学艺术发展内在精神传承的割裂，害莫大焉。我们应当立足新的社会实践，秉持取

---

① 习近平：《在文化传承发展座谈会上的讲话》，人民出版社2023年版，第11页。
② 参见习近平：《加强文化遗产保护传承　弘扬中华优秀传统文化》，《求是》2024年第8期。

其精华、去其糟粕,古为今用、推陈出新的原则,坚持保护与利用并重,普及与弘扬同行,对传统进行科学梳理和精心提炼,深入挖掘和弘扬有益的文化遗产,使其熠熠生辉,成为激发民族创造力和培育民族精神的不竭源泉,成为推动当代创新的强大驱动力,助力我们在弘扬中华优秀传统文化的基础上,开创中华文化新的辉煌篇章。另一方面,创新是文化的本质属性,是文化发展的内在要求和动力之源。在当代中国,无论是为了响应建设创新型国家的战略号召,还是为了更好地满足人民群众日益增长的多元化、多层次、多样性的精神文化需求;无论是为了在激烈的国际文化竞争中抢占先机,还是为了为人类文明进步贡献更多的中国智慧和中国力量,我们都必须坚定不移地推进文化创新。我们应当深入伟大实践,投身火热的现实生活,从中汲取灵感、汲取素材,不断推动文化创新;要深植历史文化的沃土,在继承优良传统的基础上,结合时代特征,进行创造性转化和创新性发展;要始终着眼群众需求,以服务人民大众为根本宗旨,创作出更多贴近民生、反映时代、深受人民群众喜爱的文化精品;要保持开放包容的心态,紧跟世界潮流,积极吸收借鉴各国优秀文明成果,为我所用,不断推动中华文化走向世界舞台,为人类文明进步贡献更多中国智慧和中国方案。

坚持守正创新,务必妥善处理民族文化与外来文化的关系。积极吸纳并融合外来优秀文化成果,是推动中国文艺持续繁荣发展的必由之路。习近平总书记强调,中华优秀传统文化是中华民族的精神纽带,是滋养社会主义核心价值观的深厚源泉,也是我们在全球文化交流中屹立不倒的坚实基础。我们应当结合新的时代背景,传承和发扬中华优秀传统文化,弘扬中华美学精神。要使社会主义文艺繁荣发展,就必须虚心学习并借鉴世界各国人民创造的杰出文艺作品。只有坚持洋为中用、勇于开拓,实现中西文化的有机融合、相得益彰,我国文艺才能迎来更好的发展机遇和繁荣景象。在当今经济全球化深入发展、我国对外开放不断扩大的新形势下，文艺工作者们不仅要以更加开放包容的心态，积极汲取各国文化的精华，在吸收借鉴中不断拓展中国文艺的发展空间；而且在面对纷繁复杂、良莠不齐的外来文化时，要善于辩证分析、择善而从，进行转化和再创造，坚持以我为主、为我所用，着重实现外来文化的中国化、本土化，将外来艺术形式与中华优秀传统文化紧密结合，创作出既体现中国思想精神、审美趣味，又烙印着中华文化特色，展现中国气派、中国风格和时代精神的作品。

（二）让中国精神成为社会主义文艺的灵魂

习近平总书记指出，中国精神是社会主义文艺的灵魂，认真学习、深刻领会习近平总书记的这一论断，对于更加坚强有力地推进文艺事业发展，充分发挥文学艺术的功能和作用，具有重要意义。当前，我们正处在一个思想大活跃、观念大碰撞、文化大交融的时代，各国家、各民族之间文化的交流互融已成为常态。在这种情况下，各种思潮、各种观念此起彼伏，我们迎来了一个前所未有的开放世界，也迎来了一个必须在众声喧哗中有所选择、有所坚守的时代。放眼世界，无论过去还是现在，任何一个国家的文化，其根脉都深植在它的民族精神之中，并以这种民族精神建立起它的独特性，在世界多元文化中抢占一席之地。丧失了精神独特性，一个国家的文化就失去魂魄，无以立足。对中国文艺而言，坚守中国精神，弘扬中国精神，是理所当然的选择。

1. 深刻把握中国精神的内涵

习近平总书记在文艺工作座谈会上的讲话中强调："一个民族的复兴需要强大的物质力量，也需要强大的精神力量。""举精神之旗、立精神支柱、建精神家园，都离不开文艺。"[①] 中国精神是凝心聚气的兴国

---

① 习近平：《在文艺工作座谈会上的讲话》，人民出版社2015年版，第5、6页。

之魂、强国之魂。

　　文艺是铸就民族灵魂、塑造时代精神的伟大事业，弘扬中国精神则是中国特色社会主义文艺不可推卸的核心使命。那么，究竟何为"中国精神"？它是以爱国主义为核心的民族精神与以改革创新为核心的时代精神的深度融合与交相辉映。这种精神，既体现了中华民族深厚的历史底蕴和文化根基，又彰显了中国人民与时俱进、开拓创新的进取精神。因此，我们的文艺创作必须肩负起培育和弘扬这种中国精神的重任，用艺术的力量激发人民的爱国热情，引领时代的创新潮流。在文艺工作座谈会上，习近平总书记对此发表了深入而深刻的见解。他着重指出，"在社会主义核心价值观中，最深层、最根本、最永恒的是爱国主义"[①]。因此，当代文艺必须将爱国主义作为创作的主基调，用艺术的语言讲述中国故事、传递中国声音、展现中国形象。同时，习近平总书记还提出，中华优秀传统文化是涵养社会主义核心价值观的重要源泉。我们要结合新时代的特点和要求，传承并弘扬中华优秀传统文化，挖掘其中的思想精华和道德精髓，传承并彰显中华美学的独特魅力和深远影响。这不仅是对历史的尊重和对文化的传承，更是对未来的期许和对民族的负责。在弘扬中国精神的道路上，文艺工作应聚焦两大方面：一是传承发展中华优秀传统文化，让古老的文化在新时代焕发出新的生机和活力；二是自信传播中国特色社会主义先进文化，展示中国道路、中国理论、中国制度、中国文化的独特魅力和显著优势。这两大方面虽各有千秋、各具特色，却相互依存、相互促进，共同构成了中国特色社会主义强基固本的精神力量和不竭源泉。文艺工作者要以此为己任，用艺术的笔触描绘出中国精神的壮丽画卷，为中华民族的伟大复兴贡献自己的力量。

　　中华优秀传统文化承载着民族精神之"魂"。那些历经千百年沉

---

① 习近平：《在文艺工作座谈会上的讲话》，人民出版社2015年版，第24页。

淀，仍被人们反复吟诵的古代经典，如同璀璨星河中的颗颗明珠，照亮了华夏儿女的心灵；那些经久不衰、广受欢迎的戏曲佳作，宛如流淌在民间的股股清泉，滋润着中华民族的文化土壤；那些从历史长河中昂首走来的英雄豪杰、伟人先贤，他们的事迹和精神，犹如一座座巍峨挺立的丰碑，屹立在中华民族的历史长廊；还有那些早已融入日常生活，成为人们行为准则的传统美德和民俗风情，它们如同一缕缕和煦的春风，吹拂着华夏大地的每一个角落。这源远流长、博大精深的中华优秀传统文化，不仅仅是民族历史的见证，更是民族精神的重要体现和深刻表达。她以悠久的历史底蕴为根基，以独特的文化魅力为枝叶，不仅自古以来就是东方文化的瑰宝，闪耀着智慧的光芒，更是当今我们在全球文化交融碰撞中屹立不倒、自信前行的坚固基石。在全面建成社会主义现代化强国、实现第二个百年奋斗目标的历史进程中，我们必须深刻认识到这份珍贵的精神文化遗产的重要性和价值。我们要积极弘扬优秀传统文化，通过创新性的转化和发展，让其在新的时代背景下焕发出更加绚丽的光彩。我们要为中华民族的精神家园注入更加丰富的精神养分，让人们在传统文化的滋养下，坚定文化自信，培育深厚的民族情感，形成共同的价值追求和精神纽带。同时，我们还要通过优秀传统文化的传播和交流，让世界更加了解和认同中华民族的文化魅力和精神风貌，汇聚起强大的中国力量，共同书写中华民族伟大复兴的壮丽篇章。

中国特色社会主义文化承载着时代精神之"神"。习近平总书记在文艺工作座谈会上的殷殷嘱托，如黄钟大吕，振聋发聩："我们要在全社会大力弘扬和践行社会主义核心价值观，使之像空气一样无处不在、无时不有，成为全体人民的共同价值追求，成为我们生而为中国人的独特精神支柱，成为百姓日用而不觉的行为准则。"[①] 当下的中国，经济

---

① 习近平：《在文艺工作座谈会上的讲话》，人民出版社2015年版，第23页。

如巨龙腾空，蓬勃发展，展现出前所未有的活力与潜力，为世界经济注入强劲动力；社会如春潮涌动，全面进步，人民安居乐业，社会和谐稳定，彰显出中国特色社会主义制度的优越性；以改革创新为核心的时代精神，如炬火燎原，照亮前行之路，激励着亿万人民勇于探索、敢于实践，不断书写着新时代的辉煌篇章。文艺工作，作为时代精神的镜像与价值观的载体，承载着颂扬时代精神、传播当代中国价值观念的神圣使命。我们应以坚定的道路自信为引领，以深厚的理论自信为支撑，以完善的制度自信为保障，以强烈的文化自信为根基，共同构筑起中国特色社会主义文化的宏伟大厦。这座大厦，既是中国人民精神世界的家园，也是中华民族走向伟大复兴的精神灯塔。我们要以笔为犁，耕耘心灵的沃土；以艺为舟，驶向灵魂的彼岸。我们要将那些深邃的思想、炽热的情感、壮丽的故事，熔铸成一部部震撼人心的佳作，让它们成为时代精神的见证、成为民族精神的传承。我们要让这些佳作走向世界，让全球领略中国之智慧、感受中国之力量、欣赏中国之美丽。我们要让世界看到一个真实、立体、全面的中国，一个充满活力、开放包容、和平发展的中国。我们要持续为世界文明贡献新的华彩篇章，让中国特色社会主义文化在世界文化之林中绽放出更加绚丽的光彩。我们要不懈致力于提升当代中国的国际地位，扩大中华文化的全球影响力。我们要让中华文化成为连接世界各国人民的桥梁和纽带，成为推动构建人类命运共同体的重要力量。让我们携手共进，共同书写人类文明新篇章！

2. 文艺要弘扬以爱国主义为核心的民族精神

爱国主义乃中华民族精神之精髓。这份深厚的爱国主义精神，已深深融入中华民族的血脉之中，成为我们共同的精神烙印，它紧密地联结着华夏大地上的各族儿女，激励着无数中华儿女为祖国的繁荣昌盛矢志不渝、奋斗不息。新时代的文艺创作，肩负着书写爱国主义精神的光荣使命，要为"进行伟大斗争、建设伟大工程、推进伟大事业、实现伟大梦想"汇聚精神力量,成为新时代的精神号角。

习近平总书记强调:"爱国主义是常写常新的主题。拥有家国情怀的作品,最能感召中华儿女团结奋斗。"①纵观中华文化数千年之历程,家国一体之观念早已深植中华民族之骨髓。若问何种精神对中华影响最为深远,必是爱国主义无疑。家,乃国之基石;国,乃家之依托。国盛则家兴旺,国破则家沦亡。爱国主义,既是中华之精神特质,亦是团结民族之力量源泉。于文艺作品之中,爱国主义精神始终是众多作家、艺术家心之所向、笔之所追。新时代,实现中华民族伟大复兴中国梦,乃华夏儿女之共同心愿。圆此伟梦,更需文艺创作高扬爱国之旗,凝聚中国之力量。

自古以来,爱国主义便如磐石般凝结着中华各族儿女对伟大祖国的深情厚爱,成为中华民族数千载生生不息的精神脊梁。时代更迭,爱国主义的表现形式虽千变万化,但那份赤子之心却恒久不变。它既承续着民族的悠久传统,又蕴含着时代的崭新内涵,在历史的长河中流转变迁,却始终坚守着捍卫国家尊严、争取民族独立与国家富强的核心精神,激励着中华民族勇往直前。颂扬爱国主义,自然成为文艺创作永恒的主题。中国文艺的浩瀚星空中,闪耀着无数充溢爱国情怀的经典篇章:范仲淹"先天下之忧而忧,后天下之乐而乐"的担当,张载"为天地立心,为生民立命,为往圣继绝学,为万世开太平"的壮志,陆游"王师北定中原日,家祭无忘告乃翁"的忧思,谭嗣同"我自横刀向天笑,去留肝胆两昆仑"的豪情,鲁迅"寄意寒星荃不察,我以我血荐轩辕"的誓言,皆慷慨激昂,彰显着不卑不亢的民族气节和舍身为国的家国情怀。这些作品跨越时空,被一代又一代中华儿女传颂。20世纪以来,从"五四"文学的启蒙之光,到革命战争的"匕首投枪";从树立社会主义新风的号角,到新时期的拨乱反正之旗,

---

① 习近平:《在文艺工作座谈会上的讲话》,人民出版社2015年版,第24页。

文学艺术始终以其独特魅力屹立于历史舞台中央，成为推动中国社会革命与历史变革的文化先锋。宏观视之，中国现当代文学艺术在民族危亡之际挺身而出，为中华民族的崛起与振兴谱写了辉煌篇章。

"凡欲铸传世之文，必先秉传世之心魂。"创作充盈爱国主义情怀的艺术瑰宝，艺术家当首怀炽热爱国之心，笃践报国鸿鹄之志。艺术作品，皆为艺术家主观情感与客观世界交织碰撞之结晶，"伟大文艺，皆源自深邃而伟大之灵魂"，唯有怀揣一颗赤诚爱国之心，方能以广博无垠之胸怀，拥抱时代之风云变幻；以深邃睿智之目光，洞察社会之千姿百态；以真挚深切之情感，体味生活之酸甜苦辣，从而创作出撼动人心、流传千古之佳作。"传世之心魂"，既是探寻并彰显传世精神之"金钥匙"，亦是锻造传世艺术之作之必要前提。然而，需时刻警醒，有人为一己私欲，罔顾历史之真实，于戏谑解构中肆意篡改，博取一时之浮名。此类创作，不仅亵渎了历史之庄严，更漠视了英雄之伟大，其根源在于创作者国家观、民族观、历史观之扭曲，爱国主义精神之沦丧。思想之深度，犹如艺术之根基，决定作品之高度与远度。以文艺弘扬爱国主义，文艺工作者必先自身具备高尚之爱国情操、坚定之报国信念，方能以笔为剑、以艺为旗，担当起时代赋予之神圣使命。

3. 文艺要弘扬以改革创新为核心的时代精神

对文艺而言，思想与价值观念犹如其灵魂之灯火，照亮创作的道路，万千表现形式则如同这灯火下的万千光影，皆是灵魂之光的载体，相辅相成，缺一不可。若无深厚邃远之思想、崇高坚定之价值观念作为基石，纵使形式再丰富多变，技巧再精湛绝伦，也难以掩盖其内在之苍白无力，如同无根之木，难以长久。文艺之本性，决定了它必须以反映时代精神为至高无上的使命，这是文艺存在的根本意义，也是其永恒的追求。时代精神，是现代文明内核与精髓的抽象与概括，它独具时代之特色，彰显着时代的风貌，昭示着社会发展的方向，引领着时代进步的潮流。它是一种为全体社会成员所共同尊奉的先进思想理念，是时代之精华，是民族之魂魄。文艺，作为时代的心音，它倾诉着人民的喜怒哀乐；作为时代的弦歌，它唱响着时代的旋律；作为时代的徽志，它彰显着时代的特色；作为时代的节律，它跳动着时代的脉搏。在刻录时代既往的辉煌与沧桑、驱引时代当下的变革与创新、擘画时代未来的愿景与蓝图的过程中，文艺必然要律动时代之精神，高扬时代之旗帜，成为时代之声的传唱者。每个时代，都有其独特的精神气质和价值追求；每种时代精神，都表征着当代人对理想、对信念、对价值的最崇高追求。我国40多年的改革开放伟大实践，不仅改变了国家的面貌，也培植铸塑了以改革创新为核心的时代精神。这一时代精神，与中华优秀传统文化血脉相连，与人类文明优秀成果相互借鉴，与社会主义核心价值观紧密相连，共同构成了当代中国精神的宏伟画卷。它已成为当代中国的主旋律，奏响了时代之最强音，激励着我们不断前行，在追求真理、追求进步、追求美好的道路上勇往直前。

　　文艺作品，如同时代的幼苗，深深扎根于特定的历史土壤之中，时代的气息如同雨露阳光，滋养着艺术的创造与成长。"文艺是时代前进的号角"，它最能动人心魄，以独特的艺术语言展现一个时代的风貌万千；它最能引领风潮，以深邃的思想内涵塑造一个时代的精神图腾。习近平总书记的这两个"最能"，不仅是对文艺无与伦比的功能与崇高地位的崇高赞誉，更是对文学艺术未来发展方向的深切寄望与殷切期待。文艺家，作为时代的瞭望者与先行者，需具备超凡脱俗的先觉意识，以敏锐的艺术嗅觉，捕捉时代的微妙变化，领风气之先声，奏响时代的最强音。同时，文艺家更应深谙时代背景，把握历史发展的宏观脉络，让笔墨紧随时代的步伐，让艺术创作与时代同频共振。他们应及时捕捉社会生活的点滴变迁，将时代的喜怒哀乐、悲欢离合融入笔端，赋予文艺作品鲜明的时代特色与深刻的时代内涵。习近平总书记高瞻远瞩，明确指出"实现中华民族伟大复兴进入了不可逆转的历史进程"①，而新时代新征程，构成了当代中国文艺的历史坐标与时代方位。因此，文艺创造能否紧扣民族复兴的宏大主题，能否以艺术的形式展现国家的前途命运、民族的兴衰荣辱；文艺工作者能否将个人的理想追求、艺术生命与人民的殷切期望、国家的繁荣发展紧密相连，这些不仅是衡量文艺作品时代价值的重要标准，更是文艺工作者肩负的历史使命与时代责任。新时代新征程上，文艺工作者当以笔为剑、以艺为旗，为民族的复兴、时代的进步贡献自己的力量。

时代精神，其本真虽明朗如镜，然其表现形式却如汪洋波涛，千变万化，气象非凡。图解之、肢解之，实非正道；游离于时代之外、规避时代浪潮，更是创作之歧途，甚或绝路矣。当代中国，思想激荡，文化交融，社会生活五彩斑斓，社会结构日趋多元。市场经济之潮，深刻改变并重塑着社会之肌理、经济之形态，亦悄然调整并修饰着文艺之形态与质态。此一变革，引发文艺创作在思想、方法、价值上之多向位移、多样选择。然此位移与选择，却于客观上偏离了文艺之固有美学，扭曲了其正确价值取向：传统韵味渐疏，意义中心泛化，主流思想解构，人文关怀淡漠。娱乐化、媚俗化之倾向，降低了文艺之品位，使创作陷于迷乱与虚妄。若欲望化取代社会性，娱乐化屏蔽义理性，利益化淹没功德性，恣意化支配规约性，附庸化替代先导性，低俗化消解崇高性，则文艺创作必丧其本体价值，失其社会意义与审美功能。如此，文艺将如马克思所言，崇高、正义、公理、奉献等观念、情感与追求，皆"淹没于利己主义之冰水中"，而异化为精神之赘疣，形态扭曲，性质变异，功能丧失。

有鉴于此，文艺工作者应自觉高擎以改革创新为核心的时代精神大旗，坚定不移地拱卫和恪守文艺创作的正确价值取向，勇挑时代赋予的神圣使命，肩扛责任担当的重任。他们应以饱含炽热激情的笔墨

---

① 《习近平谈治国理政》第4卷，外文出版社2022年版，第321页。

为魂,以洋溢诗意浪漫的情怀为魄,精准而有力地勾勒出大变革时代背景下的生活主潮,细腻而生动地描绘出社会景观的万千气象。他们当深耕细作,致力于创作出更多深蕴中华文化精髓、充分反映中国人独特审美追求、广泛传播当代中国价值观念、积极顺应世界进步潮流的佳作,将这些闪耀着时代光芒、蕴含着深厚文化底蕴的优秀作品,献给这个伟大而辉煌的时代,为时代的精神殿堂增添瑰宝。

(三)创作无愧于伟大时代的优秀作品

习近平总书记以铿锵有力之言,向广大文艺工作者提出希望,号召大家"把握时代脉搏,聆听时代声音,承担记录新时代、书写新时代、讴歌新时代的使命,勇于回答时代课题!"① 作家与艺术家们,应当以海纳百川的博大胸怀,去紧紧拥抱这个风云变幻的时代,感受其澎湃的力量;以洞察世事的深邃目光,去敏锐观察时代的每一个角落,捕捉其细微的律动;以满腔炽热的真挚情感,去深刻体验时代的悲欢离合,领悟其深邃的内涵。唯有如此,方能创作出弘扬中国精神、凝聚中国力量的传世佳作,方能不负时代重托,无愧于那份庄严而神圣的使命,让文艺之花在时代的沃土上绚丽绽放,让时代之声在文艺的殿堂中回响不息。

1. 紧扣民族复兴的时代主题

实现中华民族伟大复兴,是中华民族近代以来最炽热、最深沉的梦想,是全体中华儿女魂牵梦绕、矢志不渝的共同夙愿,是历经沧桑巨变、风雨飘摇后民族不灭的坚定信念和执着追求。鸦片战争后,中国逐步沦为半殖民地半封建社会,国家蒙受奇耻大辱,尊严被肆意践踏;人民饱经战火离乱,生活陷入水深火热;文明遭受无情摧残,瑰宝被掠夺殆尽。中华民族在这段历史中经历了前所未有的浩劫,饱受

---

① 习近平:《一个国家、一个民族不能没有灵魂》,《求是》2019年第8期。

屈辱与苦难。自此，民族复兴的火种在每一个中国人心中熊熊燃烧，成为激励我们前行的不竭动力。在中国共产党应运而生的风雨如磐时代，100多年来，党团结带领中国人民进行了艰苦卓绝的奋斗、壮怀激烈的牺牲、惊天动地的创造。这一路上，我们披荆斩棘，历经坎坷，但始终坚定信念，勇往直前。这一切，都汇聚成一股不可阻挡的力量，只为实现伟大的民族复兴梦想，让中华民族重新屹立于世界民族之林。与此同时，广大文艺工作者也挺身而出，他们用笔作剑，为时代发声，为民族独立振臂高呼，为人民解放倾情呐喊。在抗日战争时期，成千上万的海内外爱国青年、文学艺术家们，怀揣着对祖国的深情厚谊和崇高使命，奔赴革命圣地延安。他们与来自长征途中和本土的文艺战士们并肩作战，共同组成了一支铁骨铮铮、热血沸腾的革命文艺大军。他们遵循毛泽东《在延安文艺座谈会上的讲话》所指明的方向，深入陕甘宁边区的每一寸土地，踏遍抗日根据地的山山水水。他们贴近生活，贴近人民，用心感受时代的脉搏和人民的呼声。他们掀起了一场轰轰烈烈的文艺抗战运动，用文艺的力量激发人民的爱国热情，鼓舞人民的斗争意志。他们为民族解放事业挥洒青春热血，为人民福祉安康奉献出了自己的一切。他们的作品成为时代的见证、历史的丰碑，永远铭刻在中华民族的记忆之中。

　　文运与国运交织共生，文脉与国脉息息相通。新时代新征程，犹如当代中国文艺的璀璨星空，照亮了前行的道路。广大文艺工作者应深刻理解民族复兴的宏伟蓝图，将个人的人生追求、艺术生命，紧紧与国家的前途命运、民族的兴衰荣辱、人民的殷切期望相融合，以文墨书写辉煌、培育精神之元，以文艺立心立志、铸就民族之魂。他们应将文艺的创造之力，镌刻在民族复兴的辉煌史册上，铭刻在人民奋斗的壮丽征程中。习近平总书记曾深情寄语："今天，我们比历史上任何时期都更接近中华民族伟大复兴的目标，比历史上任何时期都更有信心、有能力去实现这个目标。而实现这个目标，必须高度重视和充分发挥文艺和文艺工作者的重要作用。"① 自党的十八大以来，在以中国式现代化全面推进中华民族伟大复兴的新征程上，文艺工作者们紧扣强国建设、民族复兴的时代主旋律，将前所未有的文化自信、高度的文化自觉熔铸于每一部文艺作品中，为时代描绘生动画卷、立下不朽传记，为时代高声放歌、弘扬崇高美德。新时代文艺，如同一面镜子，生动反映了新时代中华儿女改革创新、勇毅前行的奋斗足迹，立体呈现了当代中国广泛而深刻的社会变革和历史变迁，深情讴歌了党为人民谋幸福、为民族谋复兴的伟大实践，充分展现了当代中国推动构建人类命运共同体的博大胸怀和担当精神。

习近平总书记铿锵有力地强调："实现中华民族伟大复兴，绝不是轻轻松松、敲锣打鼓就能实现的，要付出更为艰巨、更为艰苦的努力。"② 当下，世界百年未有之大变局正以前所未有的速度演进，世界之变革风起云涌，时代之变迁日新月异，历史之转动波澜壮阔，我国发展既迎来了前所未有的战略机遇期，也面临着错综复杂的风险挑战。要将实现中华民族伟大复兴的中国梦从理想变为现实，就必须深入骨髓地理解、精准无误地把握民族复兴的内在要求与深刻内涵，将其融入我们的思想深处，化为我们的行动指南，体现在每一项工作的细节之中。对于文艺工作而言，更应自觉紧扣民族复兴这一时代最强音，以笔为剑抒写时代华章，以艺为魂铸就民族精神，为实现中华民族伟大复兴的中国梦凝聚起磅礴的精神力量，汇聚起浩荡的正气之歌。

2. 展现伟大时代的精神风貌

在人类历史的每一个重大转折点上，文艺犹如时代的号角，率先吹响；犹如社会的风帆，引领风尚；犹如智慧的灯塔，照亮先河。而今，中国特色社会主义迈入新时代，正阔步前行于现代化的浪潮之巅，屹立于世界发展的前列，正书写着为人类文明进步贡献力量的辉煌篇

---

① 习近平：《在文艺工作座谈会上的讲话》，人民出版社2015年版，第2页。
② 《习近平著作选读》第2卷，人民出版社2023年版，第200页。

第五章
繁荣发展社会主义文化事业和文化产业

章。记录这恢宏时代的壮阔变迁，反映其深邃内涵，艺术地再现其非凡景象，彰显伟大时代的精神风貌，为民众奉上丰盛的精神盛宴，这既是文艺创作之使命所在，亦是当代中国作家、艺术家价值之彰显、责任之担当。

人无精神则不立，国无精神则不强。建设社会主义现代化强国，既需物质实力雄厚，更需精神力量强大；既求物质财富丰盈满载，更慕精神财富璀璨夺目；既盼物质生活共享繁荣，更愿精神生活同铸辉煌。自新中国诞生之日起，便以新价值观为指引，重塑国民心魂，革新社会风尚。从禁毒禁赌禁娼的坚决举措，到扫黑除恶的雷霆行动；从婚姻恋爱自由的倡导实践，到男女平等、同工同酬的制度保障；从扫盲班的普及教育，到广播体操的全民健身；从出版影视文化的蓬勃发展，到博物馆、美术馆、文化馆、纪念馆的免费开放；从五讲四美三热爱的道德风尚培育，到社会主义核心价值观的深入人心……七十余载不懈奋斗，中国人民在物质文明的征途上阔步前行，更在精神文明的殿堂里熠熠生辉。有工人跳坑搅拌泥浆的铁人坚韧，有科学家隐姓埋名的"两弹一星"奉献，有雷锋的无私助人，有焦裕禄的公仆情怀，有女排的拼搏精神，有北京奥运的卓越风采，有载人航天的探索壮志……这些精神瑰宝，彰显着新中国的精神广度与深度。七十余载沧桑巨变，中国文化实力与日俱增，成为世界出版之大国翘楚，电影之强国新秀，博物馆、图书馆、书店之文化繁荣象征，广播电视之普及广覆盖。如今之中国，图书种类繁多，电影佳作频出，博物馆、图书馆、书店遍布城乡，广播电视惠及万民，农家书屋、电子阅览室、文化活动室村村皆有。七十余载辉煌历程，中国以壮丽画卷，践行了毛泽东之预言：中国已从旧日之受压迫剥削，蜕变为今日之自由繁荣强盛；已从旧文化之愚昧落后束缚，跃升为新文化之文明先进辉煌。

伟大的时代，蕴藏着无尽的精神食粮，矗立着一座座巍峨的精神丰碑，传唱着一曲曲可歌可泣的英雄史诗。广大文艺工作者务必树立宏阔的大历史观、深邃的大时代观，准确定位自身角色，明确艺术创作方向，以深情的笔触描绘新时代的沧桑巨变，以细腻的刻画勾勒新时代的精神图谱，以激昂的旋律唱响新时代的昂扬主旋律。他们应将以爱国主义为核心的民族精神与以改革开放为核心的时代精神巧妙地融入绘画、音乐、文学等各类艺术作品之中，聚焦中国特色社会主义现代化建设的伟大实践，深入挖掘我国丰富的文化资源，汲取伟大革命精神的滋养，精心创作出一批既具有深厚文化底蕴，又彰显中国特色、中国风格、中国气派的优秀作品，向世界讲好中国故事，充分展示中国魅力，鲜明树立中国形象。

3. 推动伟大时代的团结实践

中国是人口众多、幅员辽阔的伟大国家，中华民族自古以来便蕴含着一种深沉而伟大的团结奋斗精神。这一精神理念，如同涓涓细流，汇聚成河，深深融入中国人的精神世界，成为我们思想行为的基石，深刻影响着我们的日常点滴与宏伟壮志。那些耳熟能详的格言，"人多力量大""人心齐，泰山移""众人拾柴火焰高""天时不如地利，地利不如人和"等，如同璀璨的星辰，照亮了我们团结一心、共同前行的道路，启迪着我们要在风雨同舟中精诚合作、在艰难险阻前勠力同心。而那些脍炙人口的成语，自强不息、发愤图强、励精图治、锲而不舍，则如同激昂的号角，激励着我们在逆境中顽强拼搏、在挑战中不懈奋斗，用汗水浇灌希望，用坚持铸就辉煌。在几千年的历史长河中，中国人民正是凭借着这种团结奋斗的精神，建立了统一的多民族国家，让56个民族像石榴籽一样紧紧抱在一起；开发了辽阔壮美的山河，让这片土地充满了生机与活力；战胜了无数自然灾害，用坚韧和勇气书写了人类抗灾史上的奇迹。近代以来，面对国家受辱、人民遭难、文明受创的深重劫难，中国人民更是紧紧团结在一起，依靠团结奋斗的力量，与内忧外患进行坚决斗争。我们捍卫了民族的独立和尊严，让世界看到了中华民族的不屈脊梁；我们共同书写了革新图强、共御外悔的壮丽史诗,让历史铭记了中华民族的伟大复兴之路。

习近平总书记掷地有声:"我们靠团结奋斗创造了辉煌历史,还要靠团结奋斗开辟美好未来。"①团结奋斗,是对中华优秀传统文化中伟大团结精神与伟大奋斗精神的赓续传承,是对中国共产党百年历程中带领人民团结一心、艰苦奋斗优良作风的弘扬光大。它,是中国共产党一路披荆斩棘、攻坚克难的重要法宝;它,更是新时代新征程上,以中国式现代化全面推进中华民族伟大复兴的必由之路。党的二十大报告指出:"我国发展进入战略机遇和风险挑战并存、不确定难预料因素增多的时期,各种'黑天鹅'、'灰犀牛'事件随时可能发生。"②新时代新征程,国内外风险挑战交织叠加,矛盾冲突错综复杂、前所未有,对团结奋斗的要求更甚以往。在此背景下,广大文艺工作者当仁不让,应以笔为剑、以艺为桥,促进各方力量汇聚成海,推动中国特色社会主义现代化建设事业破浪前行、共铸辉煌,此乃文艺工作者之共同职责,亦是无上荣光。

繁荣兴盛社会主义文艺,铸就社会主义文化强国之基,需紧随党的引领,广泛凝聚那些心怀爱国、勇于奉献的文艺栋梁,悉心培育一代又一代德才双馨的文学巨匠、艺术大师。忆往昔,中国文联初创之时,首任主席郭沫若振臂高呼:让所有追求进步的文学艺术家们携手并肩,共筑辉煌!邓小平亦曾殷切期望,文艺大军能够更加团结、日益壮大,凭借广大文艺工作者的汗水与智慧,开创文学艺术百花齐放、争奇斗艳之新篇章。文艺工作者们,当秉持团结之初心,高扬行风艺德之旗帜,运用"团结—批评—再团结"之法宝,于斗争中增进团结,于团结中谋求发展,于发展中追求进步。让我们共营一片自尊自爱之净土、互学互鉴之乐园、天朗气清之天地,以文艺之力,助推这伟大时代之伟大实践,共绘华夏文明之绚烂画卷!

---

① 《习近平谈治国理政》第4卷,外文出版社2022年版,第554页。
② 《习近平著作选读》第1卷,人民出版社2023年版,第22页。

初心如磐聚人心，使命在肩汇力量。中华民族伟大复兴踏上不可逆转之征程，亟须广大文艺工作者创作一批批彰显时代精神的佳作，塑造一个个烙印时代气象的典范，用文艺的独特魅力和无穷力量，巩固全国各族人民大团结，激励万众紧随时代鼓点阔步前行，携手并肩共绘强国宏图伟业，同心同德同圆中华伟大梦想。

二、构建现代公共文化服务体系

构建现代公共文化服务体系，是满足人民群众多样化、多层次、全方位精神文化需求的根本之举，是保障人民基本文化权益、促进文化公平正义、增强民族文化自信的坚固基石，也是中国特色社会主义文化发展道路上不可或缺的光辉篇章。在新时代的浩荡春风中，我们必须全力拓展文化服务的广度，深入挖掘文化服务的深度，精准提升文化服务的品质，不断增强文化产品的创新力、传播力和影响力，让人民群众在文化的海洋中畅游，获得更多的精神滋养、心灵慰藉和幸福感受。同时，我们要充分发挥文化启迪智慧、滋养心灵、培育情操、塑造灵魂的综合功能，涵养全民族昂扬向上、奋发有为、自信自强、坚韧不拔的精神气质和深厚底蕴。近年来，在党中央、国务院的高度重视和科学决策下，我国公共文化建设投入持续加大，城乡公共文化服务设施网络日益完善，服务效能和水平显著提升，人民群众的精神文化生活更加多姿多彩，公共文化服务体系建设取得了历史性、开创性的显著成效，呈现出了整体推进、重点突破、全面提升、蓬勃发展、成果斐然的良好态势。然而，我们也要清醒地认识到，与当前经济社会发展的新阶段、新高度和人民群众日益增长、日益多元、日益高端、日益个性化的精神文化需求相比，与基本建成现代化、均等化、高效化、人性化、特色化的公共文化服务体系的目标要求相比，我们的公共文化服务体系建设水平仍然存在一定的不足和差距，仍需我们持之

第五章
繁荣发展社会主义文化事业和文化产业

以恒、不懈努力，持续创新、不断提升，以更加昂扬的斗志、更加务实的作风、更加有力的措施，推动公共文化服务体系建设迈上新台阶、开创新局面。

（一）深刻认识构建现代公共文化服务体系的重大意义

当前，随着我国经济社会的飞速发展和全面进步，人民群众的精神文化需求如同春日里绽放的花朵，呈现出蓬勃增长与日益多样化的绚丽态势。然而，我们也不得不正视，公共文化产品和服务供给的水平尚待提高，城乡之间、区域之间的文化发展差距依然显著存在，公共文化服务的均等化水平更是亟待全面提升。因此，构建现代公共文化服务体系，对于加速推进基本公共文化服务的标准化、均等化进程，有效弥补文化发展的短板和不足，确保每一位公民都能平等地享受文化成果、热情地参与文化活动、自由地从事文化创作等各项文化权益，充分满足人民群众日益增长且日益多元化的精神文化需求，以及大力提升文化民生的保障水平，促进文化繁荣与社会和谐，具有极其重大而深远的意义。

1. 现代公共文化服务体系是更好保障人民文化权益的重要途径

实现好、维护好、发展好人民文化权益，是社会主义文化建设之根本宗旨，亦是健全现代公共文化服务体系之出发点与归宿所在。党的十八大以来，我国现代公共文化服务体系不断迈向新台阶：从脱贫攻坚战中"决不落下一个贫困地区，决不丢下一个贫困群众"的铿锵誓言，到全面建成小康社会征程上"一个民族都不能少，一个地区都不能落下"的郑重承诺；从"想群众之所想，急群众之所急"的深情厚谊，到"努力让每个人都有人生出彩的机会，让每个人都享有梦想成真的可能"的宏伟蓝图，我国基本公共文化服务标准化、均等化水平持续攀升，文化民生得到前所未有的改善，人民群众的文化获得感、满足感如同春日暖阳般愈发温暖人心。然而，随着时代的车轮滚滚向前、实践的浪潮汹涌澎湃，人民群众对实现文化权益的期待和要求也越来越高。因此，我们必须进一步健全现代公共文化服务体系，深化文化体制改革，推动社会主义先进文化繁荣发展。当前，我国公共文化服务仍存在发展不均衡、资源分配不均等问题，整体水平有待进一步提升。为此，我们必须构建起覆盖城乡、便捷高效、保基本、促公平的现代公共文化服务体系，像织就一张紧密的文化服务网，切实保障每一位人民群众的基本文化权益，让文化之光照亮每一个角落，让文化之暖温暖每一颗心灵，全面提高我国文化民生之水平。

保障公民基本文化权利，是构建现代公共文化服务体系的初心与基石。公民基本文化权利既包括参与丰富多彩文化生活的自由，也涵盖享受文化发展累累硕果的权益，更蕴含开展形式多样文化活动及进行文化创造的机遇，以及文化创造成果获得法律严格保护的保障。享有基本公共文化服务，是公民的基本权益，不可剥夺；提供全面、高效、优质的公共文化服务，是现代政府的职责所在，不容懈怠。我们必须不断健全现代公共文化服务体系，持续推动公共文化服务高质量发展，筑牢文化阵地，丰富服务内容，提升服务品质，以切实保障人民的基本文化权利，满足人民的精神文化需求，提高全民族的科学文化素养。

2. 健全现代公共文化服务体系是改善人民生活品质的发展需要

经济社会发展水平越高，人民群众物质生活越丰富，人们精神文化需求就越突出。实现人民对美好生活的向往，迫切需要健全现代公共文化服务体系，提供更多优质公共文化产品和服务，更好满足人民多样化、多层次、多方面的文化需求，丰富人民精神世界，增强人民精神力量。

公共文化服务在增强全民族精神力量的宏伟征程中扮演着无可替代的关键角色。一方面，它如同强大的磁石，发挥着凝聚人心、汇聚力量的重要作用。人心齐，泰山移；人心散，则万事皆空。而公共文化服务，正是深扎于基层土壤，与人民群众紧密相连的桥梁。当公共文化服务做得深入人心，充满强烈的感召力、亲切的亲和力和深远的影响力时，它便能像磁铁一样吸引并深深感染广大群众。这种文化的力量，如同纽带，将群众的心紧紧相连，形成一股不可撼动的强大力量，起到凝魂聚气、强基固本的深远效果。另一方面，公共文化服务还肩负着以文化人、育人为本的崇高使命。其独特魅力在于寓教于乐，将社会主义核心价值观以生动活泼、形象具体的艺术形式融入文化产品与服务之中。群众在参与丰富多彩的文化活动、享受精神盛宴的过程中，不知不觉地受到文化的熏陶和感染。他们在这片文化的沃土中，自然而然地明辨是非善恶，知晓何者应肯定赞扬，何者应反对否定。这种文化的教化作用，如同春风化雨，润物无声，潜移默化地影响着人们的思想观念和行为方式。正如习近平总书记所深刻指出的："以文化人，更能凝结心灵。"[①] 这句话精辟地揭示了文化的独特魅力和深远影响，也彰显了公共文化服务在增强全民族精神力量中不可替代的重要作用。

如今，我国已全面建成小康社会，人民物质生活质量得到了极大的提升，吃穿住用行各方面都越来越好。然而，吃好了、穿好了、住好了，这些物质的满足并不一定能换来完全的幸福生活。在现代社会，幸福生活的真谛不仅仅体现在物质生活的改善上，更看重的是精神上的充实与满足。过去，人们在温饱未解之时，只有一个烦恼，那就是如何解决吃饭问题；如今，随着生活逐渐富裕，烦恼却如潮水般涌来，且这些烦恼大多并非来自物质方面的匮乏，而是源自精神层面的需求与追求。生活虽然富裕了，但精神上的失落与空虚却成为现代社会普遍面临的问题。因此，社会主义现代化建设不仅要追求物质上的富裕，更要注重精神上的富足。精神上的充实与幸福，需要文化的滋养和支

[①] 《习近平谈治国理政》第4卷，外文出版社2022年版，第326页。

撑，只有物质与精神并重，才能真正实现人民的幸福生活。习近平总书记指出："物质需求是第一位的，吃上饭是最主要的，所以说'民以食为天'。但是，这并不是说人民对精神文化生活的需求就是可有可无的，人类社会与动物界的最大区别就是人是有精神需求的，人民对精神文化生活的需求时时刻刻都存在。"① 这里，习近平总书记强调了人民幸福生活对文化的依赖性。

推动高质量发展，文化犹如坚实的柱石，支撑起前行的步伐；满足人民日益增长的美好生活需要，文化恰似璀璨的星辰，点亮梦想的灯塔；战胜前进道路上各种风险挑战，文化更是澎湃的浪潮，汇聚起无穷的力量。因此，我们必须不断健全现代公共文化服务体系，方能筑牢生活之基，润泽心灵之田，满足人民对美好生活品质的不懈追求。

3. 健全现代公共文化服务体系是补齐文化发展短板弱项的迫切要求

党的十八大以来，我国公共文化服务体系建设硕果累累。公益性文化事业蓬勃发展，基层文化惠民工程持续深化，公共文化服务水平实现整体跃升。我国已全面构建起六级公共文化服务体系，涵盖国家、省、市、县、乡、村各级，相应的文化机构与设施完备齐全。这一体系广泛涉及读书阅报、广播电视、文化活动、艺术鉴赏、文化遗产保护利用等诸多方面，形成了全方位的公共文化服务保障网络。同时，我们培育了一支数十万人的基层公共文化服务专业队伍，以及数百万人的文化志愿者大军，共同致力于文化服务的提升。在顶层设计层面，中央接连出台了一系列政策性、法律性文件，如《中华人民共和国公共文化服务保障法》《中华人民共和国公共图书馆法》等，以及《关于加快构建现代公共文化服务体系的意见》《国家基本公共文化服务标准（2021年版）》等重要指导文件，不断完善公共文化服务的制度框架。

---

① 《习近平著作选读》第1卷，人民出版社2023年版，第289页。

此外，公共文化服务财政保障机制也得以确立，为文化事业的持续发展提供了坚实支撑。如今，城乡公共文化设施网络日益完善，优质文化产品和服务层出不穷，服务能力和水平显著提升，满足了人民群众日益增长的精神文化需求。

但是，我国公共文化服务体系建设存在诸多显著短板。一是文化产品和服务虽然数量庞大，但高质量、有深度、能够引起广泛共鸣的精品力作仍然稀缺。在快节奏的现代社会中，人们渴望获得有思想、有情感、有艺术魅力的文化产品，然而，当前市场上的文化产品大多缺乏创新性和独特性，难以满足人民群众日益增长且日益多元化的高品质文化需求。许多文化产品过于商业化、娱乐化，缺乏文化内涵和精神价值，难以引领社会风尚和提升民众文化素养。二是财政投入方面不仅总量不足，而且结构极不合理。文化体育与传媒支出在财政总支出中所占比例较低，这使得公共文化服务体系建设缺乏足够的资金支持。基层公共文化资金严重匮乏，导致基层文化设施落后、文化活动匮乏，难以满足基层群众的文化需求。同时，财政投入结构不均衡，东部与中西部、城市与乡村、大型文化工程与基层日常运营之间的投入差距明显，这进一步加剧了公共文化服务的不均衡现象。三是体系建设上存在着明显的"三重三轻"现象。我们过分重视硬件设施的建设，如文化场馆、图书馆等物理空间的建设，而忽视软服务的提升，如文化内容的创新、文化服务的个性化等；我们注重文化设施的物理建设，却轻视专业人才队伍的培养，导致公共文化服务领域缺乏高素质、专业化的人才支撑；我们依赖传统的线下服务方式，如文艺演出、展览展示等，而忽视线上服务渠道的拓展，如数字文化平台、在线文化活动等，未能充分利用现代信息技术手段来丰富公共文化服务的渠道和方式。四是文化需求与文化供给之间存在明显的结构性矛盾。随着社会的发展和人们文化水平的提高，文化需求日益多元化、个性化，然而文化供给却未能与之实现有效匹配。一方面，一些传统文化项目和文化活动因缺乏创新性和吸引力而逐渐失去观众；另一方面，一些新兴的文化形式和文化产品却因缺乏足够的支持和推广而难以广泛传播。这种供需矛盾导致高水平、有特色的文化服务相对缺乏，难以满足人民群众日益多样化的文化需求。五是公共文化服务在区域、城乡、不同群体之间的不均衡现象依然十分突出。一些经济发达地区和文化中心城市的公共文化服务设施完善、文化活动丰富，而一些经济欠发达地区和偏远乡村的公共文化服务却相对匮乏。不同群体之间的公共文化服务也存在差异，如老年人、残疾人等特殊群体在享受公共文化服务方面面临诸多困难。因此，我们需要进一步加强顶层设计，明确公共文化服务的发展目标和方向，制定科学合理的发展规划和政策措施；我们需要加大财政投入力度，优化资源配置结构，确保公共文化服务体系建设有足够的资金支持；我们需要创新服务方式和手段，充分利用现代信息技术手段来丰富公共文化服务的渠道和方式，提高服务效率和质量；同时，我们还需要加强人才培养和队伍建设，为公共文化服务提供高素质、专业化的人才支撑。只有这样，我们才能全面提升公共文化服务的水平和质量，更好地满足人民群众的文化需求，推动文化事业繁荣发展。

（二）准确把握现代公共文化服务体系的基本构成

我国公共文化服务体系建设在实践中形成了设施网络覆盖、产品生产和服务供给、资金人才技术保障、组织支撑和评估五大子系统。现代公共文化服务体系继承和发展业已形成的公共文化服务内容、范围和基本要素，针对进一步提升我国公共文化服务体系建设水平的重点方面和关键问题，作出新的探索，建立新的制度，谋求新的发展。

1.持续稳定的公共文化服务经费保障机制

公共财政支持，作为政府主导公共文化服务的重要标志，其最直观的体现便是公共文化设施的免费开放。这一政策的实施，不仅彰显了政府对公共文化服务的重视,更在多个维度上解决了我国公共文化服务中的关键问题。它明确了基本公共文化服务的内容和范围,界定了政府与市场在公共文化服务中的职责边界;它推动了各级政府事权与支付责任的逐步厘清,为构建中央与地方财政合理分担的经费保障机制奠定了基石;它纠正了公共文化服务机构设施出租和挪用的现象,让公共资源真正回归公共用途;它引导了公共文化服务机构专注于提升基本公共服务的质量与效益,健全服务项目,增强服务能力。

进一步落实和推进免费开放政策,需从两方面着力。一方面,要不断完善现行政策。面对实施过程中涌现的新问题、新情况,我们应深入研究,及时调整政策方向,增强政策的针对性和适用性,确保政策效益的最大化。另一方面,要拓展免费开放政策的覆盖范围。不应局限于文化行政部门归口管理的设施,而应将其延伸至更广泛的公共文化服务领域,如工人文化宫、青少年宫、妇女儿童活动中心、科技馆、纪念馆、爱国主义教育示范基地等,让免费开放的阳光普照每一个角落,惠及更多民众。通过这两方面的努力,我们将不断推动公共文化服务的繁荣发展,满足人民群众日益增长的精神文化需求。

2. 覆盖城乡的公共文化服务设施网络体系

设施网络体系,作为公共文化服务体系的稳固基石,经过持续不懈的耕耘,已初步构建起覆盖城乡、惠及全民的广泛框架。然而,"设施孤岛"现象依旧如同散落的珍珠,难以串联成璀璨的项链,即便设施众多,也难以形成高效协同、紧密相连的网络体系。以公共图书馆为例,许多地区虽已建有数量可观的图书馆,但部分图书馆因选址不合理、服务半径过大,导致读者利用不便,形成了事实上的"孤岛"。为此,在规划与建设过程中,我们应深入贯彻"建设用地指标"与"建设标准",如某市在规划新图书馆时,充分考虑了人口分布、交通状况等因素,将图书馆选址于市中心区域,并明确了5公里的服务半径,确保市民能够便捷地享受到优质的阅读服务。同时,通过加强与其他文化设施的互联互通，如与文化馆、博物馆等形成文化集群，进一步提升了公共文化服务的覆盖面和影响力。在国家的宏观规划下，新建、改扩建地市级公共图书馆、文化馆、博物馆等重大项目如雨后春笋般涌现。例如，某边疆民族地区，在国家政策的扶持下，新建了一座集阅读、展览、演出等功能于一体的综合性文化中心，不仅极大地丰富了当地群众的文化生活，还有效促进了民族文化的传承与发展。此外，社区文化中心作为公共文化服务的重要节点，也被纳入了城乡整体规划之中，如某市在社区规划中明确要求每个社区必须配备一定规模的文化活动中心，为居民提供就近、便捷的文化服务。针对特殊人群，如未成年人、残疾人等，国家和地方政府也给予了高度关注。许多公共文化设施都设置了无障碍通道、专用卫生间等便利设施，并定期开展针对特殊人群的文化活动。例如，某市图书馆定期举办盲人阅读推广活动，为视障人士提供专门的阅读设备和辅导服务，让他们也能享受到阅读的乐趣。同时，跨部门合作、统筹规划与建设基层公共文化服务设施也成为一种新趋势。例如，某县文化、教育、体育等部门联合行动，共同推进基层文化设施的建设与升级，实现了资源共享、优势互补。此外，各地还纷纷响应"文化强省""文化强市"的号召，构建起了各具特色的文化圈层。例如，某市在城市规划中明确提出了构建"十分钟文化圈"的目标，通过加密文化设施布局、优化服务内容等方式，让市民在步行十分钟内就能找到一处文化休闲场所。在农村地区，也探索性地提出了"十里地文化圈"的建设构想，通过加强乡镇文化站、村文化活动室等基层文化设施的建设与管理，让农村群众也能享受到与城市居民同等水平的公共文化服务。这一系列深入而具体的举措，不仅有效地破解了"设施孤岛"现象，还推动了公共文化服务设施的网络化、体系化发展，为全民共享文化繁荣奠定了坚实的基础。

3. 丰富多样的公共文化产品和服务供给

满足人民群众的基本文化需求，始终是公共文化服务的核心出发点与最终落脚点，而提供内容丰富多元、形式多姿多彩、健康积极向上、品质卓越优良的基本公共文化产品和服务，则是实现这一目标的主要途径。公共文化服务机构在内容供给上，应坚定不移地以构建社会主义核心价值体系为根本任务，成为弘扬主旋律、传播正能量的主阵地，为全体人民筑牢共同理想信念之基，高扬民族精神与时代精神之帆，树立正确的价值观、道德观和荣辱观，贡献不可或缺的力量。面对思想文化领域交流、交融、交锋日益频繁的新形势，公共文化服务机构更应挺立潮头，发挥引领作用。在产品和服务的提供方式上，政府主导并非政府包办一切，而是应积极探索和实践多元化、市场化的实现路径。未来，应重点依托政府采购的规范化、项目补贴的精准化、定向资助的针对性、贷款贴息的激励性、税收减免的扶持性等政策举措，广泛吸引和鼓励全社会力量的积极参与，充分释放市场手段在公共文化资源配置中的活力，优化服务提供的效率与质量，共同推动公共文化服务事业的繁荣发展。

4. 城乡文化一体化发展

加快城乡文化一体化发展，对于深入推进社会主义新农村建设、促进以人为本的城镇化进程以及形成城乡经济社会发展一体化新格局具有重要意义。在当前阶段，首要且迫切的任务便是大幅增加农村文化资源与服务总量，以缩小城乡文化差距。国家重大文化惠民工程明确提出了"扩大范围、消除盲点"的发展方针，确保文化服务的广泛覆盖与深度渗透。同时，中央、省、市三级政府纷纷设立农村文化建设专项资金，为农村文化事业的发展提供了坚实的资金保障。此外，将支持农村文化建设纳入创建文明城市的基本指标体系，不仅提升了农村文化建设的地位，也激发了地方政府推进农村文化发展的积极性。在公共文化设施建设、资源配置和服务提供方面，更是明确向农村倾斜，通过优化布局、完善设施、丰富内容等措施，不断做大农村文化的蛋糕。这一系列政策与措施的实施，旨在从根本上解决农村文化资源匮乏、服务不足的问题，为城乡文化一体化发展奠定坚实基础。没有农村文化资源和服务总量的大幅增加，城乡文化的一体化便无从谈起，更难以实现真正的文化繁荣与共享。

5. 规模宏大、结构合理的公共文化服务人才队伍

公共文化服务人才队伍是公共文化服务体系建设的关键支撑，其素质与能力对服务质量和效能有着直接影响。为强化这一队伍建设，需创新培训模式，实施"个性化"培训方案。具体而言，应依据不同地区的文化特色、发展需求和人才现状，定制专属培训规划，确保培训内容既贴合实际又注重实效。通过送学上门、送教下乡的灵活举措，将优质教育资源直接送达基层一线。同时，结合专项培训与线上线下融合的教学模式，既满足集中授课的需求，又兼顾个性化指导的灵活性。此外，采取集中培训与一对一辅导相结合的方式，既提升整体理论素养，又促进个人文艺技能的全面发展。在构建培训体系时，注重多形式、多层次、多渠道的整合，旨在全方位提升文化工作者的专业素养和服务能力。这一系列举措旨在培育一批高层次的基层公共文化服务领军人物，他们将成为推动公共文化服务事业蓬勃发展的核心力量。在推进体系建设的过程中，科学化、制度化、规范化、职业化的遴选与任用机制是完善人才队伍建设的重中之重，对于激发人才潜能、优化人才结构、提升服务效能具有不可替代的作用。

（三）加快构建现代公共文化服务体系的重点举措

新形势下，构建现代公共文化服务体系，是保障和改善民生的重要举措，是全面深化文化体制改革、促进文化事业繁荣发展的必然要求，是弘扬社会主义核心价值观、建设社会主义文化强国的重大任务。加快现代公共文化服务体系，需要抓住重点，整体推进。

1. 统筹推进公共文化服务均衡发展

为进一步深入推动城乡基本公共文化服务均等化，需紧密贴合城镇化发展趋势与城乡常住人口变化的实际情况，全面而系统地统筹城乡公共文化设施布局、服务供给、人才队伍建设及资金保障机制，确保公共文化资源在城乡间得到均衡且有效的配置。我们将深入整合利用闲置学校等现有城乡公共设施资源，并依托城乡社区综合服务设施，进一步强化城市社区与农村文化设施建设，实现文化资源的共享与优化配置。同时，不断拓展重大文化惠民项目对"三农"的服务深度和广度，加大对农村民间文化艺术的扶持力度，积极推动"三农"出版物的出版、广播电视涉农节目的制作以及农村题材文艺作品的创作，丰富农村文化生活。

以县级文化馆、图书馆为龙头，深入推进总分馆制建设，并加强对农家书屋的统筹管理与指导，促进农村与城市社区公共文化服务资源的深度融合与互联互通。此外，通过深入开展城乡"结对子、种文化"活动，加强城市对农村文化建设的帮扶与引导，形成长效、稳定的帮扶工作机制。

针对革命老区、民族地区、边疆地区、贫困地区，我们将按照精准扶贫、精准施策的要求，深入加强边境地区基层公共文化设施建设，促进地区间对口帮扶与合作交流，加大人才交流和项目支援力度。深入实施针对边远贫困地区、边疆民族地区、革命老区的人才文化工作者专项支持计划，支持这些地区深入挖掘、开发、利用民族民间文化资源，不断丰富和充实公共文化服务内容，力争在短时间内显著提升其公共文化服务能力和水平。

在深入保障特殊群体基本文化权益方面，我们将老年人、未成年人、残疾人、农民工、农村留守妇女儿童及生活困难群众列为公共文化服务的重点关爱对象。深入开展面向老年人和未成年人的公益性文化艺术培训、演展及科技普及活动，确保公共文化服务机构为残疾人提供完善的无障碍设施和服务。深入实施盲文出版项目，开发更多优质的视听读物，建设更加便捷的有声图书馆，并鼓励和支持电视台增加手语节目或加配字幕，为残疾人提供更加贴心的文化服务。同时，加快将农民工文化建设深入纳入常住地公共文化服务体系，依托公共文化机构、社区和用工企业等多方力量，满足农民工群体，特别是新生代农民工日益增长的基本文化需求。

2. 增强公共文化服务发展动力

培育和促进文化消费。在公共文化服务体系建设中，我们需统筹兼顾群众的基本文化需求与多样化文化需求，既要满足大众的普遍性期待，也要兼顾个体的独特性追求；既要推动公共文化服务由基础向优质跃升，也要实现标准化服务与个性化服务的和谐共生。广泛开展形式多样的公益性文化艺术活动，培养民众健康向上、丰富多彩的文艺爱好，从而有效扩大文化消费市场，提升文化消费层次。同时，鼓励有条件的公共文化机构深入挖掘特色资源，加强文化创意产品的研发与创新，不断丰富文化产品种类，提升文化服务品质，以多元化、个性化的文化供给满足民众日益增长的精神文化需求。

鼓励和引导社会力量参与。我们进一步推进简政放权，大幅削减行政审批项目，为吸引社会资本广泛投入公共文化领域开辟绿色通道；同时，建立健全政府向社会力量购买公共文化服务的完善机制，出台详尽的指导性意见和购买目录，确保政府购买公共文化服务资金纳入财政预算，实现规范化运作；此外，我们积极推广政府和社会资本合作等多种创新模式，有力促进公共文化服务提供主体的多元化和提供方式的多样化。

培育和规范文化类社会组织。我们加强对文化类行业协会、基金会、民办非企业单位等社会组织的全方位引导、有力扶持和严格管理，促进其健康、规范、有序发展；同时，制定并完善关于文化类社会组织的规章制度，明确其功能定位与职责范围；此外，我们积极鼓励各类公共文化服务机构成立行业协会，充分发挥其在行业自律、行业管理、行业交流等关键领域的重要作用，共同推动文化类社会组织繁荣发展。

大力推进文化志愿服务。大力弘扬志愿服务精神，坚持志愿服务与政府服务、市场服务相衔接，奉献社会与发展自我相统一，社会倡导和自愿参与相结合，构建参与广泛、内容丰富、形式多样、机制健全的文化志愿服务体系。

3. 加强公共文化产品和服务供给

提升公共文化服务效率与质量，彰显文化惠民新风貌。健全公共文化设施免费开放的保障体系，深入推进馆舍免费开放，图书馆、博物馆、文化馆、纪念馆、美术馆悉数敞开大门，民族博物馆、行业博物馆亦逐步纳入其中，共筑文化共享之基。构建群众文化需求的多维反馈机制，及时倾听民众心声，准确把握文化脉搏，定制公共文化服务之菜单，推行"菜单式""订单式"服务，满足群众多元需求。同时，加强公共文化服务品牌建设，打造特色鲜明、影响广泛的服务项目，让文化之光熠熠生辉。

丰富优质公共文化产品供给，展现文化创新之魅力。充分发挥国家级评奖之引领，艺术、出版基金之推动，创作出思想深邃、艺术精湛、观赏俱佳的文化佳作，传播当代中国之价值观念，体现中华文化之精神内涵，反映中国人之审美追求。建立健全优秀传统文化之传承体系，普及推广戏曲等艺术瑰宝，让文化之根深深扎根。组织优秀文化遗产、高雅艺术走进校园、融入社区，送戏下乡、送书入户、送电影入村，推荐优秀出版物，让文化之花遍地开放。

活跃群众文化生活，奏响文化繁荣之乐章。全民艺术普及如火如荼，全民健身运动蓬勃开展，全民科普教育深入人心，群众性法治文化活动方兴未艾。实施基层特色文化品牌培育工程，以时代之笔描绘文化画卷，吸引群众广泛参与。加强民间文化艺术之乡建设，以"我们的节日"为弦,奏响民俗活动之曲;传承发展民族民间传统体育,形式多样、广泛开展,让体育之魂燃遍大地。鼓励群众自办文化,支持群众文化团队如雨后春笋般涌现,共绘文化繁荣图景。

4. 推进公共文化服务与科技融合发展

加大文化科技创新力度,激发文化科技融合新活力。围绕公共文化服务体系的重大科技需求,秉持文化与科技相辅相成理念,将公共文化科技创新纳入科技发展专项规划,深入践行国家文化科技创新宏伟工程。加强科技成果转化应用,推出一批公共文化服务科技创新应用示范项目;鼎力支持公共文化机构、科研院所、高科技企业携手并进,共研各类关键技术难题。

加快推进公共文化服务数字化建设,开启数字文化服务新篇章。加速公共文化机构数字化进程,统筹推进全国文化信息资源共享、数字图书馆博物馆建设等诸项工程,构建标准统一、互联互通的公共数字文化服务网络,于基层实现资源共建共享。提升资源供给能力,科学规划公共数字文化资源建设蓝图,打造分布式资源库群壮丽景观,鼓励各地整合中华优秀文化资源瑰宝,开发出独具特色的数字文化产品。

提升公共文化服务现代传播能力,铸就文化传播新辉煌。加快构建现代文化传播体系,确保信息传播的高效快捷与安全有序并驾齐驱。灵活运用宽带互联网、移动互联网、广播电视网、卫星网络等多元手段,拓宽公共文化资源的传输渠道,如织就一张文化传播之天罗地网。实施国家与地方应急广播工程,完善应急广播覆盖网络,筑就基层政务信息发布、政策宣讲与灾害预警应急指挥的坚固平台。

5. 创新公共文化管理体制和运行机制

建立公共文化服务协调机制,筑牢体系建设基石。我们立足当下,审视公共文化服务体系建设实际,完善党委领航、政府掌舵、部门协同、权责明晰、统筹推进的管理制度,如筑就坚固基石,支撑文化大厦。以国家公共文化服务体系建设协调组为舞台，文化部门勇挑重担，牵头引领，各部门各展所长，资源汇聚，共绘规划编制之蓝图，共筑政策衔接之桥梁，共定标准制定之尺度，共谋实施推进之方略，携手并进，协调前行。

加大公益性文化事业改革力度，探寻管办分离新路径。我们厘清政府与公益性文化事业单位之关系，如拨云见日，探寻管办分离的有效形式。进一步赋予公益性文化事业单位法人的自主权，如松绑解缚，让其展翅高飞。强化公共服务功能，增强发展活力，发挥其骨干作用，如中流砥柱，屹立不倒。

创新基层公共文化管理机制，激发群众参与热情。我们发挥城乡基层群众性自治组织力量，如春风化雨，滋润心田。推动公共文化服务参与式管理实践，推广居民、村民评议良法，如架起沟通之桥，拉近心与心的距离。健全民意表达和监督机制，如开启明灯，照亮前行之路。引导城市社区居民和村民参与公共文化服务项目规划、建设、管理和监督，如携手同行，共创美好。维护群众的文化选择权、参与权和自主权，如守护珍宝，不容侵犯。

完善公共文化服务评价机制，追求效能提升境界。我们以效能为导向，制定政府公共文化服务考核指标，如树立标杆，引领方向。将其纳入科学发展考核体系，如融入血脉，不可或缺。建立公共文化机构绩效考评制度，考评结果作为预算确定、收入分配与负责人奖惩的重要依据，如明镜高悬，公正无私。加强对重大文化项目资金使用、实施效果、服务效能等方面的监督和评估，如严格把关，不容懈怠。完善服务质量监测体系，研究制定公众满意度指标，如量尺在手，精准测量。建立群众评价和反馈机制，如架起连心桥，倾听民声。探索建立公共文化服务第三方评价机制，增强评价的客观性和科学性，如引入外力，共谋发展。

6. 加大公共文化服务保障力度

加强组织领导，筑牢公共文化服务之基。地方各级党委和政府，需将构建现代公共文化服务体系重任纳入本地区国民经济和社会发展总体规划，列入重要议事日程之中，犹如筑牢大厦之基，稳固而坚实。切实加强组织领导，犹如掌舵之手，引领方向。需结合实际，精心制定实施方案、宏伟规划或专项行动计划，明确责任如山、时间表如路、路线图如灯，集中力量，犹如千军万马，共同推进工作落实。同时，做好宣传和舆论引导工作，犹如春风化雨，润物无声，形成全社会支持和参与现代公共文化服务体系建设之良好氛围，犹如众志成城，共筑文化之梦。

加大财税支持，助力公共文化服务之翼。合理划分各级政府基本公共文化服务支出责任，犹如划分天地，各司其职。建立健全公共文化服务财政保障机制，犹如筑就钱袋，保障有力。按照基本公共文化服务标准，落实提供基本公共文化服务项目所必需之资金，犹如输血造血，生生不息。保障公共文化服务体系建设和运行，犹如护航之舟，稳健前行。

加强基层队伍，铸就公共文化服务之魂。进一步完善选人用人机制，犹如慧眼识珠，选贤任能。着力培养一批具有现代意识、创新意识的公共文化管理者和基层公共文化服务人才队伍，犹如培育栋梁，支撑大厦。将公共文化服务专业人才培养纳入国民教育体系之中，犹如播种希望，孕育未来。稳步推进基层公共文化服务队伍培训，建立培训上岗制度，犹如磨砺刀剑，锋利无比。全面提高从业人员素质，犹如锻造精兵，强筋壮骨。

建立健全法律，护航公共文化服务之路。加快建立健全坚持社会主义先进文化前进方向、遵循文化发展规律、有利于激发文化创造力、保障人民基本文化权益的文化法律制度，犹如筑就法网，护航文化。依法保障公民的文化权利得到有效落实，犹如守护明灯，照亮前行。

加快出台公共文化服务保障法等相关法律法规，犹如立下规矩，方圆有度。为现代公共文化服务体系建设提供法律支撑，犹如撑起伞盖，遮风挡雨。

三、加快文化产业高质量发展

文化产业高质量发展契合人们追求美好生活需要，有利于激发文化创新创造活力，促进经济高质量发展，是推进文化强国建设的必然选择。促进文化产业高质量发展，必须深刻把握新时代文化产业发展面临的机遇和挑战，多措并举协同推进。

（一）文化产业高质量发展面临的新机遇新挑战

长期以来，我国文化产业呈现出良好发展的态势，生产经营规模持续扩大，产业结构不断优化，新业态带动作用进一步增强。不过，机遇与挑战并存，要进一步推进文化产业高质量发展，必须紧跟时代潮流，抓住历史机遇，克服发展中的挑战。

1. 文化产业高质量发展面临的新机遇

文化强国战略赋予文化产业发展重要使命。文化产业，肩负优化经济结构之重任，满足人民多样化精神文化需求之使命，是实现社会与经济效益和谐统一的强劲动力。一方面，在世界百年未有之大变局加速演进，新一轮科技革命和产业变革蓬勃兴起之际，以习近平同志为核心的党中央，将文化建设置于全局工作之核心位置，于新的历史起点上，誓推文化繁荣，力建文化强国，共铸中华民族现代文明之辉煌，此乃时代赋予我们的重大文化使命。另一方面，我国经济正由高速增长迈向高质量发展之关键时期，加快现代化经济体系建设刻不容缓。文化产业，以其高附加值、低能耗、低污染之特性，展现创新性强、融合性强、可塑性强之优势，堪称绿色经济、低碳经济之典范。

推动文化产业繁荣发展,实乃高质量发展之必由之路。

数字技术带来文化生产重大变革。数字技术与文化产业深度融合,催生新业态、新模式、新场景,文化生产迈入新技术奠基、新业态引领、新理念新政策推动之新阶段。技术层面,大数据、大模型、沉浸式感知交互等创新技术迭代升级,让传统文化焕发数字化"新颜",消费场景、交易方式、传播途径焕然一新。产业层面,传统文化产业数字化升级加速推进,网络文化产业、数字内容产业、数字创意产业等,在科技与金融的双重赋能下,茁壮成长,文化产业数字集群和虚拟集群蔚然成风。政策层面,从"十四五"规划到《关于推进实施国家文化数字化战略的意见》,无不彰显国家对发展数字文化经济的高度重视与坚定决心。

服务零售快速增长打开文化消费新空间。随着收入水平提升、消费群体更迭、信息技术变革,我国消费者需求与行为正发生深刻变迁。服务零售额同比增长迅猛,远超商品零售额增速,服务消费在居民消费中占比持续攀升,居民消费正由基本生存型向发展享受型转型升级。数字化、融合化、体验式新型文化消费成为消费领域的热点、亮点。一者,文化消费市场不断下沉,拓展增量市场新空间,如演唱会市场深入三四线城市,点燃小城市文旅经济之火。二者,文商旅融合发展,消费场景创新不断,沉浸式演出、互动体验、文化主题餐饮、智慧旅游等新产品新业态层出不穷,铸就新的消费增长点。三者,国潮文化与品牌引领消费时尚,文化 IP 周边产品、汉服、老字号等国货品牌热销,情怀化、个性化、品质化消费蔚然成风。

持续高水平对外开放焕发文化贸易新气象。发展对外文化贸易,是加快建设文化强国与贸易强国之必然要求。从共建"一带一路"倡议到自由贸易试验区和海南自由贸易港建设,从《关于推进对外文化贸易高质量发展的意见》到对外文化贸易"千帆出海"行动计划,我国文化贸易在坚持高水平对外开放格局下,迎来"量质齐升、更上层楼"的发展阶段。文化产品出口稳居全球首位，文化服务出口占比持续提升。文化贸易，作为连接经济与文化之纽带桥梁，对树立文化自信、传播中华民族现代文明发挥着举足轻重的作用。

2. 文化产业高质量发展面临的新挑战

新一轮数字技术竞争优势尚不显著。当前，以大模型技术创新为标志的新一轮数字经济正重塑生产与消费模式。我国虽然文化资源丰厚，但在大模型开发所需的数据训练师人才、深度学习算法及算力效率方面，与技术领先国家相比仍存在明显差距。中华文化的数字资源价值尚未得到充分发掘和利用，且在活态化传播、数字化永生和生态化应用等方面面临诸多挑战。同时，在数字规则竞争领域，我国在数据跨境流动、数字服务市场开放、数据本地化存储、个人隐私保护等关键数字治理环节还有待完善，需加强与国际高水平数字规则的对接。

"龙头型、链主型"文化企业发展不足。我国文化企业多以小微企业为主，抗风险能力薄弱，缺乏具有产业带动力、产业格局控制力和产业生态主导力的龙头企业或链主企业。具体而言，文化产业链缺少主业鲜明、核心竞争力强大的龙头企业，现有链主企业数量有限，带动和辐射效应不足，难以引领产业链上下游企业在技术创新和市场开拓等方面实现更高层次的跃升。此外，文化产业链条内部前后关联不紧密，纵向分工程度较低，资源、信息共享不充分，链上企业多呈"单打独斗"态势，未能形成"抱团发展、集群作战"的强大合力。再者，文化产业链相对短小，存在地区和行业分割现象，文化资源整合难度较大。

我国文化产业面临全球价值链低端锁定困境。尽管文化产业规模迅速扩大，但在创意设计、研发创新等价值链中高附加值环节的投入和产出相对较低。大部分文化产业活动仍聚焦生产、制造和加工等低附加值环节，缺乏核心技术和知识产权的掌控力，导致利润空间有限。这一困境的成因较为复杂：一方面，知识产权保护和创新生态环境尚不完善，创意产业发展滞后；另一方面，文化品牌塑造、传播以及文化精品创作能力欠缺，目前主要以出口劳动密集型文化产品为主，在创意设计、版权服务等国际文化贸易领域缺乏市场话语权。

（二）坚持把社会效益放在首位

文化产品既有商品属性、经济属性，又有意识形态属性。坚持把社会效益放在首位、社会效益和经济效益相统一是社会主义国家文化产业发展的内在要求。习近平总书记指出："衡量文化产业发展质量和水平，最重要的不是看经济效益，而是看能不能提供更多既能满足人民文化需求、又能增强人民精神力量的文化产品。"[①]2015年9月，中共中央办公厅、国务院办公厅印发的《关于推动国有文化企业把社会效益放在首位、实现社会效益和经济效益相统一的指导意见》指出："文化企业提供精神产品，传播思想信息，担负文化传承使命，必须始终坚持把社会效益放在首位、实现社会效益和经济效益相统一。"我们要努力优化社会效益和经济效益相统一的环境，健全完善相关体制机制和配套政策措施，引导文化企业建立健全具有文化特色的现代企业制度，不断创新生产经营管理机制，提升创作生产的内容质量和文化内涵，全力打造知名文化企业和文化品牌。

1. 把社会效益放在首位为文化产业持续健康发展明确导向性

文化是对人民生存方式和生活状态的镜像反映，而文化产业则是对文化本身的创造与消费过程。一方面，文化产业与其他产业相似，具备追求利润、实现产品价值补偿和增值的经济特性。另一方面，文化产业又独具特色，承载着特殊的精神和文化层面的社会意义。因此，它肩负着价值引领、社会融合、风尚培育、促进和谐等多重社会职能，其中价值引领是文化产业的核心使命。

---

① 《习近平谈治国理政》第4卷，外文出版社2022年版，第311页。

就文化产业而言，其经济效益体现在投入与产出的比例上，而社会效益则体现在如何最大限度地满足人民对美好生活的向往上。具体来讲，文化产业的社会效益主要表现在提供的文化产品和服务能够满足人民在思想道德、科学文化和身心健康等各方面的需求。这些需求得到有效满足，将进一步提升人民的思想道德素质、科学文化素养和身心健康水平。

习近平总书记指出："在发展社会主义市场经济的条件下，许多文化产品要通过市场实现价值，当然不能完全不考虑经济效益。然而，同社会效益相比，经济效益是第二位的，当两个效益、两种价值发生矛盾时，经济效益要服从社会效益，市场价值要服从社会价值。"[①] 由此可见，在人民群众需求多样、利益多元的今天，经济效益和社会效益是衡量新时代文化产业发展质量和水平的重要标准。同时，文化产业的特殊性质决定了其必须将社会效益置于首位。只有如此，才能确保文化产业坚守正确的价值导向，有效维护社会秩序，促进和谐稳定。显然，社会效益与人民的获得感、幸福感和安全感的提升息息相关。因此，坚持将社会效益放在首位，为文化产业的持续健康发展指明了方向。

2. 把社会效益放在首位为文化产业持续健康发展增强能动性

众所周知，任何产业的发展都不能仅仅盯着眼前的物质利益，而忽视长远的社会效益。否则，虽然可能短期内获得不菲的收益，但长远来看，这种短视的行为难以支撑产业的持续健康发展，最终将被市场所淘汰，失去发展的活力和竞争力。在市场经济环境下，文化产业作为一种特殊的产业形态，既需要遵循市场规律，追求经济效益，以确保自身的生存和发展；同时，又肩负着传承文化、引领风尚、教育人民、服务社会等多重社会使命，其影响深远且广泛。总体而言，文

---

① 《习近平著作选读》第1卷，人民出版社2023年版，第294页。

化产业在追求经济效益的同时，必须将社会效益置于首位，妥善处理好两者之间的关系，实现经济效益和社会效益的有机统一。这是因为，只有坚持社会效益为先，才能确保文化产业的发展方向正确，内容健康，形式多样，从而真正增强其持续健康发展的动力，使其在激烈的市场竞争中立于不败之地。

具体来说，文化产业应当积极引领大众追求真善美，坚决抵制假恶丑。在创作和生产过程中，要注重作品的思想性、艺术性和观赏性，致力于打造能够经得起时间考验、深受人民喜爱的精品作品。这些作品不仅要满足人民的娱乐需求，更要能够启迪思想、陶冶情操、提升境界。它们应当反映时代精神，传递正能量，弘扬社会主义核心价值观，成为人民精神世界的滋养和引领。同时，文化产业还要保持其健康发展的蓬勃活力，不断创新和突破，以适应时代的发展和人民的需求变化。然而，在追求经济效益的过程中，文化产业绝不能以牺牲社会效益为代价。在市场竞争中，不能为了迎合某些低俗、庸俗的需求而降低作品的品位和质量。相反，应当致力于提升大众的欣赏水平和审美情趣，引导人民追求更高层次的文化享受。这意味着，文化产业要承担起教育和引导的责任，通过提供高质量的文化产品和服务，培养人民的审美能力和文化素养，使他们能够辨别和欣赏真正的艺术之美。换言之，作为承载多重社会功能的文化产业，应当充分发挥其文化导向和教育作用。在传播文化的同时，要注重传递正能量，弘扬社会正气，增强人民的文化自信和民族自豪感。文化产业要通过各种形式和渠道，将优秀的传统文化和现代文化相结合，让人民在享受文化的过程中感受到历史的厚重和时代的进步。同时，还要不断满足人民对美好文化生活的向往，提供丰富多样、高质量的文化产品和服务，让人民在精神文化领域得到充分的满足和享受。实践证明，社会效益与经济效益并非对立关系，而是相互促进、相辅相成的。只有将社会效益放在首位，坚持正确的文化导向和价值观，才能创作出富有思想深度、高品位的优秀作品。这些作品不仅能够得到人民的喜爱和市场的认可,还能够充分发挥文化产业的各种社会功能,为社会的和谐稳定和繁荣发展作出积极贡献。它们能够激发人民的创造力和创新精神,推动社会的进步和发展。同时,良好的社会效益也将为文化产业带来更长远的经济效益。因为只有当文化产业真正服务于人民、满足于人民时,才能获得人民的信任和支持,从而赢得更广阔的市场和发展空间。因此,坚持社会效益为先,是文化产业持续健康发展的必由之路。

3. 把社会效益放在首位为文化产业持续健康发展铸牢人民性

人民是社会实践活动的主体,文化产品的创作源泉与归宿皆在于人民。习近平总书记深刻指出:"人民的需要是文艺存在的根本价值。能不能搞出优秀作品,最根本的决定于是否能为人民抒写、为人民抒情、为人民抒怀。一切轰动一时、传之后世的文艺作品,反映的都是时代要求和人民心声。"[1] 作为满足人民群众日益增长的多样化、多层次精神文化需求的重要途径,文化产业的社会效益其核心本质在于积极回应人民对美好生活的热切期待和向往。

随着人民生活水平的不断提高和审美观念的不断提升,人民对文化产品和服务的质量、品位、风格等方面的要求也越来越高,这不仅仅是对文化产品表面形式的追求,更是对文化内涵、价值导向和精神深度的期待。这就要求文化产业的发展必须紧密围绕人民对美好文化生活的新需求,深入挖掘和传承中华优秀传统文化,结合现代审美和科技创新,创作出更多具有时代特色、民族风格和人民情怀的文化产品。

从本质上讲,文化产业的正确价值导向与人民立场是高度契合、相辅相成的。文化产业的发展离不开人民的支持和参与,而人民的精神文化需求也是文化产业发展的动力和源泉。在新时代,只有坚持以

---

[1] 《习近平著作选读》第1卷,人民出版社2023年版,第290页。

人民为中心的发展思想，把人民利益放在首位，才能真正夯实文化产业的人民性基础。这意味着文化产业在创作、生产、传播等各个环节都要充分考虑人民的需求和感受，确保文化产品与服务真正体现人民的情感、价值和力量，让人民在享受文化成果的同时，也能感受到文化的温暖和力量。

换言之，只有把社会效益放在首位，坚持文化产业的公益性和普惠性，才能真正做到以人民为中心，其发展才能获得人民的支持和认可，进一步巩固其人民性基础。这要求文化产业在追求经济效益的同时，必须注重社会效益的提升，不能为了短期的经济利益而牺牲人民的文化权益和精神需求。

总而言之，文化产业应充分彰显其人民性，时刻将社会效益置于首要位置。这不仅仅是一种理念上的坚守，更是一种行动上的实践。文化产业要积极采取行动，深入基层、深入群众，了解人民的文化需求和期待，努力创作出更多符合人民口味、贴近人民生活的优秀文化产品。同时，还要加强文化产业的监管和引导，确保文化产业的健康发展，为实现人民对美好文化生活的向往贡献更多力量，进而实现经济效益和社会效益的双赢。

（三）加快形成文化产业发展新格局

文化产业，是推动经济全面转型升级、支撑国民经济稳健增长、促进经济社会高质量发展的强大动力；也是满足人民对美好生活无限新憧憬、切实保障人民基本文化权益不受侵损、全面促进人的身心与智慧共同发展的坚实桥梁；更是坚定文化自信之深厚根基、实现文化自强之辉煌道路、构筑社会主义文化强国之宏伟蓝图的关键抓手。习近平总书记深情寄语，明确指出："要推动文化产业高质量发展，健全现代文化产业体系和市场体系，推动各类文化市场主体发展壮大，培育新型文化业态和文化消费模式，以高质量文化供给增强人们的文化获得感、幸福感。"[①] 此番殷殷嘱托，犹如明灯照亮前程，为文化产业的转型升级、为文化产业的高质量发展，指明了清晰明确的方向，勾勒出了波澜壮阔的前行之径。

1. 抓龙头，健全现代文化产业体系和市场体系

健全现代文化产业体系和市场体系，实乃推动社会主义文化繁荣昌盛、深切满足人民精神文化生活多元需求的有效路径，亦是助推经济体系优化升级、达成文化产业高质量发展的关键环节。加强现代文化产业的顶层设计，出台以高质量发展为导向的文化产业政策，明确发展方向。拓展"文化+""+文化"的广泛应用，构建涵盖创新链、技术链等全品类的产业体系大厦，拓宽产业跨界的广度，深化产业垂直细分的精度，筑牢发展基础。加速发展数字出版、数字影视、数字演播、数字艺术、数字印刷、数字创意、数字动漫、数字娱乐、高新视频等新型文化业态，同时升级改造传统文化业态，推动结构调整和优化升级，焕发产业新生。促进文化与旅游、体育、教育、信息、建筑、制造等领域的深度融合，延伸产业链条，共创辉煌成果。建立国家文化产业发展项目库，搭建全国广播电视和网络视听产业公共服务平台。加强文化市场的培育和规范，完善文化资产评估和文化产权交易体系，构建综合性、专项性、区域性的文化产品和服务交易平台矩阵，放宽市场准入，破除市场壁垒，保障公平竞争，保护知识产权，完善市场准入退出机制，确保文化资源、生产要素和市场交易自由开放、合理流动，激发市场活力。开发丰富多样的文化创意产品，扩大中高端文化供给，推动现代服务业蓬勃发展，不断拓展优质文化产品的供给范围，更好满足人民多样化、多层次、多方面的文化需求，增进人民福祉。始终坚持社会效益首位，实现社会效益与经济效益的和谐统一，深化文化领域供给侧结构性改革，持续创新生产经营机制，

---

① 《习近平谈治国理政》第3卷，外文出版社2020年版，第314页。

充分释放文化产业的潜能。

加快构建统一开放、高效规范、竞争有序的文化市场体系，夯实基础制度之基石。充分发挥我国超大规模市场的优势和深挖内需潜力，将扩大内需战略与供给侧结构性改革深度融合，让市场在文化资源配置中发挥决定性作用。以市场为导向，大力发展经营性文化产业，实现供需精准对接，通过高质量供给提升人民群众的文化获得感和幸福感。完善文化企业坚持正确导向、履行社会责任的制度保障，严格执行统一的市场准入负面清单制度，全面清除文化市场准入的隐性障碍。健全文化要素市场运行机制，促进劳动力、资本、技术、数据等要素的合理流动和高效配置。加速推进符合文化产业发展需求和文化企业特点的金融产品与服务创新，拓宽文化企业股权融资和债券融资的渠道，大力支持文化企业上市融资和再融资。探索建立文化金融服务中心的新模式，为文化企业提供全面、多层次的综合性金融服务。全力促进文化消费的繁荣发展，加快培育新型文化消费模式，大力发展夜间经济，点亮城市夜生活。同时，加强文化市场信用体系建设，提升文化市场服务的整体质量，加大文化市场管理和综合执法的力度和效能。

2. 控源头，加强优质内容创作和优异策划创意

中华优秀传统文化、红色革命文化、改革开放的辉煌历程与现代化建设的伟大实践，底蕴深厚、资源丰富，犹如一座蕴藏无尽宝藏的富矿，为文化产业的高质量发展提供了源源不断的灵感与源泉，也铸就了文化自信自强的深厚根基和磅礴底气。

文化产业，作为传承与创新的文化载体，始终坚守内容为王的核心理念，将创意视为其灵魂所在。我们坚持以人民为中心的创作导向，将人民群众的精神文化需求作为创作的出发点和落脚点，以社会主义核心价值观为衡量一切文化作品的标尺和靶向。在发展过程中，我们秉持创造性转化、创新性发展的原则，致力于将传统文化的精髓与现代审美相结合,打造出既具有深厚文化底蕴又符合时代精神的文化精品。我们遵循"首创为先,追求独一无二的艺术创作;原创为本,坚守文化创新的源头活水;开创为路,勇于探索未知的文化领域;主创为要,强调创作者的主体地位和创作自由"的文化精品打造路径。我们守正创新,既尊重传统、传承经典,又勇于突破、推陈出新。在策划前端,我们深入挖掘文化内涵,精心构思创作主题;在制作后端,我们注重细节打磨,力求每一件作品都能达到精益求精的境界;在呈现终端,我们运用多种艺术手段和表现形式,将文化作品的魅力展现得淋漓尽致。同时,我们推进体裁、题材、形式、手段的深度融合与互融共通,打破传统界限,实现跨领域、跨行业的文化创新。我们增进观念、风格、流派、见解的交流切磋与相互借鉴,鼓励不同文化背景下的创作者进行思想碰撞和灵感激发。我们的文化产品既要有阳春白雪的高雅艺术,也要有下里巴人的通俗文化;既要顶天立地、彰显中华民族的伟大精神和时代风貌,也要铺天盖地、深入百姓生活、贴近人民心声。我们致力于创作出既具有思想深度又具有艺术魅力的文化作品,提供丰富多样的文化体验,让人民群众在欣赏文化作品的过程中感受到文化的力量和魅力。

总之,我们将不断提升文化产品的质量和水平,以立得住、叫得响、传得开、留得下、用得好的文化作品和文化体验供给,满足人民群众日益增长的精神文化需求,不断提升人民群众的文化获得感和幸福感。

3. 建码头,开发文化产业园区和重大文化项目

规划并培育一系列特色显著、主业突出、集聚度高、带动能力强的国家级文化产业示范园区、文化与科技深度融合的示范基地以及全域旅游示范区等,构建"头雁领航、群雁齐飞"的产业集群发展新模式。我们应充分利用集聚优势,深入探究文化产业的发展特性、规律及资源要素状况,有效激活老城区现有空间,规范文化产业园区的建设与运营,促进形成多点布局、各具特色、优势互补、协同并进的文化产业园区体系,推动园区从要素集中的区域转变为创新驱动的平台。

文化产业园区和重大文化项目是文化产业逐步积累、深入发展、繁荣兴盛的关键载体,是经济活动集中、创意企业云集、潮流文化发源地及高端资源交汇的核心区域。我们将以科学规划为引领,聚焦优势领域,进行系统设计,力求重点突破,致力于打造具有品牌影响力、特色鲜明且差异互补的文创产业园区、都市文化生活圈、数字出版楼宇集群、文化贸易基地以及区域性文化产业轴带。我们将促进业务间的紧密合作,有效降低交易成本。同时,我们将实施重大文化项目驱动战略,视重大文化项目为稳定投资的"强大引擎"和促进经济增长的"坚实基石"。我们将着手建设主题公园、度假乐园、城市书房、纪念馆、博物馆、美术馆、歌剧院、影视拍摄基地、演艺中心、电竞馆等文化旅游新地标和消费热点区域,并同步推进文化民生项目。在产业布局上,我们将构建以大项目为引领,中小微企业为辅助的产业梯队,形成"产品依托项目、项目贴近市场需求、市场吸引资本投入"的良性循环体系,充分发挥项目集中、企业集聚、要素汇聚、业态集群的协同效应和乘数效应。

4. 盯势头,培塑新型文化业态和文化消费模式

习近平总书记强调:"文化和科技融合,既催生了新的文化业态、延伸了文化产业链,又集聚了大量创新人才,是朝阳产业,大有前途。"[1] 当前,文化与科技、金融、旅游的跨界融合持续深化,文化的引领和赋能作用愈发凸显,成为推动社会进步的重要力量。

在供给端,我们要以科技创新为引擎,抓住数字化发展的浪潮,推动文化产业向产业链的上下游全面延伸,向价值链的高端奋力跃升。我们要优化数字文化产业的宏观环境,筑牢其数字化转型的微观基石,

---

[1] 《习近平在湖南考察时强调 在推动高质量发展上闯出新路子 谱写新时代中国特色社会主义湖南新篇章》,《人民日报》2020年9月19日。

促进文化产业实现数字化、网络化、智能化、集群化的全面发展。我们要积极促进跨界融合，鼓励合作创新，让文化成为撬动多元融合的杠杆，在融合中不断丰富文化产品的供给，激发文化的无限活力。

我们要顺应数字产业化和产业数字化的时代趋势，将先进科技作为文化产业的坚实支撑，建立健全文化科技融合的创新体系；我们要运用新技术、新手段、新模式，激活沉睡的文化资源，创新多元的文化业态，培育强劲的新动能，打造独特的新优势；我们要在供给端持续发力，重组要素配置，再造场景体验，升级流量价值，创新价值链条，惠及广大民生；我们要整合在线、在地、在场的文化生产方式，打造出既有趣又新颖，既具有高文化容量又具有高技术含量和高附加值的新业态、新模式和新产品。

围绕产业链布局，我们要精心规划创新链；围绕创新链发展，我们要科学安排产业链。我们要建立和完善文化产业的技术标准与服务标准体系，积极参与国际标准的制定工作，以增强文化产业的国际竞争力。同时，我们要深化产学研合作，重视原始创新和集成创新，加大文化产业共性关键技术的研发力度，突破一系列技术难题。此外，我们将实施出版融合发展工程、电影制作提升计划、印刷智能制造推进项目、大视听产业链建设工程等，引导文化企业积极采用大数据、5G、云计算、人工智能、区块链、超高清等新技术，对产业链进行改造升级，推动内容生产和传播手段的现代化转型，重塑文化发展的新格局。

顺应数字产业化和产业数字化的大势所趋，我们要依托新技术推动文化产业的转型升级、提质增效和赋能升华。我们要以深层应用为导向，挖掘新技术的无限潜力；以深度融合为目标，促进文化与科技的紧密结合；以智能、互动、在线、精准、跨界为特征，打造"IP、ID、IT"融合发展的新场景、新生态。我们要通过高质量供给引领和创造新需求，满足人民群众日益增长的文化需求；以多样化需求推动新供给的形成，促进文化产业的繁荣发展。

在需求端方面，我们要紧密追随文化消费的新潮流，推动"互联网+"向传统消费领域深度融合，积极发展平台经济、共享经济等新兴业态和模式。我们要倡导将文化消费融入各类消费场景，使文化成为人们日常生活的有机组成部分；同时，培育网络消费、定制服务消费、体验式消费等新型消费方式，以满足人们日益多样化的文化需求。此外，我们将致力于建设融合文创商店、博物馆、美术馆等多种文化设施的文化和旅游消费集聚区，打造文化消费的新热点。我们还将鼓励发展个性化高品质消费和柔性定制服务消费，提高文化消费的便捷度、丰富度和体验感，让文化消费成为引领生活新风尚的重要力量。

5. 立潮头，催生市场主体活力和两个效益统一

在文化产业领域，我们持续深化"放管服"改革，推行"一网通办"服务，坚持高线引领与底线坚守并重，服务引导与监管规范并行。我们强化文化市场的综合执法管理，加强队伍建设，同时注重文化行业组织的培育与发展，推动文化中介服务的广泛展开。我们构建了一套新型监管机制，以内容监管为核心，以信用监管为基础，以分类监管为特色，实行包容审慎的监管方式，体现柔性执法的温度，旨在净化文化产业环境，以"管得住"为"放得开"保驾护航，促进文化产业健康有序发展。

我们致力于构建完善的文化企业服务体系，不断优化市场化、法治化、国际化一流营商环境。我们充分运用金融工具，为文化企业提供全生命周期的支持与滋养，助力文化领军企业、上市企业、头部企业、"独角兽"企业以及"新势力"企业攀登高峰。我们鼓励大型文化企业通过资源整合、重组并购，打造具有国际竞争力的文化产业集团；同时，扶持"专、精、特、新"中小微文化企业茁壮成长，支持它们在个性化、多样性、高品质文化产品和服务方面形成独特优势。我们优化营商环境，倡导公平竞争，实行优胜劣汰，推动多种所有制文化企业共同发展，繁荣文化市场。

习近平总书记深刻指出："衡量文化产业发展质量和水平，最重要的不是看经济效益，而是看能不能提供更多既能满足人民文化需求、又能增强人民精神力量的文化产品。"[①] 对此，所有文化市场主体和企业都需深刻理解并践行，要牢牢把握意识形态属性与产业属性的辩证关系，既要适应社会主义市场经济的要求，又要秉持社会主义核心价值观的导向。我们要大力弘扬企业家精神，始终坚持社会效益的首要地位，确保经济效益服从于社会效益，自觉追求社会效益与经济效益的和谐统一、社会价值与市场价值的相得益彰、社会责任与创作自由的有机结合。

6. 重领头，造就文化文艺和企业经营管理人才

人才，作为文化产业发展的首要资源与高质量发展的核心驱动力，一直以来都是我们最为重视的宝贵财富。我们深知，只有拥有一流的人才队伍，才能推动文化产业持续繁荣发展，实现文化产业的高质量发展。因此，我们矢志不渝地将人才队伍建设作为文化产业发展的坚实基石，深入实施文化名家暨"四个一批"人才工程，致力于打造一个充满活力、富有创造力的人才生态系统。在这个生态系统中，我们以渴求之心寻觅人才，以珍宝之态珍视人才。我们深知，每一个人才都是独一无二的宝藏，需要我们用心去发掘、去培养。因此，我们不拘一格举荐人才，让每一个有才华、有潜力的人才都能得到应有的机会和舞台。同时，我们也人尽其才地使用人才，让每一个人才都能在其擅长的领域发挥最大的价值。在评价人才方面，我们坚持客观公正的原则，以实际业绩和贡献为依据，恰如其分地评价每一个人的才能和价值。而在激励人才方面，我们更是恰逢其时，通过制定合理的激励机制和政策，激发每一个人的潜能和创造力，让他们为文化产业的

---

① 《习近平谈治国理政》第4卷，外文出版社2022年版，第311页。

发展贡献更多的智慧和力量。为了营造更加优质的人才生态环境，我们精心培育了德艺双馨的文化名家、艺术大家、首席专家、能手行家、传承世家，以及善谋势、有文化、懂技术、善经营、精管理的复合型企业家和高管。这些人才不仅具备深厚的文化底蕴和卓越的艺术造诣，还拥有丰富的管理经验和敏锐的市场洞察力。他们的存在，为文化产业的发展注入了源源不断的活力和创新力。此外，我们还培养了一支具备前瞻性理念、原创性贡献、数字化思维、系统化工具应用、应用型技能掌握、实干型精神的中坚骨干队伍，他们以其创新精神和实干作风，为文化产业的发展提供了坚实的人才保障和智力支持。

广大文化产业工作者更是要勇立潮头，争做树立文化自觉、坚定文化自信、走向文化自强的"领头羊""领先者""领跑员"。他们要以身作则，引领文化产业的发展方向，抢占文化产业的发展先机，为建设社会主义文化强国贡献自己的力量。在文化强国建设的伟大征程中，他们将建功立业，书写不朽传奇，为文化产业的发展谱写更加辉煌的篇章。

第六章

加强全媒体传播体系建设

传播能力是国家软实力的重要支柱，关乎国家利益之维护、国家形象之塑造、国家安全之保障、国际地位之提升，紧密联结着中国改革开放和社会主义现代化建设的宏伟蓝图。建立健全与现代国际地位相称的现代传播体系，是中国媒体肩负的紧迫而重大的战略使命。习近平总书记高瞻远瞩，明确提出了融合发展的传播能力建设方向，即加快构建融为一体、合而为一的全媒体传播格局。中央全面深化改革委员会第十四次会议审议通过指导意见，强调要以内容建设为根本、以先进技术为支撑、以创新管理为保障，全力打造全媒体传播体系，这已成为引领中国媒体融合发展的新航标、新指南、新动力。

一、加强全媒体传播体系建设是时代命题

党的二十大报告明确指出"加强全媒体传播体系建设，塑造主流舆论新格局"[①]，这充分体现了以习近平同志为核心的党中央对新闻舆论工作的高度关注、周密部署与坚定意志。加强全媒体传播体系建设，是新时代坚定文化自信、推动文化繁荣的必由之路，是铸就社会主义文化新辉煌的关键之举，也是应对信息社会飞速发展的迫切需求。当前，我国网民规模已达8.02亿，手机网民占比高达98.3%，新闻客户端如人民日报App、新华社客户端等，以及微信、微博等各类社交媒体，已成为民众获取信息的主渠道，人人手持智能手机，人人皆可为信息源。在这种形势下，推动媒体深度融合，如电视台与网络平台合作推出独家节目，报纸与社交媒体联动发布新闻，全力建设全媒体体系，已成为我们当前面临的一项紧迫而重要的课题。

---

① 《习近平著作选读》第1卷，人民出版社2023年版，第36页。

第六章
加强全媒体传播体系建设

(一) 全面把握媒体融合发展趋势

当代社会，全球已整体迈入信息时代大潮，数字经济如日中天，成为国际社会发展的主流趋势。各行各业紧抓数字技术之翼，跨越行业界限，以融合发展之道，竭力开拓社会福利新疆域，全面提升人类生活的品质与内涵。媒体融合发展，其基石在于媒体技术的持续革新与突破。网络技术如织，连接万物；数字技术如桥，跨越时空；移动技术如梭，穿梭于掌中；智能技术如炬，照亮前行。此四者相辅相成，其未来新技术新应用将如繁星点点，璀璨夺目。融媒体深度发展，将催生出层出不穷的新业态新服务，如春日百花争艳；全媒体传播体系不断成熟，其新规律新特点将如江河奔腾，势不可当。对此，我们需有深邃之洞见、敏锐之触觉，以透视其情态之万变，微调其走向之偏差，赋能其未来之辉煌。

1. 准确理解全媒体传播体系的内涵

习近平总书记在2019年1月25日主持十九届中央政治局第十二次集体学习时，提出了"全媒体传播体系"的重要概念，全媒体时代蓬勃发展，催生了全程记录、无时不在的全程媒体，多维呈现、立体丰富的全息媒体，人人参与、互动共享的全员媒体，以及效能多元、影响广泛的全效媒体。信息如潮水般涌动，无处不在，无所不及，无人不用，这深刻诠释了全媒体的科学内涵与时代特征。

全媒体涵盖了突破时间维度的全程媒体、突破空间维度的全息媒体、突破主体维度的全员媒体与突破功能维度的全效媒体，四者之间环环相扣、相辅相成，构成系统性、完整性、辩证性的统一整体。所谓全程媒体，是指信息内容的生产不受时间、空间的限制，其整个过程都会被现代信息技术捕捉、记录并存储；所谓全息媒体，是指全部信息会以多种形式呈现，现实世界与虚拟世界的界限逐渐消除；所谓全员媒体，是指人人都是媒体，人人都可以传播、接收信息，实现全员参与、全面触达、全体互动；所谓全效媒体，是指信息传播效能更加广泛、功能更加全面。这"四全"从时空维度、信息技术维度、主体维度和效能维度构成了全媒体的丰富内涵。在此基础上所建设的全媒体传播体系也包括全程、全息、全员、全效这几个方面，以现代信息科技为支撑，综合运用多种媒介形态，利用融合型服务平台进行全方位、多层次的信息生产、传播和消费，尽可能满足不同人群的信息需求。习近平总书记对"什么是媒体"进行了符合时代发展的重新审视和定义，有助于媒体本身的发现能力、呈现能力和传播能力进一步提升。

2. 处理好传统媒体和新兴媒体的关系

推动媒体融合发展，需统筹兼顾，处理好多重关系：传统媒体与新兴媒体要相得益彰，非此消彼长；中央媒体与地方媒体要协同并进，非各自为政；主流媒体与商业平台要互利共赢，非界限分明；大众化媒体与专业性媒体要各展所长，非千篇一律。应构建资源集约、结构合理、差异发展、协同高效的全媒体传播体系。传统媒体与新兴媒体之间，非取代而是迭代，非主次而是共进，非强弱而是互补，二者共同绘就媒体融合发展的新篇章。

长期以来，传媒产业的飞速发展离不开市场经济的内在驱动，国民经济的快速发展也离不开传媒产业给人们带来的良好影响。在传统市场里，传统媒体产业在发展过程中不注重创新，其发展模式也比较落后。但随着全媒体时代的到来，在政府及民营单位的共同推动下，传媒产业得到了市场的良好驱动，在这种驱动下传统媒体与新媒体的融合成为一种必然趋势。多传输渠道是新媒体的主要优势，也是传统媒体的缺陷。通过融合，将传统媒体的内容与新媒体传播效果相融合，不但能避免新媒体传播的不良影响，还能重塑传统媒体平台，在保证传播内容真实性的同时尽可能满足受众的多元化需求。

传统媒体具有一定的权威性，是人们进行信息获取的重要渠道，但是传统媒体往往受到时间和地域的限制，给人们进行信息获取造成了一定的不便。同时，传统媒体进行信息传播的成本较高，在发展中也会受到一定的限制。新媒体作为时代发展的产物，其显著优势正好能够为传统媒体进行补充，帮助二者实现共同进步和发展，同时越能够充分地促进社会生产力的提升。此外，将传统媒体与新媒体融合，能有效缩短受众与媒体的距离。二者融合后受众能发表意见，可营造和谐的互动氛围，吸引更多的受众参与到节目中，无形中增强了传统媒体的影响力。传统媒体在传播新闻时无法兼顾其时效性，在全媒体时代下，可借助新媒体的技术优势，实现新闻的同步播出，从而为受众提供更具时效性的新闻。传统媒体通过与新媒体融合，能借助新媒体的先进技术，剔除不良信息，并优化新闻的内容，满足受众的需求。

在传媒大行业的广阔天地里，新型主力军齐头并进，共同编织着综合性全媒体传播体系的宏伟篇章。传统媒体与新兴媒体并肩作战，各展风采，共同塑造着社会主义意识形态的坚固基石，共绘着主流价值观的绚丽画卷，齐心协力为党和人民的事业添砖加瓦，共筑着网上网下一体化的全新格局，共绘着内宣外宣联动的壮丽图景。它们以内容建设为根本，深耕细作，打造精品；以先进技术为支撑，创新驱动，引领未来；以创新管理为保障，完善机制，激发活力。在这样的全媒体传播体系中，融媒体中心（全媒体机构）作为四级构成中的重要一环，其内容传播业务并非一成不变，全媒体传播并非简单机械地全盘覆盖。实际上，全媒体传播是一种理论的要求、一种能力的体现，它要求每一个媒体机构都要根据消费者的多元化需求，灵活选择传播方式，或全媒体联动，形成强大合力；或新媒体突破，抢占先机；或传统媒体深耕，厚积薄发。通过这样灵活多变的新闻传媒生产方式，既可以最大限度地节约生产成本，又可以实现传播效果的最佳化，让全媒体传播体系更加完善、更加有力量、更好地服务于人民，引领时代潮流。

3. 切实把握媒体融合发展的战略机遇

当前，我国媒体融合发展迈入全面加速、深化革新、体系构建的新征程，媒体深度融合正处于战略机遇与关键窗口的交汇期。在这一媒体发展的关键时刻和重要节点，习近平总书记亲自擘画蓝图、强力推动，坚持破立并行，为新闻舆论工作指明了方向、规划了路径、引领了发展，奠定了媒体快速发展的坚实基础。

技术创新持续驱动媒体前行。技术的飞跃，不仅推动了媒体形态的迭代升级，更催生了媒体理念的革新蜕变，使得媒体受众范围愈发广泛，传播速度愈发迅捷，影响力愈发强大。这既是前所未有的挑战浪潮，也是难能可贵的发展良机。新闻媒体正积极探寻科技引领之径，将人工智能深度融入新闻采集、精心制作、精准分发、便捷接收、及时反馈的全链条之中，着力提升舆论引导力，强化高科技治网能力，有效防范大数据等新技术潜藏的风险隐患。同时，他们加强网络内容建设，推进全媒体传播法治化进程，坚持移动优先战略，实施一体化发展，通过流程优化重塑、平台重构升级，实现媒介资源与生产要素的高效整合，促进信息内容、技术应用、平台终端、管理手段的深度融合与互联互通，加速融合质变进程，放大一体化效能优势。此外，他们还不断创新传播手段，加强建设力度，实现新闻传播的全方位覆盖、全天候在线、全领域渗透，倾力打造一批具有强大影响力和核心竞争力的新型主流媒体，让党的声音直抵各类用户终端，奋力抢占新舆论阵地的制高点；并着力构建和谐良好的媒体生态格局，统筹协调传统媒体与新兴媒体的共生共荣、中央媒体与地方媒体的联动协作、主流媒体与商业平台的互补共赢、大众化媒体与专业性媒体的差异发展，形成资源集约高效、结构合理有序、差异特色发展、协同高效共进的全媒体传播体系。

媒体融合以破竹之势，怀揣前所未有的决心与魄力，正探索着一条科学持续、稳健有力的改革发展坦途。众媒体在体制机制上勇于破旧立新、在生产流程上不断优化升级、在平台建设上积极拓展延伸、在人才技术上悉心培育引进，全方位、多层次地深度融合，拓宽了主流舆论的传播阵地，增强了其磅礴影响力。各级领导干部与媒体打交道的能力日臻完善，运用新兴媒体的手段愈发灵活，推动区域治理和地方发展的成果更加显著。中央媒体在新媒体矩阵建设中锐意进取，正面宣传如波涛汹涌，传播力、引导力、影响力、公信力与日俱增；省级媒体整合区域云等大数据资源各显神通，特色亮点如繁星点点，服务地方发展能力持续攀升；县级融媒体中心朝着"一中心多功能"目标全速前行，既是主流舆论的坚固堡垒，又是综合服务的便捷驿站；既是文明建设的璀璨窗口，又是宣传文化的深厚沃土；既是基层信息的灵通桥梁，又是群众办事的贴心助手。然而，融合之路亦非坦途，方向不明、路径不清、资本短缺等挑战层出不穷。对此，各级党委、政府需高度重视，紧握技术革命的历史机遇，搭建媒体融合发展的多元平台，推动国家治理现代化；要厘清思路、提高站位，与中央精神同频共振，以多种政策手段扶持媒体融合；要精准定位、施策有力，以适宜规模、先进技术、多元载体，助力媒体创新发展、跨越飞跃。各级各类媒体应主动作为、抢抓机遇，借助新技术、新平台、新载体的磅礴力量，更好地服务人民、服务基层、服务社会，共绘一条可持续、能盈利、聚人才、具竞争力的新型发展蓝图。

新闻舆论工作者正扬帆启航，开辟一条崭新的成长成才之道。在媒体深度融合的浩瀚大潮中，人的融合犹如船舵，引领方向，其中理念与观念的融合更是至关重要。他们正从"要我做"的被动岸畔，毅然转向"我要做"的主动浪尖，致力于培育一批全媒型精英。这些精英将在政策传播的广袤天地、信息服务的细微之处、正义守护的坚定前线、时代引领的辉煌舞台，发挥着举足轻重的作用。他们坚守如磐的政治方向，把握精准的舆论导向，秉持崇高的价值取向，坚定不渝的新闻志向；他们树立强烈的受众意识、用户意识、产品意识、创新意识，以个性化的内容编织梦想，以可视化的呈现点亮视野，以智能化的信息推送贴近人心，以互动化的传播模式搭建桥梁，满足受众对微传播的即时渴望、对短时需求的精准捕捉、对生动鲜活内容的无限向往。他们正逐步蜕变为既全媒又专业、政治立场坚定、引领时代潮流、业务技能卓越、工作作风优良的新闻铁军，深受党和人民的信赖与赞誉。

（二）有效应对新传播格局下的风险挑战

新时代背景下，我国的全媒体建设不仅体现在媒体组织结构的全面革新与深度调整上，更体现在网络空间舆论治理的全方位布局与体系化推进上；不仅在融媒体中心的组织结构创新上勇于探索、敢于实践，更在意识形态工作的整体把握上坚定立场、明确方向；不仅致力于构建全媒体传播体系这一媒体深度融合发展的必然趋势与必然产物，更在日益复杂多变的网络生态环境与愈发严峻的舆论治理需求中，挺身而出、迎难而上，以坚定的决心和勇气直面诸多现实挑战，不断推动全媒体建设迈向新的高度。

1. 发展不平衡的问题

首先，全媒体建设进程中，不同区域的融媒体机构发展水平参差不齐，纵向串联不畅与横向拓展不足并存，成为亟待解决的失衡问题。当前，我国各地已初步达成融媒体中心的全覆盖目标，四级融媒体框架巍然屹立，从数量到模式均奠定了全媒体传播体系的基础根基。以《人民日报》《光明日报》等中央级主流媒体为典范，它们已成功完成融合转型的华丽转身，为地方媒体机构指明了深度融合发展的前行方向。然而，审视各级媒体的发展现状，差距依然显著：组织架构的完善程度、创新能力的强弱、技术跟进的快慢等多方面，均未能实现上下一体、齐头并进。这使得全媒体传播体系的建设面临系统化的严峻挑战。部分融媒体机构受困于人才短缺的瓶颈、平台窄小的限制、资金匮乏的难题，难以跟上媒体深度融合的快节奏，长期依赖财政拨款勉强维持，对主流舆论传播力的提升显得力不从心。因此，面对我国融媒体中心数量众多但发展水平不一的现状，我们亟须进一步探索创新的发展模式，构建一个既能纵向串联一体又能横向协同发展、充满活力与韧性的全媒体传播体系。

其次，众多媒体在发展战略和思维导向上存在明显短板，缺乏科学长远的战略规划和系统深入的思维导向。它们仍深受行政壁垒、机构间隔阂、人员身份束缚、薪酬体系差异等问题的困扰，这些体制性障碍严重阻碍了媒体的融合发展。尽管中央级媒体在体制机制改革上勇立潮头，积极探索创新路径，但其对下级媒体的带动效应却并不明显，其成功经验和模式的可复制性、推广性尚需在实践中进一步完善和验证。

最后，数量众多的市级、县级媒体在融合发展道路上步履维艰，它们并未建立起集约化、系统化的内部运作机制，导致资源分散、效率低下。"报业＋广电"的简单合并只是物理上的拼凑，未能实现真正的化学融合和协同效应，多样化的媒体资源缺乏有效的统筹分配与调度，无法形成合力。从思维层面来看，部分媒体对互联网思维的理解仍然肤浅，没有真正领悟到产品、用户、数据、平台等核心要素对媒体发展的深远影响。它们不知道如何依托内容优势创新服务，满足用户多元化、个性化的需求；不知道如何利用数据反哺并吸引用户，提升用户黏性和活跃度；不知道如何借助平台优势整合资源，拓展媒体的影响力和传播力。这些思维上的局限和困惑，成为媒体创新发展的重大障碍。

在机制与思维的双重制约下，媒体的生存空间正逐渐受到挤压，面临着前所未有的挑战。近年来，传统媒体频繁关停并转，商业平台异军突起，对传统媒体造成了巨大的冲击。据公开资料显示，仅2020

年，国内就有30余家报纸宣布休刊或停刊，10余家广播电视频道停播。这不仅仅是媒体行业的个别现象，更是传媒行业在巨大压力下整体趋势的反映。

因此，我们必须深刻认识到媒体发展不平衡问题的严重性，着力从强化基层媒体的创新发展入手，切实推动全媒体融合协调发展。我们要打破体制性障碍，推动媒体机制的改革和创新；我们要加强思维导向的引领，培养媒体人的互联网思维和创新意识；我们要加强资源的统筹和调度，形成合力推动媒体融合发展。只有这样，我们才能应对挑战、抓住机遇，推动媒体行业实现高质量发展。

2. 舆论治理难度增大

在全媒体传播体系的构建征程中，资本引入与舆论治理之间的矛盾博弈愈发显著。一方面，融媒体中心亟须资本的注入，它为技术革新添翼，为人才培育助力，为信息广泛传播铺路。资本的涌入，加速了新技术的应用步伐，拓宽了全媒体信息传播的广度，赋予了公众内容创作的权利与话语表达的舞台。同时，它也丰富了融媒体平台的舆论手段，增添了传播议题的色彩与多样性。众多主流媒体纷纷携手资本平台，借助MCN机构的东风，既提升了用户的活跃度与忠诚度，又传播了主流价值观，强化了基层治理的坚实基石。另一方面，资本的介入也给舆论治理带来了诸多考验。部分新媒体平台，在多元思潮的冲击下，在非主流文化的侵蚀中，把关意识逐渐淡薄，甚至缺位。它们易受资本力量的摆布，使新闻内容过于媚俗，迎合短期口味，破坏了主流意识形态的庄严殿堂。那些富含社会主义核心价值观的新闻篇章，并不总能赢得资本的青睐与追捧，导致全媒体传播体系的系统化建设面临断裂的危机。上级媒体所倡导的高尚精神与深刻内涵，难以穿透层层隔阂深入基层群众的心田，对舆论阵地的坚守和社会稳定的维护构成了严峻的挑战。

此外，当前传播主体的多元化趋势日益凸显，众多传播主体正竞相走向舆论的中心舞台。一是以青年为主的网络新生代群体，他们作为网络世界的"原住民"，怀揣着推动现实与网络并行发展的独特使命；二是以老年人为代表的网络新融入群体，他们随着中国互联网的发展逐渐融入网络社会，数据显示，其规模已近3亿，对网络新闻的热衷程度甚至超越全体网民；三是以在华外国人为主体的"他者"群体，他们随着中国国际影响力的提升而日益增多，成为传播舞台上的新力量。同时，新平台正如雨后春笋般涌现，成为传播的重要阵地。视频平台异军突起，成为信息传播的主战场，吸引了无数眼球；垂直社交应用也蓄势待发，聚集了众多新群体，展现了无限活力；网络社群如社区、楼栋微信群等更是遍地开花，成为新的舆论发源地。

这些新变化对主流舆论传播效果提出了更高标准，也带来了前所未有的挑战。在网络时代，人人皆可为传播者，传统传播方式已难以适应时代需求。因此，我们需汇聚更广泛的民间力量参与传播，以更平等的沟通架起交流之桥，以更切实的线下行动赢得民众信任，以更真实的事件阐释触动人心、引发共鸣。同时，我们要携手各类传播平台，让商业网站与主流媒体并肩同行，政务新媒体与央媒地方媒体紧密合作，共同织就一张全方位的传播网络，营造井然有序的传播秩序和生态。在推动媒介平台融合发展的征途中，我们更要激发网民的传播热情，为事件构建合理解释的框架，点燃情感共鸣的火花，让传播之声如洪钟般响彻天际。此等重任，非新闻单位一己之力所能承担，需构建全媒体传播之体系，营造风清气正之传播环境，共铸良好传播之秩序。

3. 经验范式推广问题

在全媒体传播体系的构建洪流中，经验范式的推广遭遇了前所未有的创新性挑战。我国全媒体传播遵循三步走战略，从技术研习到体制重塑，再到全面铺展实施，稳步铸就一体化传播新篇章。一些融媒体中心勇闯先锋，成功开辟可行之道，慷慨分享宝贵经验，为传统媒体转型提供了可复制、可借鉴的范式瑰宝。然而，在学习与推广过程中，部分媒体却因体制机制僵化如磐、思维定式牢不可破等顽疾，致使学习浮于表象，改革难以触及根髓；加之地方资金短缺如荒、人才匮乏如漠、政策扶持薄弱如丝等差异，使得改革往往虚有其表，融合转型难以落地生根、开花结果；更为棘手的是，行业壁垒如山、绩效考核方式如桎梏、人才晋升体系如枷锁，这些难题层层叠加，如同重重巨石，阻挡着改革的滔滔洪流。这些媒体虽在技术层面进行了翻新，在内容生产方式上进行了变革，却未能深入体制深处进行刨根问底之改革，缺乏多部门、多方面的携手并进之协同，未能全面构建起适应全媒体传播体系要求的运行机制之大厦，从而严重阻碍了媒体的深度融合与迅猛发展之步伐。

因此，我们必须全方位推进体制的改革，持续推动全媒体传播体系建设的全局性规划，才能真正实现媒体的融合转型，让全媒体传播体系焕发出勃勃生机。

（三）科学引领主流媒体改革方向

当前，互联网如潮如涌，正加速重塑媒体格局，颠覆舆论生态，主流媒体身处其中，竞争愈发激烈，改革发展之任愈发紧迫。我们必须坚定信心，勇往直前，紧循习近平总书记的指引部署，着力创新工作理念，拓宽思路视野；深化媒体内部改革，破除体制机制障碍；拓宽传播平台，丰富载体形式，倾力打造一批影响力震撼、竞争力强劲的新型主流媒体。

1. 坚守媒体融合发展正确方向，维护全媒体时代意识形态安全

全媒体时代，传播生态日新月异，传播格局风云变幻，意识形态安全遭遇诸多新挑战。推动媒体融合向更深层次迈进，务必坚守正确航向，不断强化主流媒体的传播力、引导力、影响力、公信力，筑牢全党全国人民共同的思想基石。

第六章
加强全媒体传播体系建设

坚持正确政治方向,乃宣传思想工作之灵魂。此工作政治性鲜明,必须锚定正确航向,站稳政治立场,坚定宣传党的理论之真、路线方针政策之明、党中央决策部署之笃、形势分析判断之准,与党中央保持高度一致,维护党中央权威和集中统一领导。媒体融合发展作为新时代宣传思想工作之要务,亦须秉持此正确政治方向之舵。无论舆论环境如何风云变幻,媒体格局如何千姿百态,传播方式如何日新月异,新闻舆论工作应始终屹立于意识形态斗争之潮头,彰显鲜明政治立场、价值立场。唯有坚持正确政治方向,媒体融合发展方能站得高瞻远瞩、立得稳如泰山、走得远阔天长,为党和国家事业发展汇聚磅礴正能量。

坚持党管媒体,原则如磐。党和政府主办的新闻媒体,为党而生辉,为党而立言,全媒体时代亦坚守如初。我们牢牢秉持党性原则,深深秉承为民情怀,将宣传党的主张与反映人民心声紧密相连,融为一体,这是新闻舆论工作的立身之本、命脉所系。无论媒体融合发展之路如何延伸,党管媒体之旗不倒,政治家办报之志不移。我们要旗帜鲜明,将党管媒体原则贯穿新媒体各领域,所有从事新闻信息服务、具备媒体属性、拥有舆论动员功能的传播平台,均需纳入管理范畴;所有新闻信息服务及相关从业人员,均需严格实行准入管理,确保方向正确,舆论清明。

坚持正确舆论导向。坚持正确舆论导向是新闻舆论工作的生命所系。新闻媒体报什么、不报什么、怎么报,都体现着鲜明的舆论导向。坚持正确舆论导向是对所有媒体的要求,传统媒体要讲舆论导向,新媒体也要讲舆论导向,不存在"舆论飞地"。在媒体融合发展中,要始终坚持正确舆论导向,强化价值引领,用社会责任规范内容生产,以优质平台聚合思想力量,以价值含量驾驭信息流量,让纷呈迭出的融媒体产品始终围绕中心、服务大局,弘扬真善美、鞭挞假恶丑,不断凝聚社会共识,推动形成奋发向上的强大精神力量。

2. 始终坚持内容为王，扩大主流媒体发展供给优势

主流媒体发展，务必秉持内容为王的核心理念不动摇。内容建设应作为我们的首要任务，紧贴群众实际需求与阅读习惯，匠心独运，打造更为优质的内容精品，以此吸引群众眼球，提升媒体影响力与核心竞争力。我们始终要注重品质提升、品牌擦亮，推出更多兼具深度、力量与温度的作品，凭借内容之优，赢得发展之先。

我们要坚守内容为王的信念。在这个网络时代，声音喧嚣纷杂，传播方式日新月异，但正因如此，我们更要高举内容至上的旗帜，不为浮华所动；信息如海洋般浩瀚无垠，我们更要深化对内容为王的理解与实践。主流媒体当自信昂扬，始终将内容生产摆放在媒体融合发展的首要位置，视为生命之线、发展之基。我们要进一步强化用户导向，敏锐捕捉需求侧的变化脉搏，将内容生产优势全面融入互联网主战场，实现创造性转化与创新性发展。同时，我们要全面提升能力建设，通过增强"四力"——脚力、眼力、脑力、笔力，来锻造内容生产的硬核实力，激励编辑记者深入基层最前沿，贴近群众心坎里，扎实上好"脚板底下出新闻"这门实践课。我们要以更多蕴含温度、挖掘深度、饱含情怀的精品力作，滋养人心、吸引用户，打造出更多具有思想深度、情感温度、价值高度的爆款产品，稳稳占据传播的制高点，引领时代潮流，传递正能量。

我们要充分展现理论与舆论的磅礴力量。文章，作为思想的传递者，其内容的魅力源自思想的深邃与高远。在主流媒体发展的道路上，我们要自觉融合并运用理论与舆论这两大重要资源。思想理论应如"瞭望塔"，为舆论提供方向性的引领；舆论则需以思想理论为"指南针"，与之步调一致，共同汇聚并传播正能量，让党的创新理论深入人心、扎根实践。我们要坚持情感表达与理性阐述并重，用理论之"镜"深入洞察实践之"实"，以鲜活的故事、洪亮的声音，提升舆论引导的思想内涵与理论根基。

我们要加速内容生产机制的革新步伐。首先，要推动内容采编分发机制的全面升级，拓展内容形式，源源不断地提供高品质内容。在智能媒体时代，单一的信息展现和传递模式已难以满足日益多元化的信息消费需求。因此，我们要充分利用音频、图文、短视频、直播等多种媒体形态，相互融合，打造丰富多样的内容矩阵，精准满足用户个性化、多样化的需求。其次，用户是内容生产机制中的核心环节，我们必须以人民群众喜闻乐见的形式，传递优质内容和主流价值观。这就要求我们紧密跟踪互联网时代用户信息接收方式、阅读习惯的变化趋势，精准把握用户需求，增强媒体内容的社交互动性，通过交互性设计吸引用户积极参与内容创作与传播，在引发用户情感共鸣的过程中，实现正能量内容的广泛传播和深入影响。最后，我们可以通过自建客户端，打造内容聚合的强势平台，完善内容引入、媒体入驻、内容分发、审核把关等全流程机制。同时，积极探索全媒体内容的协同创作、跨媒体资源的共享利用以及用户参与的开放式创作新模式，广泛汇聚优质内容资源，共同营造健康、积极的信息传播与服务生态空间。

3.重视网络安全，筑牢网络意识形态防线

主流媒体在网络宣传、舆论引导及网络文化建设中扮演着主力军的角色。习近平总书记强调："网络是一把双刃剑，一张图、一段视频经由全媒体几个小时就能形成爆发式传播，对舆论场造成很大影响。这种影响力，用好了造福国家和人民；用不好就可能带来难以预见的危害。要旗帜鲜明坚持正确的政治方向、舆论导向、价值取向。"[①]

随着社会化媒体的蓬勃兴起，以及大数据、人工智能等技术的广泛应用，传统媒体时代和互联网发展初期的大众传播模式正逐渐瓦解，取而代之的是以互联网为载体的点对点传播模式日益盛行。在这种点

---

① 《习近平谈治国理政》第3卷，外文出版社2020年版，第319页。

对点传播的基础上，根据用户的兴趣、爱好以及软件的个性化推荐算法，形成了众多圈层结构。个体不仅在这些圈层中接收和传播信息，还常常以参与式创作的方式，将个人对信息的理解和见解融入信息产品中，进一步推动信息的扩散和传播。这种传播结构的变革给新闻舆论工作带来了诸多挑战：一是网络信息良莠不齐，难以甄别；二是公共空间被不断细分，宣传工作所依赖的公共媒介资源难以有效渗透到各个圈层；三是圈层结构的差异性导致不同社会群体对信息的认知存在较大偏差；四是社群和圈层中的亚文化和小众文化对文化认同产生了多样化的影响。

主流媒体不仅是党的宣传喉舌，更是意识形态建设的中坚力量。为消解传播结构变化所带来的负面影响，我们必须以凝聚共识为核心，在互联网的大潮中重塑主流媒体的功能定位。首先，要高举旗帜，明确方向，引领价值。网络文化纷繁复杂，构成了多层次、多元化的文化体系，让不同价值取向和审美偏好的人群都能找到归属。然而，多元并非总是和谐，不同的价值观和审美取向有时会产生冲突，甚至水火不容。价值观冲突是社会动荡的源头，社会的和谐稳定离不开主流价值观的指引。网络文化不会自然生成主流价值观，即便形成了某种占优势的价值观，也未必符合人类发展进步的方向。因此，主流媒体要勇于发声，旗帜鲜明地宣传主流价值观，为网络空间注入正能量。其次，要优化信息，澄清谣言。互联网是一个开放的平台，信息海量涌现，但质量却参差不齐，冗余信息泛滥。人们既享受着网络内容的丰富多样，又面临着获取有价值信息的困境。同时，假新闻和谣言屡禁不止，甚至被一些机构或个人利用来谋取私利。普通网民在信息辨别和处理上能力有限，而主流媒体拥有丰富的记者资源和信息处理能力，理应承担起优化社会信息系统的重任，为公众提供准确、及时的信息。最后，要打破文化壁垒，促进共识。在网络信息的社交扩散和圈层结构中，形成了不同的文化次元，这制约了人们对多元文化的接受和认知。特别是在青少年网民中，次元壁的存在仿佛将他们隔离在一个个相互独立的空间里。同一次元内的交流更加频繁，认同感得到强化；而不同社群或圈层之间的沟通壁垒却越来越多。以网络语言和明星粉丝为例，不同明星的粉丝几乎无法理解对方的语言，也缺乏相互的信任。公共的认知是产生共识的基础，主流媒体应在融通次元壁、促进不同社会群体沟通方面发挥积极作用。习近平总书记关于网络强国的重要思想，是新时代中国特色社会主义思想的重要组成部分，是做好网信工作的根本遵循。凝聚最大共识，形成网上网下同心圆，是建设网络强国的重要要求。主流媒体应以此为使命，重塑在互联网时代的功能，为构建清朗网络空间贡献力量。

二、新时代全媒体传播体系建设的三重维度

新时代全媒体传播体系建设应具有新的内涵。加强全媒体传播体系建设，要紧紧围绕新时代党的中心任务，塑造主流舆论新格局，实现功能创新。

（一）宏观维度

在宏观层面，全媒体传播体系必须服务国家战略，要围绕党和国家中心工作，服务大局，团结人民、凝心聚力、鼓舞士气。

1. 承担构筑精神家园的新使命

应持续加强全媒体传播体系的建设，构建起更具传播力和影响力的媒体平台，紧密围绕党的中心工作任务，全面服务于党和国家的发展大局，为中华民族伟大复兴汇聚最广泛的智慧和力量。以国内各级主流媒体深度参与脱贫攻坚战为例，它们全方位投入媒体资源，深入细致地报道脱贫攻坚的进展和显著成效，为夺取脱贫攻坚的全面胜利发挥了至关重要的作用。在此过程中，全媒体传播体系应始终坚持服

务群众与教育引导群众并重,既满足群众需求,又提高群众素养,从多个角度、多个层次宣传报道人民群众的伟大奋斗历程和火热生活场景,以及涌现出的先进典型和感人事迹,不断丰富人民群众的精神文化世界。媒体工作者要深入基层、深入群众,了解民情、察访民意、倾听民声、汇聚民智,将群众的实践创造作为宣传工作的源泉,使宣传工作始终保持蓬勃生机与活力。同时,要大力发扬深入群众、深入基层、深入实际的优良传统,将宣传的焦点对准基层一线,确保宣传工作落到实处、取得实效。此外,还要充分利用新技术、新手段,积极探索创新宣传报道的方式方法,不断增强宣传报道的吸引力、感染力和传播力,让全媒体传播体系更好地服务人民群众,有力推动经济社会持续健康发展。

2. 形成全方位协同的新结构

从党的十八大到二十大,全媒体传播体系经历了从"现代传播体系"到"全媒体传播格局",再到更加完善的"全媒体传播体系"的逐步发展过程。这一体系在纵向上全面覆盖了中央级、省级、地市级媒体以及县区级融媒体,同时还纳入了政务新媒体、商业新媒体、自媒体和个体网民等多元主体,构建起了协同高效的新架构;在横向上,则涵盖了海量内容生产者、各类网络圈群以及互联网平台之间既竞争又合作的动态博弈与合作关系。

加强全媒体传播体系建设,需立足整体视角,系统而平衡地处理好以下四对关系:传统媒体与新兴媒体、中央媒体与地方媒体、主流媒体与商业平台、大众化媒体与专业性媒体。具体来说:一是要促进传统媒体与新兴媒体的深度融合发展。传统媒体需加快转型升级步伐,新兴媒体则要积极探索适应互联网时代的舆论引导新策略。二是中央媒体要充分发挥示范引领作用,地方媒体则应紧密结合地方特色,走出差异化发展之路,共同构建起中央引领、省级支撑、市级枢纽、县级服务的全媒体格局。三是主流媒体要积极借鉴商业平台的渠道优势,探索新型主流媒体的发展路径。同时，商业平台也应完善信息内容生态监管机制，共同营造清朗的网络空间。四是大众化媒体要满足公众的日常信息需求，而专业性媒体则应在垂直领域深耕细作，提供专业、权威的信息服务，满足特定群体的需求。

同时，全媒体传播体系建设应强调网上网下融合一体，以凝聚广泛社会共识。随着数字世界与物理世界的深度交融，推进数字治理体系和治理能力现代化已成为国家治理的紧迫任务。为此，加强全媒体传播体系建设，必须坚持网上网下群众路线并重，既要精准捕捉网络声音，有效引导网络舆论，也要扎实做好网下工作，推动实际问题得到切实解决，实现网上网下的良性互动与协同发展。

此外，还需强化内宣与外宣的协同联动，提升国际传播实力。尽管内宣与外宣在任务、受众、手段及表述上存在差异，但两者相互依存、辩证统一。鉴于当前国际话语权与我国的综合国力、国际地位不相匹配，以及改革发展稳定与对外开放面临的外部舆论环境挑战，全媒体传播体系建设必须秉持全球视野，推动内宣外宣紧密结合，生动讲述中国故事、有力传播中国声音，展现一个真实、多维、全面的中国形象，增强中华文明的国际传播力和影响力。

3. 激发融合优势的新机制

全媒体传播体系内部已整合各类媒介资源与生产要素，实现了信息内容、技术应用、平台终端及管理手段的全面互联互通。但还需融入 H5、直播、二维码、VR 等前沿技术，对采编流程进行全面优化，充分激发融合发展的活力。对外方面，需进一步加强网络主阵地建设，充分利用媒体融合成果，显著提升主流价值观的传播效能。

"明智者随时代而变，睿智者因世事而谋。"在信息技术为传媒业带来重大变革的机遇之下，以创新为引擎，推动融媒体高质量发展，已成为主流媒体打造新型传播平台的必然选择。从传统的纸质媒体跨越到如今的数字化媒体，媒介生态已发生了翻天覆地的变化。然而，理念、手段及基层工作的创新仍是媒体融合深入发展的关键所在。在理念创新方面，需突破传统媒体的思维束缚，在媒体融合实践中强化"引导群众、服务群众"的核心定位，不断引入政务、民生、办公、健康等多元化服务内容，拓展媒体平台的生活化应用场景，实现从单一信息传播者向基于大数据的"新闻+服务"综合型平台的转变。在手段创新上，要积极采取破解工作难题的新方法，灵活运用VR、AI、大数据等新技术和新应用，创新传播方式和手段，探索利用"算法"提升内容生产效率和质量的新途径。在基层工作创新方面，要将创新重点放在一线实践，以更强的执行力和穿透力推动媒体融合向基层深入拓展，深化机构、人事、财政、薪酬等方面的制度改革，优化调整媒体布局结构。

4. 推出建设优质内容的新举措

全媒体传播体系的建设必须始终坚持以人民为核心，这涵盖了多个重要方面：一是"转译"工作，要准确且及时地将政策信息编码传达，确保政策能够被社会各界广泛认知和理解；二是沟通机制，主流媒体、政务媒体以及商业媒体应当开辟更多渠道，实现与社会的双向互动沟通，及时回应社会关注的热点问题；三是辟谣工作，不仅要迅速发布澄清信息，更要确保真相在传播中占据主导地位；四是舆论引导，要有针对性地引导公众进行客观理性的思考；五是情感共鸣，通过讲述身边的感人故事，以真实记录的方式增强公众的信心和力量；六是国际传播，要积极在国际舆论场中发声，不断加强我国的国际传播能力建设。

（二）微观维度

微观层面，全媒体传播体系务必全力优化主流媒体业态布局。塑造主流舆论新风貌，亟须主流媒体稳如"定盘星"，既要引领思想之舟，又要正本清源、净化网络舆论之海；既要主动发声、正面宣扬，又要勇担监督之责；主流媒体应当既是思想的灯塔，照亮前行之路，又是舆论的舵手，引领方向之舵，还是生态的守护者，营造清朗之网。舆论监督与正面宣传相辅相成，而非相互对立，主流媒体在监督公共权力、维护个人价值的同时，更要以正面引导赢得受众之心、以诚信之行铸就公信力之基。

1. 阵地要向下延伸，抓住关键主体

根据第50次《中国互联网络发展状况统计报告》数据显示，截至2022年6月，我国网民数量已达10.51亿，互联网普及率攀升至74.4%。主流媒体应积极响应群众路线，针对学生群体、老年群体、外籍人士等多元群体，打造更具针对性的传播平台。同时，政务新媒体需不断深耕基层，拓展至乡镇、街道、楼宇等各个角落，拓宽新媒体覆盖版图。在构建全媒体传播体系的过程中，应确保中央、省、地市、区县四级主流媒体链条的贯通无阻。其中，区县级融媒体中心作为主流声音传递的"最后一公里"，与人民群众紧密相连，是增强主流媒体传播力、引导力、影响力、公信力的关键环节。然而，不可忽视的是，区县级融媒体中心也是四级融媒体建设链条中的薄弱环节。因此，突破区县级融媒体的发展瓶颈，补齐四级融合发展的链条短板，对于整体结构优化和全局发展具有深远意义和价值。

2. 建设对话渠道，破解"算法黑箱"

要破解"算法黑箱"，建设全面而深入的对话渠道是不可或缺的关键步骤。一是要针对直播、短视频、微博、微信公众号、新闻类App等多种应用平台，根据不同圈层和领域的用户特点，建立精准的沟通机制，确保信息能够准确无误地传达给目标受众；二是要优化服务渠道，如将抗疫热线转型为常态化服务热线，以满足公众持续多元的需求；三是要努力揭开网络平台的"算法黑箱"，加强与商业网络平台的合作，通过共建共享的方式，提升权威声音和主流媒体报道的"流量权重"，进一步扩大其社会影响力；四是要将垂直社交类应用平台融入主流媒体传播体系,拓宽信息传播渠道。在此过程中,要高度重视调查研究工作,充分发挥舆论监督的功能。要牢记"到达现场才有发言权,深入现场才有话语权"的原则,主流媒体虽然可以通过微博、微信等渠道获取线索,但线索并不等同于事件真相。只有深入事件内部,扎实开展调查研究,获取真实可靠的第一手资料,才能有效避免信息误传、舆情反转等情况,维护主流媒体的公信力。因此,要坚持"走基层、转作风、改文风"的主流媒体发展道路,不断提升新闻工作者的实践能力、观察力、思考力和表达力,深入群众生活实践,从新闻事件发生的源头出发,客观报道事实真相,维护人民合法权益,积极弘扬正能量,以正面舆论引导压制负面舆论。

3. 优化议程设置,鼓励话语创新

主流媒体需持续深化"走基层、转作风、改文风"的实践,以不断提升其权威性与可信度;同时,应强化在各类平台上的议程设置能力,有效引领舆论导向;更要积极鼓励话语创新,灵活运用图片、视频以及网络流行语等多种表达方式,让主流声音以更加生动、多样的形式广泛传播,触及更广泛的受众群体。

必须坚定不移地做大做强正面宣传,依据不同时期的工作重点,精心策划报道议题,既要结合新闻价值,又要兼顾社会效果;要策划重大主题报道,彰显时代精神风貌;要推出典型人物报道,树立榜样引领力量;要做好成就亮点报道,展现辉煌发展成果。如此,方能真正激发广大干部群众的昂扬士气,振奋他们的精神风貌,凝聚共识,团结一心,朝着党中央确定的宏伟目标奋勇迈进。

要始终将宣传的重心聚焦基层一线,广泛吸引人民群众的互动参与;以"走转改"的方式,及时反映民声,生动展现民意,真实传达民情,切实满足人民群众日益增长的新闻信息需求。面对改革发展中的热点难点问题,要精准把握"时度效",既找准思想认识的共同点,又触及情感交流的共鸣点,还把握利益关系的交汇点,有理有据地解疑释惑，有效疏导情绪。同时，要注重引导的艺术，强调内容的趣味性、生动性，讲述精彩故事，传播正能量声音，有力有效地引领新闻舆论走上正确的方向。

4. 把握传播规律，确保精准传播

在传播初期，需重点加强风险预警，迅速回应公众关注，确保舆情稳定；进入传播加速阶段，应全面引导，精确掌控传播的时机、尺度和效果，有效整合信息资源与公共服务，主动规划议题，妥善沟通危机信息，避免"舆论偏离主题"；传播蔓延时期，要深化与公众的互动交流，提振信心，巩固舆论基础；而到传播后期，则应突出宣传成效，讲述动人故事，达到画龙点睛之效。在整个传播过程中，需注重策略方法，充分发挥舆论引导作用。提升舆论引导力，是宣传思想工作的长期任务。主流媒体作为舆论引导的核心力量，应充分履行其主体职责。但鉴于网络舆论环境复杂多变，单一主体难以全面引导。因此，要重视协同引导机制，加强新旧主流媒体及不同类型、层级主流媒体间的协同合作，培养各领域的正能量意见领袖，构建多主体协同、多平台联动的议程共鸣体系。同时，互动交流是增强引导力和公信力的关键。要精心管理评论区，拓宽互动途径，在增添人性关怀、贴近民众的同时，及时解答受众疑问，提高舆论引导的针对性和实效性。

5. 强化分级分类，完善协同机制

为了全面增强传播力、引导力、影响力和公信力，我们应当进一步优化传播机制，以更精准、更高效、更有力的方式推进宣传报道工作。针对不同事件的特点和性质，如"公共事件"与"突发重大灾害"，我们将制定更具针对性和差异化的宣传策略。对于公共事件，我们将深入挖掘其背后的社会意义和价值导向，引导公众进行理性思考和客观评价，同时加强与公众的互动交流，及时回应社会关注的热点问题。对于突发重大灾害，我们将迅速响应、立即行动，及时发布权威信息，展现抗灾救灾的积极态度和精神风貌，激发公众的团结力和

向心力。

为了更好地应对各类事件，我们将参照《突发事件应急预案管理办法》《国家网络安全事件应急预案》等相关规定，设定重大、加强、一般等不同响应级别，并采取差异化、精细化的处理措施。在重大响应级别下，将集中优势力量，全方位、多角度进行深度报道，确保信息准确、全面、及时，同时加强与相关部门的沟通协调，形成合力。在加强响应级别下，将重点关注事件进展，及时发布更新信息，引导公众情绪和社会舆论，通过多种形式的报道和解读，帮助公众理解事件本质。在一般响应级别下，将保持常态报道和日常监测，注重信息的准确性和时效性，满足公众的基本信息需求。

因此，我们将不断深入完善传播机制，着力提升宣传报道的针对性和实效性，以更加专业严谨、高效务实的态度，积极应对各类事件挑战，为构建和谐社会、推动社会全面进步与发展贡献出更加坚实的力量。

（三）未来维度

展望未来，全媒体传播体系正处在一个前所未有的变革时期，亟须实现新功能布局与创新的全面深化与拓展。习近平总书记提出了"全效媒体"[①]这一具有前瞻性和战略性的理念，它深深植根于互联网的无限连接之中，不仅拓展了媒体的服务边界，更催生了以一种全新姿态屹立于时代潮头的新型媒体形态。在这一形态下，新型主流媒体以服务群众为核心理念，将服务融入每一个传播环节，以真挚的服务凝聚起广大群众的磅礴力量；以精心的组织调动群众的积极性与创造性，让群众成为传播的主体；以深入的宣传传递正能量，弘扬主旋律；以正确的引导引领社会舆论，塑造健康向上的社会风尚。服务、凝聚、

---

① 参见习近平：《推动媒体融合向纵深发展　巩固全党全国人民共同思想基础》，《人民日报》2019年1月26日。

组织、宣传、引导，五者相辅相成，共同构成了新型主流媒体的核心功能与使命担当。这不仅是全媒体传播体系的一次深刻革命，更是中国共产党和习近平总书记在互联网时代对马克思主义新闻观的深度思考、创新发展与实践探索。

1. 使全媒体传播体系成为关键基础设施

全媒体传播体系不仅承载着新闻媒体的内容创作与信息传播职责，还将深度融入社会治理之中。各行各业都将与这一体系紧密相连，通过媒介的传播模式、运作机制及发展逻辑进行全面革新，借助强大的传播力量拓宽自身的运营渠道。

随着云计算、大数据、人工智能等新技术的层出不穷，舆论的生成与传播方式已发生了翻天覆地的变化。为了有效提升新闻舆论的传播效能，我们必须紧跟时代步伐，全面加强传播力建设，不断拓展传播渠道，创新传播方式，并着力提升传播能力。同时，我们要紧贴受众特性与需求，不断创新传播载体和方式，充分利用微博、微信、客户端等渠道以及直播平台、微视频等多种形式，实现精准分众、多样传播，确保信息多渠道传递、全方位覆盖。

2. 建构以人民为中心的数字文明

应以满足人民对美好生活的向往为核心要义，全面构建以人民为中心的内容生态体系。在宏观层面，我们要精准把握信息流动的脉络和舆情的动态变化，确保内容生态的方向正确、导向鲜明；在微观层面，我们要细致入微地关照民生需求，贴近群众生活的实际，让内容生态更加接地气、有温度。为实现这一目标，我们需要创新管理方式，打造富有价值、充满活力的内容生态环境。首先，党报党媒作为党的喉舌和人民的代言人，应积极服务群众，深入基层一线，与人民群众同呼吸、共命运。我们要全面、深入地体会和理解人民群众的利益诉求，倾听人民群众的呼声和期盼，真正做到心系人民、情系人民。这样，我们才能更加实事求是地开展工作，避免"闭门造车"、脱离实际的现象，有效防止新闻媒体工作中的官僚主义和形式主义，更好地践行党的群众路线，增强人民群众对党的信任和拥护。其次，从国内外互联网传播的实践来看，那些具备多重垂直服务功能的综合性平台，往往能够吸引更多用户，拥有更强的社会连接力、传播力和影响力。这是因为它们不仅提供了丰富多样的内容，还满足了用户多样化的需求和服务。因此，强化服务群众的功能，是未来全媒体传播体系成为关键社会基础设施的必然要求，也是必要条件。我们要不断学习借鉴国内外先进经验，不断创新服务模式和手段，努力提升全媒体传播体系的服务能力和水平，为人民群众提供更加优质、便捷的信息服务。

3. 让全媒体传播体系成为国际传播战略资源

当前，国际传播领域正经历着深刻的数字化转型，而中国在这一浪潮中扮演着举足轻重的角色。中国网民规模位居全球之首，拥有全球最大的5G网络和光纤宽带基础设施。同时，中国还是移动终端的制造大国和最大出口国，为全球市场提供了海量的移动设备。此外，中国的互联网平台头部企业凭借投资、控股、并购等资本运作手段，已经在全球数字市场中占据了多个关键位置。如今，中国正逐步崛起为国际数字内容贸易的核心市场之一。在此坚实基础上，中国提出要加强全媒体传播体系的建设，打造网上网下融合、内宣外宣协同的主流舆论格局，这将有助于全面提升中国的国际传播效能。

三、推动媒体融合向纵深发展

加快媒体融合发展，是党中央在新时代背景下对宣传思想工作作出的重大战略部署。2019年1月25日，中共中央政治局于人民日报社围绕全媒体时代及媒体融合发展主题，开展了第十二次集体学习。习近平总书记在主持学习时指出："要加快推动媒体融合发展，使主流媒体具有强大传播力、引导力、影响力、公信力，形成网上网下同心圆，使全体人民在理想信念、价值理念、道德观念上紧紧团结在一起，让正能量更强劲，主旋律更高昂。"① 近年来，媒体融合不断向纵深推进，取得了显著成果。我们应深入学习和践行习近平总书记的重要讲话精神，以更大的决心和更实的举措，持续推动媒体融合发展。

（一）营造内容新生态

在移动互联网蓬勃发展的时代，普通信息已不再是稀缺资源，但那些思想深邃、见解独特、内容权威的优质内容依然难能可贵。习近平总书记在党的新闻舆论工作座谈会上明确提出，要"努力推出有思想、有温度、有品质的作品"②；在中央电视台调研时，他又强调要"多设计一些融思想性、艺术性于一体的好栏目，多创办一些脍炙人口、寓教于乐的好节目"③。这些重要指示为媒体融合过程中的内容创新指明了方向。

对于新闻媒体而言，内容建设是赢得发展新优势的关键所在。内容创新、形式创新、手段创新三者缺一不可，但内容创新才是根本。内容生产是媒体的核心竞争力和立身之本，无论媒体形态如何变化，传播手段如何更新，内容生产都只能不断强化，绝不能有丝毫削弱。在媒体融合发展的进程中，面对社会思想日趋多元化的复杂局面，内容生产必须坚守正确的政治方向，在纷繁芜杂中凸显主流价值，有力引导舆论走向。

1. 加强网络空间治理，抑制不良信息泛滥冲击

随着网络信息生态的不断演变，一系列内容生态问题也随之层出不穷。2022年，直播、短视频以及AIGC在我国迅速崛起，进一步加剧

---

① 《习近平谈治国理政》第3卷，外文出版社2020年版，第317页。
② 《习近平谈治国理政》第2卷，外文出版社2017年版，第334页。
③ 《习近平在党的新闻舆论工作座谈会上强调：坚持正确方向创新方法手段 提高新闻舆论传播力引导力》，《人民日报》2016年2月20日。

了内容生态的恶化状况。当前，网络空间中谣言肆虐，隐私泄露事件频发，内容同质化与低俗化现象蔓延，版权侵权行为屡禁不绝。同时，移动传播与智能传播技术的快速发展，给媒体融合进程中的网络空间治理带来了更加严峻的挑战。

网络内容的生产与分发，日益呈现出专业化、多元化、技术化、智能化的特点。这既带来了如潮水般的信息流，丰富了网络世界的多样性，也产生了无效、重复、有害的信息泥沼，考验着信息"把关人"和管理者的智慧与勇气。部分内容生产者为了吸引眼球、追逐热搜，不惜手段地标新立异，无底线地迎合受众口味，制造低俗话题，散布虚假有害内容。短视频平台上的一些作品，充斥着色情暴力元素，宣扬奢靡生活方式，通过算法推荐技术广泛传播，误导了大量粉丝，扭曲了社会价值导向。尽管相关部门采取了禁播、禁止转发等严厉措施，但问题依然存在，难以根除。一些网络平台在内容分发上过度依赖技术，导致了"信息茧房"现象，使人们的观念变得狭隘，给内容治理带来了前所未有的技术挑战。

商业网络平台逐利心态膨胀不已，社会责任意识却日渐淡薄，致使网络内容生态面临着被资本绑架的严峻风险与挑战。风险资本曾为中国互联网行业的快速发展添砖加瓦，但其逐利本性也驱使部分网络内容创业公司走向野蛮生长之路，一味奉行流量至上的单一价值观。短视频应用上，"三低"内容肆虐横行；直播平台上，不良信息泛滥成灾；搜索引擎中，虚假网站频频出现，买热搜、炒热度现象更是屡见不鲜，这些负面社会影响触目惊心。这种流量为王、资本至上的发展思路，让互联网企业只顾追求短期经济利益，而罔顾长远的社会效益。

网民网络素养良莠不齐，群体极化趋势愈发明显，网络暴力等问题不断侵蚀网络生态的和谐稳定。社交媒体蓬勃兴起之下，信息传播呈现圈层化特征，裂变式扩散成为常态。字数有限、传播迅速、情绪主导、娱乐至上等多重因素交织，促使网民更倾向于融入观点相近的圈子。在此背景下,非理性内容往往更易战胜理性声音,群体极化现象随之加剧,道德失范行为频发。这种偏激表达经互联网无限放大,不仅危及网络生态的健康发展,更可能蔓延至线下社会,带来更为严重的后果。

习近平总书记高瞻远瞩,强调需秉持对社会、对人民高度负责之态,依法强化网络空间治理,加强网络内容建设力度,壮大网上正面宣传声势,培育积极健康、昂扬向上的网络文化氛围。针对网络内容治理的现状与挑战,我们应从国家战略高度和社会综合治理维度出发,加强顶层设计规划,明确党委领导、政府监管、企业主体、网民自律等多元主体的职责与使命;应清晰界定治理的目标任务,坚持线上线下协同配合,共同守护好网上舆论主阵地。

为此,我们应当构建起一套全面而系统的管理端网络内容治理制度体系。在这一体系中,技术与法治将并驾齐驱,共同发挥作用。我们需要对现有相关法律规定进行细致梳理,确保每一项规定都清晰明确,并在此基础上制定出既科学又有效的制度规范和技术操作流程。对于那些滞后于网络发展速度的内容,我们必须及时进行修改、完善和补充,确保制度体系能够与时俱进,适应网络发展的新要求。同时,我们还需建立起网络内容综合治理的管理与协作机制。这一机制将涵盖管理体系、运行机制、保障机制、追责机制以及技术支撑等多个方面,形成一套完整、高效且协同的网络内容治理指令执行体系。在此过程中,我们要特别注重跨部门、跨层级、跨地域、跨系统、跨业务的分工与协作,通过建立健全的分工协作机制,促进各方力量的有机整合,形成合力共治的良好局面,共同推动网络内容治理工作的深入开展。

在生产端,我们需构建网络内容建设的规则体系,这一体系应全面覆盖网络内容生产者和网络平台运营者等所有相关主体。为了维护网络空间内容生态的健康与秩序,我们必须从内容生产的源头严格把控质量，确保信息源头的纯净与正向。对于网络平台运营者，要切实压实其作为企业主体的责任，明确其应承担的职责与义务。同时，应针对不同类型的网络平台，制定切实可行、针对性强的规则和标准，督促平台主动肩负起内容治理的社会责任，共同努力保持网络空间的清朗环境。

在用户端，我们应构建网络内容自律机制，引领网民自觉遵循网络行为规范。作为网络内容生态建设的关键参与者，网民的素养与行为对网络内容生产者、网络平台运营者及网络社会的整体发展态势具有重大影响。网络平台运营者应当通过制定上网规则、平台公约、入网指南以及运用技术手段等多种方式，引导网民树立责任意识、法治意识、文明上网观念、个人隐私保护意识以及网络安全与风险防范意识，旨在促使每位用户都能自觉约束自身网络行为，共同推动网络空间生态的健康发展，携手缔造一个和谐、健康、井然有序的网络环境。

2. 注重优质内容供给，强化媒体权威

优质新闻内容是新闻舆论工作的坚固基石与核心支撑，是连接媒体与民众的桥梁，是塑造社会共识的纽带。主流媒体能否深入人心、赢得民众的广泛信任，其根本在于其话语内容能否贴近民生、反映民意，让人民群众真正感受到获得感与满足感。在融合转型的关键时期，主流媒体更应严把以下"三关"，以优质、深度、多元的内容生产为塑造主流舆论新格局提供坚实保障。

——严把选题关，深挖内容供给源泉。在信息爆炸的时代，无论传播形式如何日新月异，公众对优质、有价值内容的追求却从未改变。主流媒体应坚持党性与人民性相统一的原则，准确、及时地传达党和人民的声音，深入挖掘用户需求中的"真金白银"。借助大数据技术的力量，精准捕捉用户需求倾向、流行趋势及社会热点，如医疗改革的进展、物价走势的变化、楼市股市的波动、养老保障的完善等关乎民生的重大问题。同时，要着力解决人民的痛点、槽点，回应民众的关

切与期盼。结合国家大政方针，从全局和战略的高度出发，深入分析问题、真实报道真相，注重事理情理的交融，用生动的故事、鲜活的语言讲好人民身边的故事。在满足受众利益诉求和价值诉求的基础上，创作出有深度、有温度、有力度的好作品，赢得人民的认可与信赖。

——严把审核关，筑牢内容真实防线。在互联网时代，虚假新闻、反转新闻、同质化信息的泛滥成为一大顽疾，其根源在于"把关人"的缺位或失职。真实性是媒体的生命线，是主流媒体赢得公众信任的基础。主流媒体应勇扛"把关人"的大旗，坚守新闻真实性的底线。通过优化审稿制度、完善审核流程，既追求报道的"速度"又确保内容的"深度"，抢占舆论引导的先机。要凭借专业的能力、严谨的态度和真实的力量，赢得公众的信赖和尊重。推行"人机协同"的把关模式，充分发挥技术把关的优势，同时辅以专业的人工编辑对内容的导向和真实性进行严格审核和把关，确保每一篇报道都经得起时间的检验和历史的考验。实现从数量取胜向内容制胜的转变，有效遏制内容生产的同质化现象，提升主流媒体的影响力和公信力。

——严把形式关，拓展内容表现空间。内容决定形式，而形式又对内容产生能动的反作用。在确保内容质量提升的基础上，主流媒体应勇于创新形式、拓展表现空间。要积极探索 AI、社交、视频（包括 AR、VR）等多种技术形式的深度融合和创新应用，不断提升媒体内容的表现力和感染力。要注重用户体验和互动参与，满足用户中心主义不断升级的消费需求和审美期待。要充分发挥场景化新闻的优势，将新闻报道与现实生活场景紧密结合，让新闻更加贴近民生、贴近实际、贴近生活。助力主流媒体构建以人民为中心的话语表达体系，传递正能量、弘扬主旋律、引领新风尚。

3. 内容形态差异发展，使内容与介质相匹配

以往先定媒介再填内容的模式已过时，如今信息内容的呈现需与传播介质特性紧密融合。融媒体产品或融合新闻的制作，应采取全局

视角，展现整体意义，即要围绕主题，对内容和形式进行全面、协调的规划。具体来说，要细致思考各部分如何突出主题，并据此倒推采编方法和呈现形式。比如，生动鲜活的现场瞬间，更适合短视频呈现；深度挖掘事实真相的报道，则倾向采用长篇图文或专题节目；时间空间的变化趋势，用数据图表展示更直观；而特定主题的报道，其创意产品更倾向采用用户交互方式，以提升互动性和参与感。

4. 媒体功能差异发展，打造独家风格与特色

流媒体致力于全面构建主流舆论新格局，同时，同一集团下的各媒体需打造各自的特色"杀手锏"，在舆论监督、基层矛盾调解、公共服务等领域各显神通。政务新媒体应聚焦权威，及时地发布政务信息，并提供便捷的政务服务功能以满足民众需求。商业平台则依托其渠道优势，推动万物互联，汇聚众多传播主体，形成广泛的传播网络。个人社交账号可充分利用用户生成内容（UGC）的强大力量，展现个体的智慧与创意。这种在内容呈现、媒体功能及区域定位上的差异化发展策略，有助于避免重复建设和同质化竞争，使全媒体传播体系中的各个成员都能充分发挥自身优势，既相互竞争又彼此合作，共同营造良性互动的传播生态。

5. 受众定位差异发展，以辐射范围确定工作重心

针对不同地区和受众的传播主体，应采取差异化的发展战略。作为全球传播的领军媒体，我们应致力于创新对外传播的话语方式，用生动的故事和铿锵有力的声音，精彩讲述中国故事，良好传播中国形象，向世界展现一个值得信赖、令人喜爱、值得尊敬的中国；面向全国范围的媒体，应聚焦国家社会发展的重大主题和关键事件，通过深入报道和权威解读，壮大主流舆论的引领力；针对特定区域的媒体，应紧密关注区域内的发展动态，积极营造有利于区域发展的舆论氛围，推动区域经济社会进步；而专注于本地服务的媒体，则应深耕本地信息服务，提供贴近民生、贴近实际的报道，凝聚本地舆论的向心力，

增强本地民众的归属感和认同感。

（二）打造技术新体系

在新一轮科技革命和产业变革中，战略性新兴技术、前沿技术的自主研发与集成应用能力已经成为主流媒体必须具备的基本能力，媒体必须加快向高科技领域转型。当前，媒体融合正面临机遇和挑战，如何点燃数字引擎，赋能媒体融合，巩固壮大主流思想舆论，成为行业面对的共同课题。

1. 抢抓技术红利

在推进媒体融合的进程中，内容与技术相互依存、深度融合，方能共创美好，稳健前行。新媒体时代，信息传播呈现出多元、开放与共享的典型特征。为打破传统的新闻生产与传播模式，实现新闻信息的动态采集与即时更新，以及"私人定制"式的分众化推送，我们需让优质内容在报纸、刊物、电视台、网络、移动端等多个平台同步发力，使主流价值得以更广泛、更深入、更精准地传播。这离不开5G传输、移动直播、无人机采集、全景拍摄、人工智能等先进技术的支撑，它们为内容生产注入了强大动能，推动了新闻产品的多样化、立体化呈现。同时，依托大数据等技术，我们可以对用户进行精准画像，提供更加智能化、个性化的服务，从而实现信息推送的个性化和定制化，不断推动内容生产方式的转型升级。

相较于以往的通信技术，5G带来了颠覆性的迭代变革。主流媒体应紧跟智能传播的趋势，以先进技术为支撑，破解"传播范围受限、传播深度不够"等难题，稳固占据网络传播的主导地位。我们要带着紧迫感，抢占技术发展的前沿，着力在短视频、直播、数据新闻等领域发力，塑造全媒体传播的新优势。通过平台整合先进适用技术，取代零散的技术插入和短期的项目构建；利用市场化机制引进新技术，整合各类资源，重新布局技术架构；推动生产方式全面革新，切实将

AR、机器人写作、大数据等新技术融入实践，激发更强大的生产力。

2. 夯实技术支撑

技术创新是推动媒体融合发展的"金钥匙"。我们应当紧跟时代步伐，充分利用5G、移动互联网、物联网、人工智能等前沿科技，因势利导，主动出击，让技术之光为媒体融合之路指引方向，不断深化媒体的自我变革。我们要密切关注新技术、新趋势，进行战略布局和全面升级，着力打造大数据信息资源平台、智能生产与传播体系以及用户聚焦平台。这些功能完备的数据平台将成为我们业务运营的核心基石，为技术系统提供坚实支撑，实现一次采编、多层处理、多元发布，显著提高新闻信息的处理效率和传播速度，最大限度满足用户的多元化需求。

同时，我们要积极运用AIGC大模型，强化信息搜索服务。在网络传播时代，海量信息中夹杂着许多无用信息，增加了用户获取有效信息的难度。以DeepSeek、ChatGPT、文心一言为代表的AIGC大模型正在重塑内容的生成与叙事方式，使互动反馈更加精准。随着相关产品的应用推广，这类产品的获取和使用将变得越来越便捷。我们应该加强与AIGC类产品开发企业和研究机构的合作，为他们提供政策支持和激励措施，充分利用其强大的数字技术能力，开发出智慧型党媒"聊天机器人"。通过对话收集并及时归类分析用户数据，实现拟人化对话、实时评测、精确反馈和情绪调节，推动"信息＋服务"的政务服务模式发展，增强用户黏性和忠诚度，让政务新媒体成为公众主动获取权威信息的主要渠道。

3. 主攻技术连接

借助技术手段，我们致力于打造多介质、多元化的平台渠道，其终极目标是实现用户与场景的紧密相连、传受双方的双向互动、信息资源的全面融合。建立"中央厨房"只是技术融合的起步，要真正发挥指挥中枢的作用，还需技术持续赋能，构建与采编发无缝对接的媒体矩阵、与内容生产传播高度适配的接收端口，从而实现多屏一体的即时互动、一体辐射的广泛影响，充分释放媒体融合在资源上的通融之力、内容上的兼容之魅、宣传上的互融之效、利益上的共融之果。

为了更精准地实现分众化传播，我们应善用算法推荐技术，强化用户本位，坚持内容为王，适应分发机制，实施精准策略。通过大数据技术抓取受众信息，形成个体画像，使信息传播从广泛撒网转向精准滴灌，有效提升主流媒体的传播力。

此外，我们还应利用区块链技术，搭建全民参与的讲述平台。依托区块链特性，建立透明平台，让各主体共同发声；主流媒体验证信息，还原事件真相，进行全网广播。同时，发挥"区块共同体"的桥梁作用，化解信息不对称，弥合舆论场隔阂，共同重塑社会共识。

（三）完善管理新模式

党的十九届四中全会《中共中央关于坚持和完善中国特色社会主义制度　推进国家治理体系和治理能力现代化若干重大问题的决定》明确指出，要建立以内容建设为核心、先进技术为支撑、创新管理为保障的全媒体传播体系。我们应紧盯这一全媒体传播体系建设的目标，通过体制机制的创新，为媒体深度融合注入强大动力，确保以高效、活力的体制机制，保障媒体融合发展稳健前行。

1. 抓流程再造强运力

体制机制一旦确立，则各项工作将有条不紊地推进。在媒体融合发展的道路上，我们需要做到内外兼顾、双管齐下。对外，我们要积极构建突出平台型媒体特色的新机制。这一机制将注重资源整合，充分发挥媒体平台在信息汇聚、传播和共享方面的优势。同时，加强社会动员能力，利用媒体的影响力引导公众积极参与社会事务。在应急管理方面，也要发挥媒体的快速反应和广泛传播能力，为应对突发事件提供有力支持。通过这些措施，我们将全面展现全程媒体的新功能，提升媒体的社会价值和影响力。对内，我们需要建立符合融媒体一体化要求的新机制。这一机制将注重考核评价体系的完善，将考核评价深入生产一线，激励编辑记者不断提升业务水平和创新能力。同时，我们将形成调度有序、协同高效的全媒体日常生产模式，确保各个环节紧密衔接、高效运转。以中央厨房为核心，我们将打造从内容运营到产品体验，再到用户反馈的全程实时管控体系。这一体系将涵盖策划、采访、编辑、播放、发布和评价等各个环节，确保一体化机制能够高效顺畅运行，为受众提供更加优质、多元的媒体产品和服务。

要持续推动媒体运营机制的创新与发展，不断激发媒体行业的活力与潜力。随着媒体融合进程的纵深推进，媒体机构的业务边界日益拓展，不再局限于传统的新闻传播领域，而是逐渐延伸至政务、服务、商务等多个社会生活的关键领域。在这一过程中，媒体机构积极寻求与不同行业的合作与共赢，加强多元化的跨界合作与交流。通过深度融合与协同发展，"新闻＋政务服务商务"的模式日益成熟，已成为媒体深度融合发展的新常态。这种新模式不仅丰富了媒体的内容与形式，提升了媒体的服务能力与影响力，更为社会提供了更加全面、便捷、高效的信息服务与传播平台。

许多媒体机构正重新规划战略定位和品牌建设路径，深度融入社会治理的各个环节，致力于打造兼具治理功能与全能服务的新型媒体，充分发挥媒体在社会治理中的积极作用。这些媒体平台整合了线上问政、社保缴纳等多元化服务，并加强了舆情监测能力，成为推动乡村振兴、智慧城市建设和塑造服务型政府形象的重要力量。同时，媒体需不断强化竞争意识和市场导向，形成媒体资源的集聚效应，拓展经营模式，实现供给端资源的优化配置，增强自我发展能力。在此过程中，媒体运营机制的创新需坚守原则与创新并重，确保优质新闻内容产业能够灵活适应市场机制，妥善处理好新闻本位与运营服务之间的平衡关系。

2. 抓关停并转去产能

过分追求数量而忽视质量、重视开设却轻视建设，这已成为众多传统媒体的普遍问题。传统媒体在推进供给侧结构性改革时，必须抓住主要矛盾、突出重点，对落后产能进行淘汰，关停并转是必经之路。

提高资金、人力等要素的配置效率和使用效益，优化要素组合结构。加速广电行业内资源资产的重组与整合，提升产业集中度，推动规模化、集约化发展。鼓励传统广电积极实施"互联网+"战略，实现与新兴媒体的全面深度融合，优化升级产业结构。同时，合理调整生产规模，拓宽播出渠道，有效激活内容资源，优化库存配置。随着移动端成为信息传播的主渠道，数字化产品成为市场主流，部分主流媒体面临产能过剩的挑战。近年来，多家主流媒体下定决心淘汰落后产能，推动媒体战略布局的调整优化。实践证明，只有勇于割舍旧有模式，集中力量向前看，通过组织重构、架构调整和转型升级，才能实现优势互补、协同发力，让轻装上阵的主流媒体更加专注于主战场。

3. 抓能力再造塑人才

媒体融合发展，人才是关键因素。媒体融合取得显著成效的地方，无一不是人才汇聚、智力密集的高地。因此，我们必须深刻认识到人才队伍建设的重要性，大力加强人才培养和引进，不断提升队伍的脚力、眼力、脑力、笔力"四力"，推动全员能力素质全面提升，打造一支政治过硬、本领高强、骁勇善战的主力军。编辑记者作为媒体融合发展的中坚力量，不仅要熟练掌握采、写、编、评等多种技能，更要精通几项核心本领，成为运用现代传播手段的行家里手。编辑记者要善于运用新技术、新平台，创新内容生产方式和传播方式，提高信息的传播力和影响力。我们要创新人才集聚和使用机制，打破传统媒体和新媒体之间的壁垒，建立健全适应媒体融合发展需要的人才使用体系。要通过灵活多样的用人方式，吸引和留住优秀人才，为他们提供广阔的发展空间和施展才华的舞台。我们还将着力完善人才激励机制，改革用人体制，优化人才发展环境。要进一步研究和设计更加科学合理的考核评价体系，既注重业绩成果，又重视潜力发掘，激励人才不断创新、不断进步。要建立健全职级晋升制度，为优秀人才提供畅通的职业发展通道。要完善薪酬分配办法，体现按劳分配、多劳多得的原则，让优秀人才得到应有的回报。

建立中央融媒课堂，健全多级培训体系，汇聚全国全省优质教学资源，定期为地方融媒体中心人员提供专业培训，提升其专业技能和媒体素养。首先，要打造全国性的"融媒大讲堂"。针对偏远落后地区，尤其是中西部地区基层融媒体中心资源匮乏的问题，政府相关部门应整合全国、全省、全市的优秀教学资源，开设"融媒课堂"，构建系统化、实时性、内容丰富的融媒知识体系。课堂应涵盖互联网思维、产品创作运营、案例研判等专业培训，采用线上线下相结合的方式，有效解决基层学习资源不足的问题。其次，要坚持"实用为先"的原则，开设贴近实际工作需求的课程，并建立业界、学界专家库。鉴于部分融媒体中心邀请专家学者授课时，因内容理论性过强而脱离实际业务需求，导致培训效果不佳的情况，各级融媒体中心应根据实际需求，拓展课程资源，合理设置培训课程，确保培训内容既具有理论深度，又贴近实际操作。最后，应选拔省、市、县宣传部及融媒体中心的优秀人员，赴中央媒体、互联网企业跟班学习，全面提升其管理水平和业务能力。通过这一举措，培养既具有本土情怀又具备国际视野的青年融媒人才后备军，激发队伍的创新活力。

在媒体发展的各个环节，如组织管理、内容创作、技术应用及持续运营中，需充分认识和发挥人才的创造性作用，激活传媒人才的潜力，调动媒体从业者的积极性，这是推动媒体创新发展的核心要素。在人才培养层面，应提供多样化、灵活性的技能提升途径，以适应深度融合时代对媒体人才的新需求。同时，应促进不同媒体类型和领域专业人士之间的交流与合作，通过实施媒体合作项目、跨领域研讨会、人才互动平台等措施，构建开放共享的交流体系，打破人才身份壁垒，推动媒体人才在多领域间的互通有无。在人才考核方面，需完善媒体内部的绩效评估和激励机制，建立一套涵盖全媒体技术运用能力、跨领域跨平台创新思维、团队协作能力、数据解析能力以及职业伦理观念等多维度、全面的人才评价标准，并通过奖励、晋升等激励手段，激发人才的热情和创造力，从而培育出更具创新精神和主动性的媒体工作者，为媒体深度融合的生产体系注入强大动力。

（四）拓宽发展新路径

审视当下媒体市场的状况，可以清晰地看到，无论是传统媒体还是新兴媒体，都面临着不同程度的经营挑战。尤其在两者融合发展的初期，资金需求量大增，资金压力尤为突出。为了破解这一难题，我们应当充分利用政策优势和市场机遇，同时积极调动社会力量，为两者的融合发展开辟更广阔的道路。在这些力量的共同支持下，可以有效缓解传统媒体与新兴媒体在融合过程中所面临的资金压力。此外，两者的融合发展还离不开政府的政策扶持，政府应对积极探索融合路径的媒体企业给予政策上的激励与扶持。同时，我们可以借助社会力量来开拓市场，并建立多元化的宣传体系，这对推动两者的融合发展具有显著成效。在新时代，要促进传统媒体与新兴媒体的协同发展，就需着力弥补各自的短板，依靠社会力量自主拓展融合发展的市场空间，增强自身技术实力，树立融合发展的核心理念，根据受众需求制作相关内容，并确保信息的及时传达。

近年来，我国媒体行业在融合转型的道路上迈出了坚实的步伐，取得了令人瞩目的重要突破，为全媒体传播体系的构建奠定了坚实基础。中央级主流媒体作为行业的领军者，更是走在了融合发展的前列。它们不仅积极打造自身的移动传播平台，如客户端、微博、微信等，还紧跟时代潮流，纷纷入驻头条、抖音、B站等热门视频平台，这些平台拥有庞大的用户群体和高度活跃的社交氛围,为优质内容的传播提供了更广阔的舞台。例如,《人民日报》《光明日报》《经济日报》等主流媒体,充分发挥传统媒体与新兴媒体的各自优势,通过资源整合和优势互补,主动入驻各大头部商业平台,重构了新闻生产的流程。它们实现了一体策划、一次采集、多种生成、多端发布的高效生产模式,不仅大大降低了生产成本,还极大地提升了全媒体传播矩阵的生产效率和传播影响力,使得新闻内容能够更快速、更准确地触达广大受众。在融合发展的过程中,中央级媒体还深刻认识到技术和渠道的重要性。因此,它们积极寻求与影视、金融、游戏、网络技术公司等领域的跨界合作,拓展融合传播的新路径。这种跨界合作不仅为媒体行业带来了更多的创新元素和活力,也为媒体内容的传播提供了更多元化的渠道和方式。具体来说,人民日报社与中国电信集团公司、百度等企业的战略合作,为新闻内容的传播提供了更强大的技术支持和更广泛的传播渠道。中央广播电视总台也与中国移动、华为、阿里、腾讯、百度、新浪、京东等新媒体平台和互联网公司展开了深度合作,这些合作涵盖了大数据、云计算、AI 技术、全媒体联合运营等多个方面。通过这些合作,中央级媒体不仅获得了先进的技术支持和丰富的资源保障,还实现了生产要素和优势资源的重新组合和优化配置。

  这些举措有效开拓和充分利用了媒体资源,为媒体融合发展提供了更为广阔的发展空间。同时,也为媒体行业带来了更多的机遇和挑战。在未来的发展中,中央级媒体将继续秉持开放合作、创新发展的理念,积极探索媒体融合发展的新路径和新模式,为推动全媒体传播体系的构建和发展贡献更多力量。

第七章

促进文明交流互鉴

文明只有姹紫嫣红之别，绝无高低优劣之分。文明因平等而有交流互鉴的前提，人类文明从来都是在交流互鉴中繁荣发展的，人类发展史充分证明，不同文明间的交流互鉴是文明发展的强大动力。人类文明只有在交流互鉴中，才能不断保持旺盛生命力和创造力。我们要勇于打破阻碍人类交往的藩篱，架设互学互鉴的精神桥梁，共赏多元文化之美，共谋文明交流互鉴之道，共同推动人类文明的发展进步。

一、践行全球文明倡议

当前，世界各国在求和平、谋发展、探索现代化道路过程中面临共同挑战，团结、协作、对话的呼声空前高涨，但猜疑、分裂、对抗的痼疾仍然阻碍着国际合作的步伐，加强文明交流、促进民心相通至关重要。在2023年3月15日举行的中国共产党与世界政党高层对话会上，习近平总书记发表题为《携手同行现代化之路》的主旨讲话，提出全球文明倡议，通过政党这一文明交流互鉴的重要渠道，向全世界发出深入推动文明交流对话，在包容互鉴中促进人类文明进步的真挚呼吁，为推动更高水平的国际合作再次贡献中国智慧和中国方案。

（一）全球文明倡议的提出体现了习近平总书记深邃的战略眼光、宽广的历史视野、强烈的时代担当和博大的人类情怀

全球文明倡议是对各国人民加强团结协作、携手应对共同挑战迫切诉求的及时回应。当今世界，多重挑战和危机交织叠加，世界经济复苏艰难，发展鸿沟不断拉大，生态环境持续恶化，冷战思维阴魂不散，和平赤字、发展赤字、信任赤字、治理赤字有增无减，人类社会

第七章
促进文明交流互鉴

又一次来到历史的十字路口。应对共同挑战，需要依靠物质的手段攻坚克难，也需要依靠精神的力量诚意正心。习近平总书记指出："在各国前途命运紧密相连的今天，不同文明包容共存、交流互鉴，在推动人类社会现代化进程、繁荣世界文明百花园中具有不可替代的作用。"[①] 在中国共产党与世界政党高层对话会上提出全球文明倡议，就是向世界传递中国愿同各国一道推动具有本国特色的现代化事业，促进全球文明交流互鉴，推动人类文明进步的真诚愿望。

全球文明倡议是对世界各国坚持平等包容、守护世界文明多样性普遍愿望的积极呼应。世界上不存在高人一等的国家，文明更没有高低优劣的差别。从古至今，世界不同地域的人民在从事生产活动、利用和改造自然的过程中发展出多种璀璨文明，不断追求和平、发展、公平、正义、民主、自由的全人类共同价值，以推动人类社会进步。没有一种价值观应该凌驾于其他价值观之上，也并非只有一种国家治理模式能够实现现代化和文明进步。唯我独尊、舍我其谁营造的"普世文明"幻象极易破灭，以意识形态和价值观划线、人为制造分裂和冲突只能给全世界带来灾难性后果，让人类文明蒙尘。习近平总书记在不同场合多次阐述多样性对于人类文明的重要意义，全球文明倡议首先就倡导尊重世界文明多样性，并强调以宽广胸怀理解不同文明对价值内涵的认识，不将自己的价值观和模式强加于人，不搞意识形态对抗，体现出中国愿与世界各国共同谱写"各美其美、美美与共"文明合作新篇章的恢宏气度。

全球文明倡议是对国际社会增进文明对话交流、促进文化繁荣发展共同需求的自觉顺应。中华文明延续几千年，在历史发展进程中，既从不同文明交流互鉴中获得前进的动力和智慧，不断推动自身文明的传承和创新，又通过自身文明的发展有力推动了人类文明进步。伴

---

① 习近平：《携手同行现代化之路——在中国共产党与世界政党高层对话会上的主旨讲话》，人民出版社2023年版，第7页。

随着经济全球化日益深入发展，国际社会对促进不同文明文化之间的相互学习借鉴、推动传统文化现代化的共同需求也日益增长。为此，习近平总书记倡导世界各国以文明交流超越文明隔阂、文明互鉴超越文明冲突、文明包容超越文明优越，同时，通过文明的交流互鉴，积极推动各国优秀传统文化在现代化进程中实现创造性转化、创新性发展。作为文明交流合作的坚定倡导者和积极践行者，全球文明倡议的提出是中国为促进文明交流合作作出的新的重要努力。

全球文明倡议是对当今各国推动文明发展进步、共同构建人类命运共同体时代潮流的真挚响应。我们要促进人类社会发展、共同构建人类命运共同体，就必须深入了解和把握各种文明的悠久起源和丰富内容，让一切文明的精华造福当今、造福人类。中国近年来先后提出全球发展倡议和全球安全倡议，为国际发展和安全合作指明了新的方向和前景。全球文明倡议的提出，又从文明合作维度为全球发展和安全合作提供了新的动力和保障。全球文明倡议和全球发展倡议、全球安全倡议一起构成推动构建人类命运共同体的强大支撑，体现出中国对构建一个持久和平繁荣世界的整体思考。

（二）全球文明倡议逻辑清晰、内涵丰富，四个"共同倡导"构成推动文明交流和发展的科学体系

"全球文明倡议"以四个"共同倡导"作为核心理念，即共同倡导尊重世界文明多样性，坚持文明平等、互鉴、对话、包容，以文明交流超越文明隔阂、文明互鉴超越文明冲突、文明包容超越文明优越；共同倡导弘扬全人类共同价值，和平、发展、公平、正义、民主、自由是各国人民的共同追求，要以宽广胸怀理解不同文明对价值内涵的认识，不将自己的价值观和模式强加于人，不搞意识形态对抗；共同倡导重视文明传承和创新，充分挖掘各国历史文化的时代价值，推动各国优秀传统文化在现代化进程中实现创造性转化、创新性发展；共

同倡导加强国际人文交流合作，探讨构建全球文明对话合作网络，丰富交流内容，拓展合作渠道，促进各国人民相知相亲，共同推动人类文明发展进步。四个"共同倡导"既各有侧重，又相互支撑，形成逻辑清晰的有机统一体，揭示了文明交流和发展的基本规律，指明了人类社会新的合作前景。

尊重世界文明多样性，是推动文明交流和发展的基本前提。每一种文明都扎根于自己的生存土壤，凝聚着一个国家、一个民族的非凡智慧和精神追求，都有自己存在的价值。文明多样性是客观存在，也是人类社会弥足珍贵的共同财富，不能将文明之间的差异视为对自身文明的威胁。同时，不同文明之间也并非杜门自绝，交流互鉴是文明发展的本质要求，经济全球化使得不同文明和文化之间的互动更加频繁深入。2014年，习近平主席历史性访问联合国教科文组织总部并发表重要演讲，深刻阐述了"多彩、平等、包容"的文明交流思想。随着文明交流实践的发展，习近平总书记提出"平等、互鉴、对话、包容"的文明观，倡导在尊重和保护世界文明多样性的前提下，推动不同文明之间进行对话，在相互学习和理解的过程中，破除隔阂和偏见、消除恐惧和冲突，构建不同文明包容互鉴、和合共生的世界文明新格局。

弘扬全人类共同价值，是推动文明交流和发展的根本遵循。人类文明在差异化发展进程中形成了共同的价值内核，这是将不同文明、国家、民族连接在一起的精神纽带，是推动人类文明不断向前发展的深层驱力。习近平总书记提出弘扬和平、发展、公平、正义、民主、自由的全人类共同价值，为凝聚不同文明的价值共识、反映世界各国人民普遍认同的价值理念、推动构建人类命运共同体增添了新的精神动力。弘扬全人类共同价值的同时，也要理解不同文明对价值内涵的不同认识，尊重不同国家和人民对价值实现路径的探索，坚持求同存异，反对党同伐异，不将自己的价值观和模式强加于人，不搞意识形态对抗，这也正是全人类共同价值的题中应有之义和根本要求。只有坚持开放包容、相互尊重，才能真正弘扬全人类共同价值，才能构建更加紧密的人类命运共同体。

重视文明的传承和创新，是推动文明交流和发展的强大动力。当今世界存在的各种文明，都经过了漫长历史考验，始终延续着不同国家和民族的精神血脉，成为凝聚国家和民族的强大精神力量。任何文明想要保持生命力都必须与时俱进，在传承中发展，在发展中传承，善于创造性转化、创新性发展，一切故步自封、因循守旧都将成为阻碍文明继续发展进步的绊脚石。不同国家和民族都应肩负起延续和发展人类文明的责任，在交流对话、相互借鉴的过程中融合不同文明的优长、汇聚不同文明的智慧，根据现代化的特点和要求，丰富文明内涵、创新文明表现形式，让优秀历史文化展现出跨越时空、超越国度的强大魅力和勃勃生机，真正造福整个人类社会。文明的传承创新需着眼于激发人民群众的创造性，文明成果由人民共享，满足人民群众对物质文明和精神文明协调发展、人与自然和谐共生、人的全面发展的需要。

加强国际人文交流合作，是推动文明交流和发展的重要途径。文明交流互鉴的最好载体是人，国之交在于民相亲，民相亲在于心相通，人文交流始终是各国各民族之间相互了解、人与人之间情感沟通的重要桥梁。必须看到，当前一些利益集团为一己之私，挑起文明冲突，煽动阵营对抗，严重侵蚀不同文明相互理解和信任的基石，破坏国际人文交流合作的进程。我们应该重新激活人文交流合作的磅礴力量，通过扩大人员往来、加强双多边人文合作，不断丰富交流内容，拓展合作渠道，探索构建全球文明对话合作网络，增强不同国家和民族的互信，促进人民相知相亲，共同努力建设一个更繁荣、更安全、更文明的世界。

（三）全球文明倡议受到国际社会高度关注和积极评价，践行倡议需各方共同参与、发挥最大合力

全球文明倡议自提出以来，多国领导人和各界人士反响热烈，积极支持，认为这体现了习近平总书记作为大国大党领袖的情怀和担当，为解决当前世界面临的最尖锐、最紧迫问题贡献了中国智慧，为减少冲突对抗、促进世界繁荣带来希望，代表着对人类未来美好世界的崭新设想，表示愿同中方深化文明交流合作，共同推动倡议落地落实。回首过往，不同文明之间的交流交往既有顺境，亦有逆流，文明大交流阶段往往也是多种文明走向繁荣、社会迅猛发展的时期，反之则是文明凋敝衰落、社会退步的时期。习近平总书记提出全球文明倡议，就是希望让更多人认识到文明交流的价值，重振国际人文交流合作的信心。我们愿与国际社会一道，让全球文明倡议在全世界落地生根，结出累累硕果，共同造福人类社会。

坚持共商共建，合力营造平等包容的文明交流氛围。坚持共商共建共享的全球治理基本原则，在广泛探讨、共同努力的基础上，丰富全球文明交流内容、完善全球文明交往形式。鼓励将他国文明发展复兴视为自身机遇，加强政治沟通、经济合作、安全互信，以可持续发展和可持续安全为不同文明交流发展营造良好氛围。强调平等包容、相互尊重，摒弃傲慢与偏见，共同反对将某个或某些文明视为对手，共同反对文明必然走向冲突的论点，更加关注历史文化和价值观因素对国家和群体间冲突的影响，鼓励文明对话，增加情感共鸣，消除误解和隔阂，为和平对话奠定基础。

发挥平台机制效应，合力提升人文领域全球治理体系效能。共同践行真正的多边主义，积极发挥现有各层级、双多边文明对话交流机制平台的作用。尊重和维护联合国的权威和地位，深化与联合国教科文组织、联合国文明联盟等机制的沟通和对接，与各方共同推动落实

联合国《不同文明对话全球议程》。重视区域、次区域和双边文明交流机制，结合实际情况和各国需求，为现有机制注入新动能。发挥其他重要多边机制的潜能，在现有议程基础上，加强文明对话和交流，增加各国政策背后价值理念和方法经验的分享，共同探寻全球性挑战和问题的解决之道。

激发各主体各领域潜能，合力推动形成人民之间大交往。充分激发各国公共部门、私营机构、民间社会的责任意识，更加重视政党、议会、研究机构、学校、企业、民间社会组织对文明交流的促进作用，提升青年和妇女等群体在文明对话交流中的参与度。争取让每一个人都成为文明对话交流的桥梁，倡导消除妨碍国际人员交流往来的歧视性和不合理限制，使各国人民更平等、更广泛、更频繁地参与全球文明交流进程。共同构建多层次多领域文明交流格局，为文化、教育、科技、卫生、体育、旅游、媒体、智库等领域人员交流对话创造便利条件，共同打造不同领域或跨领域人文交流的品牌项目。从满足当今时代人民需求出发，倡导树立物质文明、政治文明、精神文明、社会文明、生态文明协调发展的理念，纠正片面强调某一方面的认知，不断丰富文明交流内涵。

创新对话交流形式，合力探索构建全球文明对话合作网络。文明对话交流离不开新颖生动、富有吸引力的方式和媒介，应积极适应数字化、智能化、低碳化时代的新要求，在继续做好做强文明传播交流传统渠道的同时，利用新媒体新技术创新文明交流对话的路径和形式，共同探索推动文明文化交流融入民众日常生活。在建立和夯实双多边文明对话合作关系的基础上，共同搭建多主体、多机制、多领域、多内容、多形式的全球文明对话合作网络。

凡是过往皆为序章，所有未来皆为可盼。中国不仅是全球文明倡议的提出者，也是推进落实这一重大倡议的行动派。我们将坚定站在历史正确的一边、站在人类文明进步的一边，同国际社会一道积极落实倡议,弘扬全人类共同价值,深化文明交流互鉴,让人类文明之花更绚丽绽放,让构建人类命运共同体的未来更光明可期。

二、全面提升中国国际话语权

确立国际话语权价值引领,对于全面提升中国国际话语权具有重要意义。在全球化日益深入的今天,国际话语权已成为国家软实力的重要体现,关系国家的国际形象、国际地位和国际影响力。

(一)确立国际话语权价值引领

确立国际话语权价值引领,先必须坚定文化自信,以中华优秀传统文化的智慧和精髓为深厚底蕴,构建具有中国特色的国际话语表达,向世界传递中国声音,展示中国形象,提升中国国际话语权。

1. 提炼符合时代潮流和全人类共同价值追求的话语表达

深入挖掘中华优秀传统文化的思想精髓和时代价值,提炼出符合时代潮流和人类共同价值追求的话语表达,是我们面临的重要任务。中华优秀传统文化蕴含着丰富的哲学思想、道德观念、价值观念等,这些元素对于推动人类文明进步具有重要意义。我们应该将这些元素与现代国际话语体系相结合,形成具有中国特色的国际话语表达方式,以此来引领国际舆论,增强中国话语在国际舞台上的影响力和感召力。

为实现这一目标,我们需要从多个方面入手。一是要加强对中华优秀传统文化的研究与传承,深入挖掘其思想精髓和时代价值,为形成具有中国特色的国际话语表达方式提供坚实的理论支撑。二是要加强与国际社会的交流与对话,了解不同文化背景下的价值观念与话语表达方式,以便更好地将中华优秀传统文化融入现代国际话语体系。三是要注重创新与发展,结合时代特点和国际潮流,不断推动中华优秀传统文化的创新发展,形成具有时代特色的国际话语表达方式。

2. 积极构建融通中外的国际话语体系

在全球化的时代背景下，不同文化间的交流与融合已经不再是偶然的现象，而已成为一种必然的发展趋势。随着全球范围内的经济、政治、科技等领域的交流与合作的日益加深，各国文化的相互影响和渗透也日益明显。在这样的背景下，构建具有开放性和包容性的国际话语体系，对于推动全球文化多样性的发展和促进人类文明的进步具有深远的意义。

在构建国际话语体系的过程中，一是要注重传承和弘扬中华优秀传统文化。中华文化源远流长，博大精深，包含了丰富的哲学思想、道德观念、艺术形式和科技智慧。这些文化元素不仅具有深厚的历史底蕴，更蕴含着深刻的人生哲理和独特的审美价值。因此，在构建国际话语体系时，我们应该深入挖掘中华文化的精髓，将其融入话语体系之中，让其在全球范围内得到更广泛的传播和认可。二是要积极吸收借鉴其他文化的优秀元素。世界文化具有多样性，每一种文化都有其独特的魅力和价值。在构建国际话语体系时，我们应该以开放的心态接纳和欣赏其他文化，从中汲取营养和灵感。这样不仅可以丰富我们的话语体系，还可以增强其在国际上的吸引力和竞争力。三是要注重话语体系的传播和推广。话语体系的构建不仅是为了满足国内的需求，更是要面向世界，向世界展示中国文化的独特魅力和价值。因此，我们应该通过多种渠道和方式，如文化交流活动、国际学术会议、媒体宣传等，将中国的话语体系推向世界舞台，让更多的人了解和认同中华文化。四是要注重话语体系的创新和发展。随着时代变迁和社会发展，话语体系也需要不断地更新和完善。我们应该紧跟时代的步伐，关注国际社会的热点问题和发展趋势，及时调整和优化话语体系的内容和形式，使其更加符合时代的需求和人们的审美需求。

3. 提升中国国际话语权的传播效果

在这个全球化的信息时代，媒体的影响力不容忽视。我们不仅要充分发挥主流媒体的作用，还要积极利用新媒体平台，加强对外宣传和信息发布工作，以更加及时、准确的方式传递中国声音，展示中国形象。

主流媒体作为国家的喉舌，承载着传递国家声音、塑造国家形象的重要使命。一是要充分利用主流媒体的优势，通过新闻报道、专题访谈、纪录片等多种形式，向世界展示中国的经济、文化、科技等方面的成就和进步。二是要加强对国内重要事件和人物的报道，展现中国社会的多样性和活力，增强国际社会对中国的认知和了解。

新媒体平台的兴起，则为我们提供了更加多样、便捷的宣传手段。我们可以利用社交媒体、短视频平台等新媒体工具，通过生动的图像、音频和视频等形式，传递中国的文化、价值观和生活方式。此外，我们还可以借助大数据分析、人工智能等技术手段，精准推送相关信息，提高宣传效果。

在加强对外宣传的同时，还要注重与国际媒体的合作与交流。通过与国际媒体建立合作关系，可以更好地借助其渠道和资源，推动中国话语体系的国际化传播。我们可以邀请国际媒体记者来华采访报道，让他们亲身体验中国的风土人情和发展成就。同时，我们也可以主动向国际媒体提供新闻素材和报道线索，引导他们客观公正地报道中国。此外，我们还可以通过举办国际文化交流活动、设立奖学金等方式，吸引更多的国际友人来到中国，亲身感受中国的魅力。这些活动不仅能够增进国际社会对中国的了解和认同，还能够为中国在国际舞台上赢得更多的支持和认可。

（二）构建新时代国际话语体系

在当代中国，迫切需求构建一个能够充分展现"硬实力"与"软实力"相结合的新时代国际话语体系。习近平总书记深刻指出："中国特色社会主义是不是好，要看事实，要看中国人民的判断，而不是看那些戴着有色眼镜的人的主观臆断。中国共产党人和中国人民完全有信心为人类对更好社会制度的探索提供中国方案。"① 那么，新时代国际话语体系的构建与表达，应当涵盖哪些核心要义呢？习近平总书记进一步强调："当代中国的伟大社会变革，不是简单延续我国历史文化的母版，不是简单套用马克思主义经典作家设想的模板，不是其他国家社会主义实践的再版，也不是国外现代化发展的翻版，不可能找到现成的教科书。"②

1. 推进中国特色大国外交，提升方案贡献力与制度创设力

面对西方霸权话语及价值观冲突等多重挑战，我国必须坚定不移地推进具有中国特色的大国外交战略，持续完善外交决策的战略协调机制，并加强外交顶层设计，构建全方位、多层次、立体化的外交布局。通过构建开放且包容的全球伙伴关系，积极构建人类命运共同体，进而全面提升我国在国际社会中的方案贡献力与制度创设力。在此过程中，应充分发挥多轨外交和多元外交的协同作用，涵盖政党外交、地方外交、公共外交、智库外交、媒体外交以及经济外交、文化外交、环境外交等各个领域。

在增强方案贡献力的维度上，我们需基于"一带一路"倡议，持续提出创新的区域合作与全球治理新方案，积极构建新型国际关系与人类命运共同体。在维护世界和平、促进经济全球化、反恐、防扩散、抗击疾病、应对全球气候变化与环境治理等关键领域，主动贡献中国智慧，提出切实可行的中国方案。针对伊朗、阿富汗、朝核、缅甸等国际热点问题，我们应积极寻求国际合作的最大公约数，在穿梭外交、调停外交、斡旋外交中发挥更加关键的作用，以进一步提升我国作为负责任大国的外交形象。

在增强制度创新与创设能力方面，我们应积极推动上海合作组织、

---

① 《习近平谈治国理政》第2卷，外文出版社2017年版，第37页。
② 《习近平谈治国理政》第2卷，外文出版社2017年版，第344页。

金砖国家峰会、"一带一路"国际合作高峰论坛等多边合作机制的创新与进步。在世界贸易组织、国际货币基金组织、亚洲基础设施投资银行等国际机构中,强化我国在国际贸易、国际金融机制与规则构建中的制度影响力与创新能力。同时,我国应在全球气候治理、环境治理规则以及国际数据与技术规则的制定过程中,发挥更为积极的作用,凸显我国在制度建设领域的领导力和贡献。

提升中国方案贡献力与制度创设力需建立在完善的国内治理体系与良好的治理能力基础之上。因此,我们应致力于构建和谐、包容、机会均等的国内社会,为提升我国在国际舞台上的方案贡献力与制度创设力提供坚实支撑。

2. 构建中国国际话语体系,提升理念引领力与形象亲和力

针对跨文化差异与价值观冲突,以及外交理论体系建设中存在的不足,我们必须着力加强中国国际话语体系的构建,以增强话语表达的学理性、逻辑性与系统性,进而提升外交理念的引领力与国家形象的亲和力。在此过程中,关键在于基于融通中外的理念开展理论创新工作。理论创新工作需促进马克思主义理论的中国化发展以及传统文化思想的现代化转型,进而构建具有中国特色的大国外交理论体系。我们应当深入探究中华优秀传统文化中的"仁义""道义""信""和"等核心思想,为构建中国国际话语体系提供坚实的理论基础。同时,强化基础理论研究,尤其是战略性、前瞻性研究,持续完善和平发展、新型国际关系、人类命运共同体等原创性理论体系。为达成此目标,我们需加强跨学科、融学科研究,实现话语文本、翻译与传播三大环节的"一体化"构建。

提升外交理念的引领力还需加强社会主义核心价值观建设,使中国在追求和平、发展、公平、正义、民主、自由的全人类共同价值中发挥更加积极的引领作用。在创造性发展"天下为公""和而不同""和谐万邦"等传统文化的基础上,我们应进一步加强对人类命运共同体、新秩序观、新安全观、正确义利观的理论创新。我们要用中国理论阐释中国实践，用中国实践升华中国理论，打造融通中外的新概念、新范畴、新表述，以增强对外话语的创造力、感召力、公信力。

在当前国际舞台上，中国虽然在经济影响力和全球领导力方面取得了显著的成就，然而在西方国家中，中国形象的亲和力仍面临诸多挑战。提升国家形象的亲和力是一个涉及心理认同层面的复杂过程，因此我们亟须进一步加强核心价值观的构建和理论创新。同时，我们应更加关注话语传播中的跨文化差异与价值观差异问题，采用精准传播策略，推动中国故事和中国声音的全球化、区域化、分众化表达，以增强国际传播的亲和力和实效性。在讲好中国故事的过程中，我们既要讲好中国梦的故事，展示国家发展的宏伟蓝图；又要讲好中国制度故事，揭示中国特色社会主义制度的优越性和生命力；还要讲好老百姓故事，展现中国人民的奋斗精神和生活面貌。我们要将我们想讲的和国外受众想听的有机结合起来，通过言语的穿透力、观念的渗透力、事实的说服力，争取国际社会的理解、尊重与认同。①

3. 构建中国特色战略传播体系，提升议题设置力与传播辐射力

面对当前国际传播能力的不足，我们必须从战略高度出发，精心设计与布局国际传播工作。具体而言，必须构建具有显著中国特色的战略传播体系，以促进国际传播的正统创新，并理顺内部宣传与外部宣传的体制。在此基础上，着力塑造具有国际影响力的媒体集团，积极推广中华文化走向全球。同时，我们还应有效开展国际舆论引导和斗争，初步构建起多主体、立体式的大外宣格局。在构建战略传播体系的过程中，设立战略传播协调领导小组显得至关重要。该小组将统筹政府、学术界、媒体、企业、社会组织及公众等多元多层次参与主体，以更高效地发挥智库在链接多元主体方面的中介作用，实现多方

---

① 傅莹：《在讲好中国故事中提升话语权》，《人民日报》2020年4月2日。

联动,形成话语合力。

为了增强国际话语权,我们应积极主动地设立议题,占据舆论的先机。通过阐述中国精神、中国力量、中国理论、中国道路以及中国实践,加强"造船出海""借船出海""借筒传声"的策略意识。促进中外媒体与记者之间的交流与合作,实现记者的"走出去"与"请进来"策略的结合,以及"自我表述"与"他人表述"的互补。此外,应团结了解和友好的国际力量,积极利用国际组织、国际学者以及国外公众来传播中国故事,从而拓展舆论的"朋友圈"。

为增强国际传播的影响力,必须进一步深化媒体机制的改革进程,推动媒体内部业务的深度整合,并加强国际间媒体的协同合作,以构建具有国际影响力的媒体集团。持续深化融媒体的建设,基于传统媒体与新兴媒体的融合,进一步强化与国际受众的社会融合以及基于人工智能技术的人机融合,以推出更多轻量化、可视化的媒体产品。

为了提高中国媒体在海外的传播效率和影响力,必须加强对国际媒体环境及受众的深入调研,并采取精准的策略。同时,应进一步推进媒体传播的本土化、分众化和精准化策略,持续优化话语传播的技巧与艺术,以实现传播主体的多元化、内容的丰富化、形式的多样化以及表达的生动化。此外,重视与国际社会民心民意的沟通,积极组织多样化的人文交流活动,以增强话语传播的针对性、时效性、感染力和亲和力。

4. 加强复合型多元人才队伍建设,为国际话语权建设提供智力支持

在话语权的争夺中,核心要素体现为人才的竞争。习近平总书记指出,要"不断提高科学化、专业化水平","要加强能力建设","努力打造一支政治强、业务精、作风好、纪律严的外交队伍","外交人员既要政治过硬,又要本领高强"①。除了外交人才和国际组织人才外,习近平总书记还强调了建设一支符合新时代国际传播需求的专业化人才队伍的重要性,并指出要加强高校相关学科建设,培养优秀后备人才,提升国际传播理论研究的深度和广度。

在构建国际话语权的进程中,培养一批具有卓越政治素养、深厚理论基础、精湛政策分析能力及杰出专业技能的高端复合型人才显得尤为关键。因此,必须深化教育体系中人才培养模式的革新,融合重点高等学府在国际政治、国际传播、外语语言等领域的跨学科资源,积极探索并落实综合性人才培养机制,实现"专才"与"通才"、理论型人才与实践型人才的有效结合。同时,我们应顺应网络技术与人工智能技术的快速发展趋势,加大对具备文理交叉背景的复合创意型人才的培育力度。在推动人才培养的多元化方面,我们还应注重外交、翻译以及国际传播人才在性别、民族、地域、语言、文化等方面的多元化分布,确保人才队伍能够全面、均衡地发展。

(三)提升中国话语国际传播效能

习近平总书记指出,要"加强国际传播能力建设,全面提升国际传播效能,形成同我国综合国力和国际地位相匹配的国际话语权","加强国际传播能力建设","深化文明交流互鉴"②。构建富有中国特色的话语体系和叙事逻辑,是深化对外传播工作、加强我国国际传播能力建设的重要任务,也是宣传思想文化工作的重要一环,更是习近平文化思想的重要组成部分。

1. 在充实话语内容和构建话语体系上下功夫

构建中国话语体系的首要任务在于丰富话语内容,主动参与国际议题的创设,直面全球共性挑战与国际社会关切,并贡献中国智慧与

---

① 《习近平谈治国理政》第3卷,外文出版社2020年版,第423页。
② 《习近平著作选读》第1卷,人民出版社2023年版,第38页。

方案。比如，针对全球治理难题，我们提出全球发展倡议、全球安全倡议、全球文明倡议等。需与时俱进地提炼出体现中国实践、中国经验、世界现状与世界需求的新概念、新范畴、新表述。比如，通过比较中西方的发展模式，提出以"以人民为中心"和"以资本为中心"等新的概念表述。

在此过程中，我们必须坚持实事求是原则，发扬斗争精神，跳出西方话语的窠臼，在解构西方话语的基础上构建中国话语体系。比如，我们创造性地提出了不同于西式民主的全过程人民民主理念，以及有别于西方现代化的中国式现代化路径。同时，我们应坚定自信、保持自立，构建体现中国责任担当和为世界带来确定性的话语体系，比如，强调"下一个中国""中国机遇""中国奇迹"等概念。总之，中国话语体系的构建既要通过设置国际议题展现我们的世界情怀，又要讲好中国故事，以此展示可信、可爱、可敬的中国形象，并为世界提供中国智慧与启迪，逐步在国际话语体系中形成独具特色的中国表达、中国修辞和中国语意。

2. 在话语传播媒介和叙事方式的甄选上下功夫

传播媒介作为传播内容的载体，其选取至关重要。而叙事方式作为传递信息或观点的有效手段，亦需精心策划。

在传播媒介的选择过程中，必须充分考量目标受众的技术媒介可及性，并采取细分化传播与圈层化传播的策略。针对社交媒体普及区域，应积极利用其互动性强、信息传播速度快等特性，将其作为技术媒介的核心力量。同时，我们还应充分利用新社交媒体所具备的互动性、个性化、多媒体化、社区化、移动化以及数据保护和隐私保护等特性。为增强传播效果，我们还需充分调动受众的感官体验，选取视觉媒体、听觉媒体、触觉媒体、嗅觉媒体等多元化的媒介形式，以营造虚拟现实的效果，使受众能够身临其境地感受信息的传递。在叙事方式的选择上，我们应注重运用多元叙事手法，从政治、经济、文化、社会、生态文明等多个维度，以及宏观、中观、微观等多个层面，结合国际比较、社会观察和个人经历等多个视角，深入展开中国叙事。通过这样的方式，我们能够向国际社会展示一个真实、立体、全面的中国形象，增强情感共鸣，提升传播效果。

3. 在汇集多元传播主体和传播受众上下功夫

新媒体时代，信息传播的主体已呈现多元化态势，每个人都拥有发声的平台与权利。因此，我们必须充分发掘和发挥党政部门、学术界、国内社会及国际社会在话语传播中的积极作用。要巧妙组合官方话语、学术话语、民间话语及国际话语，避免话语表达陷入僵化。

在话语传播过程中，我们应依据不同的传播对象和传播情境，让各类传播主体充分展现其优势，从而汇聚成话语传播的最大合力。党政部门的官方话语，以其权威性和公信力，成为信息传播的定海神针，通过新闻播报、外交外事、经贸往来等渠道，有效地传递官方声音。学术界的学术话语，以其学理性和逻辑性，为官方话语提供深度阐释和论证支持，有助于官方话语的广泛传播和深入理解。通过学术交流活动，学术话语得以在更广泛的范围内传播，发挥其独特作用。社会个体作为话语传播的亲历者和见证者，其话语更具真实性和感染力，能够赋予话语更多的人情味和震撼力。

在话语传播过程中，我们不应忽视与话语对象的互动交流，这是话语传播取得成功的必要条件。同时，我们还应积极联合国外记者、学者、国际组织及公众等传播对象，加强合作与交流，适时将其转化为我们的传播主体，发挥"借筒传声"的作用，进一步拓宽话语传播的渠道和影响力。

4. 在考评提升传播效能上下功夫

在致力于提升传播效能的过程中，我们应着力深化考评机制。传播效果作为衡量中国话语在国际舆论场中传播力、影响力、感召力、亲和力及说服力的重要参照，其评估工作显得尤为关键。为确保评估的准确性和有效性，首要任务是细化并量化评估指标。这主要涉及话语内容、话语主体、话语对象及话语媒介等多个方面，旨在形成更为精准和具体的评估体系。

在话语内容方面，我们应当从清晰度、相关性、精确度、丰富度、深度、意识形态以及法律法规等多个维度出发，对内容的质量和合规性进行全面的评估。这有助于确保传播的信息既符合社会主流价值观，又能够准确传达我们的立场和观点。对于话语对象的评估，我们应通过观察、访谈及问卷调查等多种方式，收集受众在言语交流中的表现数据。在此基础上，我们可以从对象指向性、语言理解能力及话语适切性等方面进行深入分析，以了解受众的需求和偏好。

在话语主体方面，我们应关注传播主体在跨文化、跨语言环境中的沟通能力和水平。这包括文化适应能力、语言能力、交际技巧及语言策略等多个方面。通过评估这些方面，我们可以发现传播主体在传播过程中的优势和不足，进而制定针对性的提升计划。

在话语媒介方面，我们应全面评估不同传播媒介的特点和优势。该问题涵盖了受众规模、受众特征、传播速率、互动性成本效益以及信息的明确性、吸引力和可信度等多个维度。通过对比分析，我们可以选取最适合的传播媒介，以提高传播效果。

三、推动中华文化走向世界

深化文明交流互鉴，助力中华文化迈向世界舞台，是服务国家强盛、民族复兴的伟大战略部署。党的十八大以来，党中央从全局战略的高度，对中华文化国际传播进行了顶层设计和制度布局，取得了显著成效。海外传播机构如雨后春笋般涌现，中国传媒事业国际化步伐加快，海外文化品牌日益丰富多样，对外文化贸易蓬勃发展，中华文化的影响力不断提升。当今世界正处于百年未有之大变局，思想文化的交流、融合与碰撞日益频繁，文化在综合国力竞争中的分量愈发沉重，其作用也日益显著。提升国家文化软实力的任务更加艰巨，促进中华文化走向世界的需求也愈发紧迫。

（一）推动中华文化走向世界是一项重大战略任务

在当今这个百年未有之大变局的时代，文化在综合国力竞争中的地位日益突出，作用愈发重要。讲好中国文化故事，让世界深刻理解文化中的中国内涵，推动中华文化以更开放、更自信的姿态迈向国际舞台，不仅是繁荣和发展社会主义文化的必然要求，也是建设社会主义文化强国的客观需要，更是新时代坚持和发展中国特色社会主义的重要使命所在，同时也是推动构建人类命运共同体的内在要求和必然逻辑。

1.建设社会主义文化强国的客观需要

在当今世界文化格局深刻变化、国际文化竞争日益激烈的新形势下，建设社会主义文化强国，迫切需要我们持续提升国家文化软实力和中华文化的国际影响力。而推动中华文化走向世界，正是扩大中华文化传播范围、提升其在国际舞台上地位的关键一环。正如习近平总书记所强调的，提高国家文化软实力，要努力展示中华文化的独特魅力；要使中华民族最基本的文化基因与当代文化相适应、与现代社会相协调，把跨越时空、超越国度、富有永恒魅力、具有现代价值的文化精神弘扬起来，把继承传统优秀文化又弘扬时代精神、立足本国又面向世界的当代中国文化创新成果传播出去。[1] 只有不断创新中华文化国际传播的方式和路径，才能促进传统文化与现代文化的深度融合、民族特色与世界文明的交相辉映，让中华文化焕发出勃勃生机；才能不断增强中华文化的魅力和感染力，加深各国人民对中华文化及其核

---

[1] 参见《习近平谈治国理政》，外文出版社2014年版，第161页。

心价值观的理解和认同,从而在文化整体实力和国际竞争力上实现新的跨越。

习近平总书记曾深刻阐述:"提高国家文化软实力,不仅关系我国在世界文化格局中的定位,而且关系我国国际地位和国际影响力,关系'两个一百年'奋斗目标和中华民族伟大复兴中国梦的实现。"[①] 这一论断深刻揭示了增强文化软实力与建设文化强国、推动民族复兴之间的紧密关系。在新时代,我们迈向社会主义文化强国的步伐必须坚定有力,要矢志不渝地推动中华文化走向世界,繁荣发展既契合现代化要求、又具有国际视野、还面向未来的社会主义新文化。我们要充分利用中华文化本身所蕴含的旺盛生命力和在国际舞台上日益增强的显著影响力,不断巩固社会主义文化强国建设的群众根基,为中华民族的伟大复兴提供强有力的文化支撑。

2. 坚持和发展中国特色社会主义的重要任务

坚持和发展中国特色社会主义,矢志将我国铸就为社会主义现代化强国,在此过程中,持续扩大对外开放乃是必由之路,而文化"走出去"正是此战略的关键一环。历经长期不懈之努力,中国特色社会主义已跨入新时代,这彰显着中国特色社会主义道路、理论、制度、文化的不断精进与完善,为发展中国家迈向现代化提供了新范式,也为那些既渴求快速发展又期望保持独立性的国家和民族提供了新选项,贡献了中国智慧、中国方案。新时代中国特色社会主义的世界影响力与日俱增,其深远意义无疑为中华文化走向世界开辟了更为广阔的天地。

在这一时代背景下,近年来,中国积极向全球展现自身取得的举世公认的成就,从经济飞速发展到科技创新突破,从社会和谐稳定到人民生活水平显著提升,无不传递着中国的价值理念和大国责任,赢

---

① 《习近平关于社会主义文化建设论述摘编》,中央文献出版社2017年版,第198页。

得了一系列重大成果和国际赞誉。然而，我们也必须清醒地看到，在这一过程中，我们仍遭遇诸多阻碍和挑战，存在着不少误解和歪曲。国际舆论场上风云变幻，各种声音交织在一起，使得中国的形象和声音有时难以被客观、全面地呈现。正如习近平总书记所强调的："尽管我们在提高国际话语权方面取得了重要进展，但同西方国家相比，我们还有不小差距。对国际话语权的掌握和运用，我们总的是生手。"① 这一现状要求我们更加努力地提升自己的国际传播能力，同时，由于西方长期占据"文化霸权"地位，进行宣传灌输，导致当代中国价值观念在国际上遭受扭曲解读、真相被掩盖、事实被颠倒的情况，这也进一步加剧了我们在国际舆论场中的不利地位。因此，我们必须更加积极地发出自己的声音，讲述中国故事，传播中国声音，让世界更加真实、全面地了解中国。

因此，要续写中国特色社会主义的崭新篇章，我们必须持之以恒地推动中华文化走向世界，让世界了解一个蓬勃发展的中国、一个开放包容的中国、一个为人类文明作出卓越贡献的中国。我们要以中国特色社会主义文化的先进性为旗帜，以价值理念的深邃性为基石，消除外界的误解与偏见，为新时代坚持和发展中国特色社会主义营造积极、和谐、有利的国际环境。

3. 构建人类命运共同体的内在要求

构建人类命运共同体，是习近平总书记向全球倡导的重大理念，已获得日益广泛的国际认可与共鸣。这一共同体的共筑共享，需以深厚的人文根基为坚实支撑。加速推动中华文化走向世界，正是筑牢人类命运共同体人文基石的关键一步。习近平总书记指出："'大道之行也，天下为公。'和平、发展、公平、正义、民主、自由，是全人类的共同价值。"② 此论述，清晰彰显了人类命运共同体理念的价值追求。

---

① 《习近平关于社会主义文化建设论述摘编》，中央文献出版社2017年版，第203页。
② 《习近平谈治国理政》第2卷，外文出版社2017年版，第522页。

中华文化，作为中华民族绵延不绝、蓬勃发展的精神源泉，蕴藏着构建人类命运共同体的丰厚传统文化底蕴。正如习近平总书记所强调，中华民族自古以来便秉持"天下一家"的思想，倡导民胞物与、协和万邦、天下大同，憧憬着"大道之行，天下为公"的理想世界。可以说，人类命运共同体理念与中华传统智慧一脉相承，弘扬中华优秀传统文化与传播这一理念相辅相成。中华文化是在与世界各国文化的交流互鉴中孕育出的独特智慧瑰宝，为构建人类命运共同体提供了坚实的理论基石。"万物并育而不相害，道并行而不相悖"，我们唯有在尊重文化多样性、汲取各国文化精华的基础上，方能提炼出他者文化中关于人类未来发展的深邃思考。中华文化走向世界，既贡献着独特的思想智慧，又促进着理念的交融互通，对筑牢人类命运共同体的人文基础发挥着重要作用。站在新的历史起点上，展望人类命运共同体的美好愿景，我们需持之以恒地推动中华文化走向世界，深入挖掘中华文化中的积极处世之道和治理理念，探寻它们与当今时代的契合点，凝聚起构建人类命运共同体的广泛价值共识。

（二）提炼展示中华文明精神标识和文化精髓

党的二十大报告强调："坚守中华文化立场，提炼展示中华文明的精神标识和文化精髓。"[①] 中华文明历经5000多年的发展演变，孕育了独具特色的精神标识和深邃厚重的文化精髓。提炼并展示这些精神标识和文化精髓，不仅能够充分展现中华民族的文明创造力和中华文明绵延不绝的生机活力；而且能够帮助我们更全面地了解中华文明的历史脉络，更有效地促进中华优秀传统文化的创造性转化和创新性发展，为中国特色社会主义文化建设注入强大动力；同时，还能够向世界传递中国精神、彰显中国价值、展现中国力量，推动中华文明以更加昂

---

① 《习近平著作选读》第1卷，人民出版社2023年版，第37—38页。

扬的姿态走向世界。

习近平总书记强调:"在5000多年文明发展中孕育的中华优秀传统文化,在党和人民伟大斗争中孕育的革命文化和社会主义先进文化,积淀着中华民族最深层的精神追求,代表着中华民族独特的精神标识。"① 因此,提炼并展示中华文明的精神标识和文化精髓,必须深入挖掘中华优秀传统文化中的精髓,传承革命文化的精神,弘扬社会主义先进文化的内涵。

1. 深入挖掘中华优秀传统文化的精神标识和文化精髓

中华文明兼具开放包容与自成体系之特质,既海纳百川又独具魅力,形成了一系列鲜明特色。它是世界几大古代文明中唯一未曾中断、绵延至今的文明,展现了非凡的连续性。中华文明在传承中不断创新,守正出新、革故鼎新,彰显出卓越的创新性。这一文明由众多民族共同缔造,各民族文化交融共生,即便历经重大挫折仍紧密相连,体现了高度的统一性。中华文明以开放的姿态与世界其他文明交流互鉴,展现了宽广的包容性。同时,它倡导不同文明和平共处、和谐共生,为世界和平与发展提供了深厚的思想沃土,凸显了其鲜明的和平性。

中华优秀传统文化源远流长、博大精深,经过漫长的历史沉淀、多重因素的累积以及各民族的共同贡献,留下了浩如烟海的文化典籍。这些典籍中蕴含着丰富的哲学思想、人文精神、教化理念和道德准则,如崇尚仁爱、重视民本、坚守诚信、讲究辩证、崇尚和合、追求大同等思想,以及自强不息、敬业乐群、扶正扬善、扶危济困、见义勇为、孝老爱亲等传统美德。这些思想理念和道德规范是中华民族世代相传的精神标志和文化精髓,无论是过去还是现在,都闪耀着永不褪色的光芒,具有永恒的价值。

---

① 《习近平谈治国理政》第2卷,外文出版社2017年版,第36页。

2. 深入挖掘红色革命文化的精神标识和文化精髓

红色革命文化在血与火的革命历程中孕育而生，是中国共产党以马克思主义为指引，率领中国人民共同铸就的红色文化辉煌篇章。它为中国革命的胜利提供了坚实的文化支撑和强大的精神动力，鲜明地展现了民族性、科学性和大众性的特点。在革命斗争中，我们锤炼出了伟大建党精神、井冈山精神、长征精神、延安精神等一系列宝贵精神财富，这些精神深刻体现了党的坚定理想信念、根本宗旨和优良作风。红色革命文化是我们不断前行、不懈奋斗的激励源泉。

红色革命文化中蕴含着革命先辈的崇高理想与坚定的共产主义信念，是中华文化绵延不绝、持续发展的精神血脉。井冈山精神、延安精神等中国共产党人精神谱系，犹如一部部宏伟的奋斗史诗，记录着我们党走过的光辉道路和创造的辉煌业绩，彰显着党的使命与担当，成为红色文化中鲜明而独特的精神标志。

红色革命文化是在中华大地上孕育而成的，它集物质形态、精神形态、制度形态成果于一体，具有特定的时代意义。这一文化凝聚了中华民族在追求民族独立和国家富强过程中所形成的崇高精神和优秀品质，深深扎根于广大人民群众的心中，展现出强大的生命力和感召力。红色革命文化的价值不仅在于铭记前辈的历史功绩，更在于其文化育人的重要作用，它为实现中华民族伟大复兴提供了丰富的精神滋养和强大的动力源泉。因此，我们必须深刻理解红色革命文化的价值内涵，进一步发挥其引领作用，与时俱进、创新发展，激发红色革命文化新的活力，让红色革命文化成为指引人民群众生活和实践的精神灯塔，不断丰富人们的精神世界、提升人们的精神境界，引领民众确立共产主义崇高理想与中国特色社会主义共同追求，促进全社会形成与社会主义现代化建设相契合的理想信念体系、道德价值观念和精神风貌状态。

红色革命文化，是一种兼具先进性与开放性的文化形态。它并非凭空而生，而是深深植根于既有的优秀文化土壤之中，镌刻着时代与地域的独特烙印。红色革命文化，以马克思主义为指引，将马克思主义的先进文化理论与中华优秀传统文化的精髓相融合，孕育出崭新的文化形态。一路走来，一代代共产党人接力传承红色基因，赓续精神血脉，确保了红色革命文化的时代脉搏强劲有力、先进性熠熠生辉。其丰富内涵，既蕴含着深厚的时代意蕴，又彰显着鲜明的现实价值，在历史与现实的交相辉映中，滋养着社会主义核心价值观的培育与践行，凝聚着社会主义意识形态的广泛共识，筑牢了全党全军全国各族人民团结奋斗的共同思想基石。前进的道路上，我们要深刻领悟红色革命文化的价值底蕴，大力传承、弘扬红色革命文化，坚持先进性与开放性的和谐统一。我们要顺应时代发展的潮流，尊重文化传播的规律，促进不同文明之间的交流互鉴；我们要不忘本来之根，吸收外来之精，面向未来之路，以排比之姿，不断激发红色基因的发展活力，让红色革命文化永远屹立于时代潮头。如此，方能为提升国家文化软实力、增强中华文化影响力、全面推进中华民族伟大复兴，提供源源不断的精神动力！

　　红色革命文化，是一种坚韧顽强、勇往直前的战斗精神体现。在革命战争年代，环境极端艰苦，生存异常艰难，战斗惨烈无比，但中国共产党人始终凭借着无畏的胆魄、英勇的气概，用鲜血书写历史篇章，以生命铸就辉煌成就，绘就了一幅红色革命文化的宏伟画卷。历史和现实都告诉我们：文化之力，是取得胜利的关键；一流军队，既要有精良的装备，更要有坚定的文化信念。强军文化，是红色血脉的赓续，是红色基因的弘扬，是红色精神的传承。为实现党在新时代的强军目标，铸就听党指挥的强军之魂，我们必须将传承红色基因作为新时代政治建军的战略任务，夯实其基础地位。各级应当肩负起政治责任，加强组织领导，提前规划部署，确保有序进行。我们必须充分利用红色资源，发扬红色传统，传承红色基因，三者缺一不可。我们要发挥红色革命文化在国防和军队建设中的独特优势，为官兵精神加油鼓劲，为士气提振增强，为思想锤炼提升。引领他们深入理解红色革命文化的深刻内涵，让红色基因深深烙印在灵魂深处、融入血脉之中，从而坚定他们的革命意志，使其矢志不移；提升他们的思想境界，使其胸怀大局；纯洁他们的道德情操，使其身正行端，为如期实现建军一百年奋斗目标，为加快把人民军队建设成为世界一流军队，提供坚实的思想支撑、强大的精神力量和有利的文化环境。

3. 深入挖掘社会主义先进文化的精神标识和文化精髓

在社会主义革命和建设的壮丽征程中，我们铸就了雷锋精神、焦裕禄精神、红旗渠精神、北大荒精神等一系列精神丰碑。进入改革开放和社会主义现代化建设新时期，我们又孕育了改革开放精神、抗洪精神、载人航天精神、女排精神等璀璨的精神瑰宝，闪耀时代光芒。如今，在中国特色社会主义新时代，我们更是凝练出了脱贫攻坚精神、探月精神、新时代北斗精神、丝路精神等鲜明的时代精神标杆。只有深入挖掘并弘扬这些社会主义先进文化中的精神标识与文化精髓，才能不断为社会主义现代化建设注入强劲的精神动力。

社会主义核心价值观植根于中华文化的沃土之中，铸就于我们党带领人民长期奋斗的伟大实践，它是社会主义先进文化的灵魂所在，是当代中国精神风貌的生动写照，凝聚了全体人民的共同价值追求，为中国特色社会主义的发展道路指明了方向，照亮了未来。要传承和发展社会主义先进文化，就必须紧紧抓住社会主义核心价值观建设这个根本，充分发挥其引领和导向的核心作用。我们应将培育和践行社会主义核心价值观作为凝聚人心、夯实基础的重要任务，筑牢全民族、全社会同舟共济、团结奋进的思想道德基础。同时，要将社会主义核心价值观全面融入国民教育的各个环节，贯穿精神文明建设的全过程，体现在精神文化产品的创作生产传播之中，渗透到国家治理体系和治理能力现代化的各个领域，让其深入经济社会发展的方方面面，融入人民群众的日常生活，从而更好地构筑中国精神、彰显中国价值、汇聚中国力量。

（三）推动中华文化走出去要多措并举、多方发力

随着我国日益走近世界舞台中央，如何在国际文化软实力的激烈竞争中不断提升中国国际话语权、扩大中华文化影响力，成为新时代建设中国特色社会主义现代化文化强国面临的一项重大挑战。党的二十大报告中，习近平总书记明确提出要坚守中华文化立场，讲好中国故事、传播好中国声音，展现可信、可爱、可敬的中国形象，并强调必须大力推动中华文化更好走向世界。这既是新时代我国提升文化软实力、迈向社会主义现代化强国的必由之路，也是应对世界百年未有之大变局、牢牢掌握国际传播主动权、营造良好国际舆论环境的必要举措。为此，我们既要坚定文化自信，以强烈的责任感和使命感向世界全面展示中华文化的独特魅力；又要不断创新工作思路和方法，为中华文化走向世界开辟更广阔的发展空间。

1. 受众本位，协力助推中华文化更好更远走向世界

推动中华文化更好走向世界的核心，在于不同文化背景下的文化主体与文化受众间，以文化为纽带进行心灵的交流与对话，这一过程构成了文化互动与交流的完整图景。在此过程中，文化传播者虽承担着主导职责，但中华文化能否真正走向世界、取得预期成效，关键在于文化受众是否对中华文化产生共鸣并予以接纳。因此，在推动中华文化更好走向世界的道路上，我们必须高度重视并充分发挥文化受众的作用，同时注重文化传播的手段与策略。

在发挥文化传播者主导作用的同时，我们必须充分重视文化受众的主体能动性，尤其是在移动媒介技术飞速发展的今天。移动互联网作为一个去中心化、扁平化的社会化媒介平台，其兴起不仅极大地降低了文化受众自我表达的难度，为他们提供了便捷的参与传播渠道，

还拓宽了人与人、人与社会之间的交流范围。在此背景下，文化传播者在信息生产和文化推广中的核心地位日益突出。"受众本位"观念正逐渐取代传统的"传播者本位"，成为新媒体时代发展的主要特征和趋势。若我们继续坚持"传播者本位"的固有思维，不仅会将原本双向的文化互动变为单向的文化灌输，导致"曲高和寡"的困境，还可能因不符合文化受众的接受习惯而引起他们的反感，从而严重影响跨文化传播的效果。

因此，要推动中华文化更好地走向世界，讲好中国故事，传播好中国声音，展现一个真实、立体、全面的中国形象，我们必须确立以海外受众为本位的理念，充分调动文化受众的积极性，以此提升传播实效。具体来说，需从以下两个方面入手：一方面，要赋予海外文化受众更多的参与权，让他们有权参与到中华文化全球传播的议程设置中来。文化的全球传播不是单方面的灌输，而是受到传播主体、传播受众、传播媒介和传播环境等多重因素的共同影响。为了打破文化交流中的文化偏见和刻板印象，我们必须加强文化主体与受众的双向互动，同时采取多种措施，吸引文化受众主动参与到中华文化的海外传播大军中，为中华文化"走出去"增添强劲动力。我们要让海外受众成为中华文化传播的参与者、推动者，共同塑造中华文化的国际形象。另一方面，要借助海外文化精英的力量，扩大中华文化的世界影响力。文化交流是"自我"与"他人"之间的实践互动，是心灵与心灵的沟通，是情感与情感的交融。一种文化只有被文化受众认同、接受、喜爱，才能增强其影响力、感染力和竞争力，达到预期的全球传播效果。新媒体技术的迅猛发展，催生了大量意见领袖、网络达人和偶像明星等文化精英。他们熟悉本地民众的风俗习惯，了解话语接受方式，拥有众多粉丝，具有草根性、平民化的特点。特别是那些长期活跃在文化舞台上、具有广泛影响力的海外意见领袖，他们凭借良好的声誉和自媒体运营经验，拥有较高的社会影响力，掌握信息发布渠道，其言行对本国民众产生着深远影响。我们要借助这些海外文化精英的智慧、才华和影响力，让中华文化更加贴近海外受众的心灵，提高传播的针对性和实效性；我们要跨越文化差异带来的传播壁垒，让中华文化在海外落地生根、开花结果；我们要让中华文化与世界文化相互交融、相互借鉴，共同推动人类文明的进步与发展。

2. 重点突破，支撑带动中华文化更好更快走向世界

中华文化走向世界，实则是一种跨文化传播，旨在在不同文化思想间架起交流的桥梁，传递文化的精髓。然而，要充分展现中国文化的独特魅力，并构建起与中国国际地位相称的国际话语权，并非易事，而是一项复杂且艰巨的系统工程，需要时间的沉淀和努力的积累。这既要求我们坚定文化自信，又需我们保持持久的战略毅力。这主要基于两大原因：一是与我国进行文化交流的各国国情千差万别；二是中华文化在走向世界的征途中，面临众多主客观因素的交织影响，发展路径错综复杂。因此，要达到中华文化走向世界的最佳传播成效，我们既需在更高层面进行全局谋划和统筹协调，推动跨文化传播向纵深发展；又需结合国家的财力、物力、人力资源实际以及媒介竞争力等状况，遵循"有所为，有所不为"的策略，精准把握关键节点和突破口，集中力量攻克难关。换言之，我们要分清主次，抓住核心问题，即"牵牛要牵牛鼻子"。只有紧紧抓住那些关乎全局的重点和关键，才能以重点带动整体，以点带面，全面推动中华文化走向世界的进程，从而顺利达成我们的目标。

要加强与中国文化相近国家的文化交流与对话，因为文化接近性是决定国家间文化交流与传播效果的关键因素。根据文化接近性理论，文化受众在面对外来文化时，更倾向于接受那些与本国、本民族在文化、语言、习俗上相近的元素。在历史上悠久的文明交流中，中国与东南亚各国共同构建了"大中华文化圈"，这很大程度上得益于这些国家长期受到儒家文化的深刻影响。而这种文化相似性，又进一步促进了中华文化的广泛传播。进入新时代，我们应当充分利用这一独特优势，积极提供符合目标国文化特色的产品与服务，以赢得他们的青睐，加深彼此间的文化理解，有效缓解文化冲突，推动中华文化更加高效地走向世界。

要深化与世界发达国家的文化交流与合作。当今世界文化多元并存，各具风采。西方发达国家凭借雄厚的经济实力和先进的信息技术，在国际文化交流中占据优势地位，垄断着文化话语权，并构建了多元化、立体化的传播体系。以美国为首的西方国家在全球文化传播中影响力巨大，能引发多次传播效应。因此，我们应充分利用西方发达国家的媒介资源，建立与西方媒介记者、传播媒体的常态化联系，加强交流合作。同时，拓展"政府—政府""政府—民间""民间—民间"等多层次、多渠道的文化交流方式，以多元视角推广中华文化，促进中西方国家人民的心灵沟通，实现经济与社会效益的双赢，加快推动中华文化走向世界，提升全球影响力。

3. 有的放矢，精准护航中华文化更好更稳走向世界

推动中华文化走向世界，实质上是文化传播者通过特定载体和渠道，将文化思想传递给海外受众，进而影响其思想观念和行为方式的跨国界活动。在这一过程中，海外受众对当代中国价值观念的理解与接受程度，既取决于文化内容的本身，也深受我们传播方式的影响。传播方式的科学性和有效性，直接关系中华文化走向世界的成果。若缺乏有效的传播方式，文化难以真正走出国门；即便走出，也难以持续发展，更难以对海外受众产生真正的引领、亲和和感召作用。鉴于中华文化走向世界时面临的文化受众差异显著，以及为了更好地推动中华文化走向世界，我们必须不断创新传播方式，针对不同受众特点，做到有的放矢、精准施策。

第一，要深入细致地对文化受众进行调查研究。"没有调查，就没有发言权。"每个国家、每个民族都是由具体而现实的人构成的群体。

在中华文化走向世界的过程中，我们所面对的文化受众在文化水平、审美标准和接受习惯上，都因国别、地域的不同而存在差异，且他们的文化认知也会随外部环境的变化而不断演变。因此，要让中华文化更好地走向世界，首要任务就是全面、深入地调研文化受众。我们需要准确了解情况、掌握信息，并在此基础上精准定位、把握脉搏。以往中华文化走向世界效果不佳，很大程度上是因为对海外目标受众的研究不够深入，对他们的认知特点和规律把握不准。所以，为提升中华文化走向世界的实效性，我们必须将调查研究贯穿始终，深入了解海外不同文化受众的关注点、兴趣点，精准分析他们的文化需求，为科学决策提供有力依据。

第二，要精心打造差异化的文化内容。推动中华文化更好地走向世界，必须坚持内容为王的核心原则。文化内容的品质，直接关系中华文化的吸引力、传播力和影响力，是中华文化持续发展的坚实基石。正如习近平总书记所强调的，内容永远是根本，在融合发展中，我们必须坚守内容为王，凭借内容优势赢得发展优势。[①] 然而，不同国家、民族对他国文化内容的理解和接受程度各不相同。因此，在推动中华文化走向世界的进程中，我们必须适应新媒体时代文化受众分众化、差异化的新特点。针对文化受众不同的认知水平和接受习惯，以及他们对文化的不同关注度，我们需要精心为他们量身定制个性化、差异化的文化信息服务。切忌采用以往那种"大水漫灌""一刀切"的粗放做法。只有这样，中华文化才能真正融入文化受众的认知体系，进而转化为他们的实际行动。

第三，要实施差异化的文化推广策略。各国、各民族在长期改造客观物质世界的过程中，形成了各自独特的认知模式，这种认知模式不仅塑造了他们的世界观和人生观，也决定了他们特有的文化接受习

---

① 参见《习近平关于社会主义文化建设论述摘编》，中央文献出版社2017年版，第46页。

惯、审美倾向和价值取向。因此，要使中华文化更好地走向世界，并获得其他国家文化受众的认同与接纳，就必须精准对接他们的文化认知模式。为此，我们在满足文化受众普遍需求的同时，还应根据他们的行为动机、文化诉求和审美偏好，采用差异化的叙事手法和个性化的文化表现形式，做到因地制宜、与时俱进、因势而新。如此，方能满足不同国家、民族的具体文化需求，减少文化交流中的隔阂，提升中华文化走向世界的传播成效。

第四，要创新跨文化交流方式，加快构建中外融合的中国话语与叙事体系。海外传播涉及国界、文化与语言的跨越，内容正确并不意味着传播效果必然显著。当前，海外民众对中华文化的认知与实际存在"反差"，中国仍面临"有理难以言表、言表难以传远、传远难以响亮"的挑战。为此，我们需深入探究跨文化传播的特性，准确把握其规律，紧密结合中国实际、国际关注点与海外受众需求，推动中国话语与叙事的全球化、区域化与分众化表达，确保文化产品的有效供给与精准传递，持续提升跨文化传播的效果。一方面，要构建中外融合的话语体系。我们应充分利用文化相似性，将我们的主张与国外受众的兴趣点相结合，将情感表达与理性分析相结合，将自我叙述与第三方转述相结合，避免自说自话，消除沟通障碍，从而跨越文化差异、打破认知壁垒、减少误解冲突，赢得海外民众的广泛认同。另一方面，要创新面向全球的故事传播方式。讲故事是文化传播的有效途径，好故事能跨越语言界限、超越文化差异、触动人心。中华文化海外传播应改变"重主题轻人物、重论述轻情节"的传统模式，将个体故事融入中国话语，创新叙事策略，完善叙事体系。同时，要选用具有文化融合性的人格化符号。西方文化注重个体，生动的人物形象比抽象理论更具感染力。中华文化的跨文化传播应将宏大的国家叙事转化为生动的个体故事，实现中国国家形象的人格化展现。我们应以个体故事为突破口，注重共通经验与思维方式，秉持共同价值与情感纽带，寻找文化共鸣点,激发人性共鸣,力求做到"中国故事,国际表达"。

第五,着力推动国际传播格局的重构,创新网络外宣方式,建立多元化、立体化的对外传播体系。我们要更加主动积极地宣传中国理念、传播中华文化、展示中国形象,充分利用网络资源开展对外宣传工作。近年来,我国在网络外宣方面不断开拓创新,探索出了符合自身特色的移动化、社交化传播新路径。比如,我们制作多语种的短视频,以直观且深入的方式讲道理,以灵活多变的形式讲故事;在海外社交平台上进行直播,开设"中国随你问"账号,通过即时视频新闻、有问必答等形式介绍中国,取得了良好效果。同时,我们要广泛开展多种形式的国际人文交流与合作,更加主动地学习并借鉴世界各国优秀文明成果,创作出一批融合古今中外元素的文化精品,推动中华文化实现创造性转化、创新性发展,让海外人士更容易接受和喜爱。

后　记

"我们从哪里来？我们走向何方？中国到了今天，我无时无刻不提醒自己，要有这样一种历史感。"习近平总书记这一饱含古老中华文明丰富智慧的思想，体现着中华民族现代文明的深刻思考，指引着我们更深刻地理解强国道路的历史必然、文化内涵与独特优势。党的十八大以来，习近平总书记着眼新时代坚持和发展中国特色社会主义，立足党和国家事业发展全局，从历史与现实、国际与国内等多个视角，对文化问题特别是坚定文化自信、建设文化强国问题作出深刻阐释和精辟论述，进一步凸显出文化在中国共产党治国理政和理论创新中的重要地位。2023年10月，党中央召开全国宣传思想文化工作会议，会议正式提出习近平文化思想，在新征程上高举起我们党的文化旗帜。这一重要思想深刻回答了新时代为什么要建设文化强国、怎样建设文化强国等重大课题，既体现了新时代中国共产党人高度的文化自觉、坚定的文化自信和浓厚的文化情怀，也为新时代推进社会主义文化强国建设提供了科学指南。

文化强国之道研究，是一个具有重大理论价值与实践意义的课题，既饱含对历史的回溯，也蕴含对未来的眺望。本书以习近平文化思想为指导，力图立足时代前沿，系统阐发文化强国战略的若干重大问题，为理解新时代加快建设文化强国的重大意义、战略目标和实践路径提供一定参考。在本书的写作和修改过程中，除了参考经典著作以外，还参考了部分专家学者的研究成果，它们给予我们宝贵的启迪和助益，文中采用脚注方式进行了注明，但肯定会有疏漏。在此，谨向这一领域所有的前行者致以衷心的敬意和谢意！

作为文化强国战略研究的阶段性成果，本书的出版不是研究的终点，而是新的起点。我们真诚期待能得到各方面的帮助、支持、批评，以促进研究的不断深入。

傅婉娟
2025年2月